ドロシー・A・レナード
ウォルター・C・スワップ

創造の火花が飛ぶとき

―グループパワーの活用法―

吉田 孟史 監訳

古澤 和行
藤川 なつこ 訳

文眞堂

WHEN SPARKS FLY

by

Dorothy Leonard & Walter Swap

Copyright © 1999 President and Fellows of Harvard College
Published by arrangement with Harvard Business School Press, Massachusetts
through Tuttle-Mori Agency, Inc., Tokyo

目 次

序　　　　　　　　　　　　　　　　　iii

1章　グループの創造性とは何か　　　1

2章　創造的摩擦　　　　　　　　　　19

3章　創造的な選択肢の生成　　　　　51

4章　最善の選択肢への収束　　　　　95

5章　物理的環境のデザイン　　　　　135

6章　心理的環境のデザイン　　　　　164

注　　　　　　　　　　　　　　　　　210

参考文献　　　　　　　　　　　　　　221

監訳者あとがき　　　　　　　　　　　228

索引　　　　　　　　　　　　　　　　231

序

　この本は，信念，挑戦，要望から生み出された。信念とは，創造性はマネージャーによって促進され，強化され，可能になるというものである。今日，数多くのイノベーションがグループ活動の過程を通じて現れるにもかかわらず，創造性に関する文献のほとんどが*個人*の創造性に焦点を当てている。たとえグループのメンバーが創造性のテストで個人として高得点を取れなくとも，グループは創造的になれると私たちは断言する。グループのメンバーの才能を利用する方法と創造性を燃え上がらせる方法に関して，より良いものはないのかと探し続けているマネージャーを念頭においてこの本は企画されたのである。マネージャーのリーダーシップが大きな成果を生み出すと私たちは信じている。

　本書を書く動機となった挑戦とは，通常互いに触れ合うことはないが，相互補完的洞察を人間行動に提供する2つの世界観を統合することである。1つは，心理学，特に社会心理学における基礎研究。もう1つは，実践的なマネジメントの経験である。知識構築の場がこれらの2つの世界ではまったく異なっている；心理学者の実験室での統制された条件と入念な実験計画，それに対しマネジメントの無秩序で時間に追われる環境。両方の洞察を統合してグループ創造性に関する有益な観点に仕上げることを私たちは目指したのである。それゆえ，確固たる根拠のある研究に基づいた知見を突き止めるために心理学の文献調査に取りかかった。次に，小規模企業を経営する起業家や創造的グループのミドルマネージャーから，長い伝統のある企業の最高経営責任者にいたるまで何十人ものリーダーとのインタビューを通して，私たちの結論の現実妥当性を検証した。私たちの長年の先行研究と調査——

ウォルターは社会心理学について，ドロシーはイノベーションに関して——も利用したが，ロサベス・モス・カンター，キャサリン・アイゼンハート，ジョン・カオなどのマネジメント研究者たちの研究にもためらわず依拠することにした。これらの研究者のイノベーションに関する記述は，本書の多くのアイデアと類似しているだけでなく支持もしてくれている。わたしたちはテレサ・アマバイルには特別な恩義がある。創造性に関する独創的な社会心理学的研究と，それを補完する実践経営学的な考え方が彼女の研究にはあるという理由で彼女の文献を幅広く引用したからである。

最後に，何人かの読者からの要望——第一著者（ドロシー）による1995年に出版された本『知識の源泉』で紹介された知識の*生成*というトピックを深く扱って欲しいという要望——に私たちは応えた。グループの創造性にとって重要なのは，新しく，役に立つ知識を生み出すこと——すなわちイノベーション——である。本書は，創造的プロセスの各ステップを分析し，それぞれのステップを管理するための実践的提言を行う。内容を深めても簡潔さは失われていないし，重苦しい長談義にもなっていないと思っている。本書の目的は，空港で購入して2，3時間の搭乗時間で読むことができ，物理的な目的地とともに精神的な新しい目的地で降機できる本を書くことであった。私たちは読者の皆さんと*対話*をしたかった——したがって本書全体の雰囲気は特に学術的ではない（研究補足の囲み記事欄を除けば。これを飛ばしても，あるいは拾い読みしてもアイデアの全体的な流れはあまり損なわれないはずである）。

本書のような仕事ではよくあることだが，巻頭に掲げられている以上に多くの人の貢献がある。3人の匿名の査読者と編集者，マージョリー・ウィリアムズは初期の草稿を改良するためにいくつかの提案をしてくれた。研究アシスタントのアン・コナーは第5章のために資料を追跡調査してくれた。私たちがかなり注意を払って参考文献を完全なものに仕上げたと考えたその後に，苦労の末ロバート・アーウィンは参考文献を探し出したし，ローリー・カルホーンはいくつかの参考文献を再発見してくれた。また，アイリーン・ネルソンの助力にもたいへん感謝している。彼女の家事への貢献が

なければ，本書の完成にはもっと長い時間がかかっただろう。
　本書に残されている不完全な部分については，もちろん互いに責任がある！（それが共著の楽しみの1つなのです）

第1章
グループの創造性とは何か？

　ある会社の研究開発部長であるジェリ・デイヴィスは，部屋を一瞥した。プロダクトマネージャーと現在の開発プロジェクトのチーム・リーダーたちが全員席に着いていた。スタン，マリアン，カーク，………室内には，積み重ねてみるとボードゲーム産業での少なくとも150年分の経験があるに違いない。確かに，その知識をすべて使えば，市場を奪い取ったコンピュータゲームに挑むための創造的な新製品を考えつくことができたかもしれない。彼女は時計をチェックし，開始予定時刻を6分過ぎていることを告げた。ケビンはいったいどこにいるのか？　咳ばらいをして，おそらくちょっと大きめな声で「では，始めたほうがよさそうね」と言ったちょうどその時に，ほかの皆もまたケビン——「創造性豊かなケビン」——を待ち続けていることに彼女は気づいた。「部屋に21人の有能な人々がいるのに」とジェリは考えていた。「全員が創造的なひらめきを生み出すのが一人の人間の仕事だと考えている。何てむだなこと。」

　締め切り。予算。組織規模の削減。製品化圧力。そして，今やイノベーションも産み出さなければならない。ジェリのように，知的で，勤勉な——ただし，自分たちを特に創造的だと思わないような——人たちのグループを皆さんが率いているとしよう。何をなすべきか？　ジェリの小さなひらめきは，創造性に関する神話のいくつかを明らかにするので他の多くのマネージャーの役に立つはずだ。神話は，何年もの経験と観測の上に積み重ねられ

た深い真実から始まっているかもしれない。しかし，神話はまた誇張されることも単純化されすぎることもあるし，深刻な誤りを犯す可能性もある。いくつかをじっくりと見てみよう。

創造性に関する神話

神話1　創造的成果は，少数の，たいがいは際立って風変わりな人物に左右される。

　必ずしもすべての組織が「創造的な人物」を公式に任命するとは限らないが，確かに際立って創造的な人たちはいる。この人たちによるグループへの貢献を低く見積もるべきではない。その人たちには気質と境遇が組み合わさり，世界を見る固有の眼が与えられている。そんな人は，人がしないような関係づくりや機会の発見をするし，問題をひっくり返すし，4歳児や北極探検家と同じくらい好奇心に満ちていたりする。その人たちにとって創造性は生き方そのものなのだ。確かにそんな人物が何人かは周りにいて欲しい。

　しかし，バッファロー（ニューヨーク州）の創造性教育財団のプログラム・ディレクターであるビル・シェパード[1]は，「だれもが創造的だ」と述べる。それでは——生まれついたものか，あるいは教育によるものか？　創造性を求める場合，個性としつけによって人とは違った目で世の中を見る運命を授かった人に頼る以外に方法はないのか？　あるいは，組織の中で創造性は育てられるのか？　自らを創造的でもなければ際だってもいないと決め付けている人たちを含まざるを得ないような創造的プロセスからイノベーションは生じるということを本書では示す。そのような人たちは，おそらく彫刻したことも，音楽を作曲したこともなく，体のどこにも1個たりともリングを通したことがない。にもかかわらず，後で見るように，彼ら1人ひとりの貢献はグループの創造的成果に不可欠だといってよい。創造的グループは「創造的な人々」のグループと同じではないのだ。

　2番目の神話がこれと密接にかかわっている。

神話2　創造性は孤独な過程である。

　創造性に関する書籍の山にざっと目を通すだけで明らかなのだが，創造性についての研究や書籍は，たいがい，個人——個人の創造的な潜在能力を解き放つ方法，真に創造的な人物の「秘訣」，個人の知性と創造性との関係——に焦点を合わせてきた。漫画では，突然のインスピレーションが創造的な解に至る道筋を解き明かしたことを示すため，電球が登場人物の頭上に現れる。後章で見るように，電球というシンボルで表される洞察と直観は創造的プロセスでは重要な要素である。しかし，電球メタファーの問題は洞察が個人のみから発せられるということを示している点にある。が実際には，革新の責任を，個人にあるいは研究開発部門のような個別の部門に任そうとはしない。組織は，役員室から地下室まで，財務のオフィスから工場まで，創造的成果を求めて乾き切っている。ビジネスにおける創造性はグループの課題である。ウォレン・ベニスが言及したように，「問題を単独で解決する人の典型とされるローンレンジャー（Lone Ranger）は姿を消した」[2]。

　この神話の別の表現は，グループは本来保守的だということ，すなわち，真に独創的アイデアはグループの中で弱体化するということである。出る杭は打たれるのだ。20世紀の世の中を変えた発明品の大部分は，相互補完的なスキルをもつグループから生まれたのであって——孤独な天才として苦労してきた発明家からではない。たとえば，ウィリアム・ショックリーの名を聞けば，すぐさま現在至るところにあるトランジスタの発明が頭に浮かぶ。しかし，実際には，注目すべき創造的行為は，他の2人，ウォルター・ブラッタンとジョン・バーディーンとの共同作業から得られたのだ。協同してこの小グループはシリコンの中で電流を運ぶ「穴」（電子の欠乏）を発見したのであった[3]。

神話3　知性は創造性よりも重要である。

　多くのリーダーは，組織の中で利用可能なもっとも知的な男女をチームに放り込めば創造性のことは創造性に任せておけると信じ込んでいる。知性が重要ということには同意するが，知性と創造性はIQ120ぐらいまで，ある

程度関連しているにすぎない。そのレベルを超えるとどんな人でも同じように創造的思考ができるようだ[4]。したがって，もちろん知性を選び出すようにと提唱するが，賢明な人たちのグループがどんな場合でも賢明な――あるいは創造的――グループになれるわけではないのである。

神話4　創造性は管理しようとしても管理できない。

創造性は往々にして芸術――プロジェクトごとの不可知でその場限りのプロセス，「偶然に生じる」プロセス――と見なされる。この神話をさらに推し進めて創造性を管理しようと試みると創造性は弱まる，いやそれどころか破壊されるのだと主張する人もいる。ワーズワースの警告は：

　　自然がもたらす知恵は麗しい
　　　　　人間のお節介な知性は
　　ものの麗しき形をゆがめる
　　　　　人はものごとを切り開いて台無しにする

おそらく，自然の美のように，完全には理解できない魔法がある程度創造性には含まれている。しかし，ほぼどんなグループでも，マネージャーは，創造的プロセスを作り上げ，グループの人員構成をデザインし，物理的環境を改善し，事態を進展させるためのツールとテクニックを提供して，創造的な刺激をリードすることができる。創造性を殺すどころか，マネージャーの努力は，瀕死のプロセスを蘇生させるか，あるいは既に生産的であるグループの創造性をよりいっそう高めるだろう。それは簡単なことではない。マネージャーは航行中に船を設計し直さなければならない――つまり，通常の企業活動を続けながらイノベーションを行わなければならないからだ。しかし，後に見るように，型にはまった組織的活動の中でさえ創造性は必要とされるし実際に生じている。

神話5　創造的なグループは「芸術」か「ハイテク企業」の中にしか見いだせない。

創造性と収益性がともに議論の正当なテーマとなっている自由奔放なシリコンバレーのハイテク企業やロサンゼルスのパワーランチから多くのことが学べる。しかし，創造性はマネジメントの至るところで成長するし，創造性を促進するための同一の一般原則が，製薬会社，銀行，高等教育機関，軍，そして政府にさえ適用される。間違いなくそうなのだ。そして，マネージャーが創造性を刺激するように自らにむち打っていたら，すべての組織にもっと多くの創造性が存在できたはずだ。

神話6　創造性は，壮大な構想だけに関連しない。

創造的プロセスから生じるイノベーションは，漸進的イノベーション（再設計されたツール，派生商品や二番手製品，既存顧客との新しい相互作用の方式）から根源的イノベーション（新たな戦略指針，新市場，事業の再構成）にまで及ぶ。したがって，未来を作り変えるようなビジョンの飛躍だけでなく，組織的運動を推進する小さな改善の中にも創造性は見て取れる。明らかに*変化の範囲*は挑戦的課題と同様にこの連続線上に沿って変わるが，*創造的プロセスは同一である*。イノベーションを生み出そうと挑むグループが，休日パーティーで残ったお金を元手にした3人組であろうと，最新のワープロソフトのプラットホームを開発しようとする300人で構成されていようと，創造的な成果と関連する段階と活動は同一である。

神話7　創造性に必要なのは新しいアイデアを思いつくこと，それだけだ。

さて，確かに，新奇性は創造性の重要な部分であるが，新しいアイデアを思いつくことは複雑な創造的プロセスのほんの一部分にすぎない。そうなる前にアイデアを生み出す人を選び出す必要がある。その人たちには，発散思考を刺激するツールと内省のための時間——そしてスペース——が与えられなければならない。その上，ある時点で創造的プロセスの向きを変えて，有用と認められる1つあるいは少数の選択肢に到達するようにし向けなければならない。

創造性神話に関するこのような短い考察から，これ以降の議論の大半を方

向づける結論が引き出せる：
* 創造性はプロセスである，そして，そのプロセスはプロジェクトの大きさやそれがどの産業に位置づけられるようと同じである。
* 創造的個人は創造的グループにとって重要である。だが，なくてはならぬというわけではない。
* グループの適切な構成が重要である。
* 創造性は，グループが学ぶことができるプロセスである。その結果，それはうまく管理できるし，そうしなければならない。
* 発散思考は重大だが，創造的プロセスは新奇なアイデアの生成にとどまるわけではない。
* 創造性は単に風変わりとか，非日常的なだけではない。それ以上のものである。

創造性とは何か？

　創造性は見れば分かるものか？　いや，いつもそうだとは限らない。人は，モネが描いたスイレンの絵の前で畏敬の念を抱き，また自分の幼子が創作した（明らかにきわめて独創的な）おとぎ話を楽しんだりする——しかし，マネジメントという文脈における創造性には，*新奇*あるいは*非日常*以外に別の分類形容詞が必要とされる。加えて創造性には*有用性*がなければならない；すなわち，少なくとも役に立つ見込みがなければならない。はっきりしていることは，最初の時点で創造的アイデアが有用なものになるかどうかは必ずしも分かっていないということだ。脚動力除雪シャベル，おしめ湿り気インディケータ，タバコ傘，香り目覚まし時計や訓練された攻撃用岩石を思いつく人，まして使用する人はいるだろうか？
　ここから本書の中で使用される創造性の定義が導き出せる。

創造性とは，有用性のある目新しいアイデアを開発し表現するプロセスである。

この定義には，重要な特徴が4つある。第一に，創造性には，*発散思考*，すなわち理解と行動に関する慣れ親しみ確立された方法からの離脱が必要となる。発散思考は新奇なアイデアを生み出す。後で示すが，創造的努力の初期段階，すなわち多くの選択肢――より適切に言えば奇抜な選択肢――を求めている時には，実際に新奇性そのものが重要であると言ってよい。しかし，努力がそこで終わるなら，おそらく達成されるのは気分爽快な頭の体操にすぎない。第二に，目新しいアイデアは他の人に向けて表現されるか，あるいは伝えられる必要がある。表現されれば，考えが本当に新奇なのか，単に奇妙なものなのかという現実性チェックが可能となる。第三に，創造性はまた，*収束思考*，つまり新奇なアイデアのうちで追求する価値があるものが1つ以上はあるという合意を含まなければならない。第四に，この合意されたオプションには，有用可能性，すなわちオプションを作り出すきっかけとなった課題を処理できる可能性が備わっていなければならない。

創造的プロセスの最終的な結果はイノベーションである。より厳密に言えば，

イノベーションとは，知識を具体化し，組み合わせ，統合して（すべてか，あるいはそのうち少なくとも1つを行う），新奇で，実際上意味があり，価値のある新製品，プロセスまたはサービスにすることである。

達成されるべきタスク，すなわち望まれるイノベーションの範囲が，必要となる創造性の量を決める。定常的作業，そして明確で十分理解されている問題に求められる創造性は少ないが，新奇な状況と問題では創造性の必要度は最大になる。

そして，本書は，目新しくかつ有用性のある解，工程，製品をもたらす創造的プロセスを取り上げる。非営利財団の中でメンバーが3人のグループを率いようと，あるいはフォーチュン500の企業で3万人のグループを率いようと，基本的な*創造性*のプロセスは同一である。規模には差があり，社会

的関係は異なり，人はそれぞれ違っている。が，しかし，人類は一種独特で無限に可変的であると同時に驚くほど予測可能であるが，その人類であるメンバー同士の基本的な相互作用からプロセスは現れてくるのである。

　そして，私たちは特に創造体としてのグループに焦点を合わせている。チーム（自己管理されていようとなかろうと），タスクフォース，協議会，内閣，議会などすべてが，最終的な定義の中で捉えられる本質的な諸特質を共有している。

> 「グループとは，ある程度の相互作用が許されるような配置にあって，かつメンバーとしてある種のアイデンティティを共有する，2人以上の人々と考えられる」[5]

　この定義はかなり広く本書の読者が遭遇しそうなグループのタイプをすべてカバーしている。それはまた，相互作用はするが共通のミッションがない人たち（たとえば，夕食に集まっている友人のグループ）や，共通のミッションはあるが相互作用しない人たち（たとえばすべてのアンチ・ニューヨークヤンキースの人々）をともに除外するのに十分なほど限定性がある。しかし，対面的相互作用が必ずしもグループに必要というわけではない。インターネットを介して連絡をとって取り引きを行う10人の切手収集家はグループを構成している可能性がある。グループは一時的であってもさしつかえない；たとえば，「ホットデスク（共用デスク）」で席を同じにして，コンピュータをつなぎ合わせて，新製品のためにいくつかのアイデアをブレインストーミングし，それぞれ分かれて仕事に取りかかる2人の従業員のように。グループにはどんなサイズもありうるが，「組織」と呼ぶ大グループに属し，規模がもっと小さく双方向性のあるグループに焦点を合わせるのが有益だと考えられる。

創造性の諸定義

「創造性は，ある時点のあるグループによって，支持できるもの，役に立つもの，あるいは満足できるものとして受け入れられる新奇な産物をもたらすプロセスである」[6]

「製品あるいは応答が次の条件にあてはまるなら創造的である，(a) 考慮中のタスクに対して，新奇であるとともに，適切な，役に立つ，正しい，あるいは有益な応答である，そして (b) タスクが，演算的（解決策への経路が明確であり複雑でない）というよりもむしろ発見的（明確ですぐに見つけられる解決策への経路が存在しない）である」[7]

「従業員が直接教えられるあるいは教育されることがなくても，新しく有用性のあることを実践するなら，会社は創造的である」[8]

「創造性は，……新しくかつ真に有益なものを作り出すことである」[9]

「創造性は，時間を要し，独創性，適応性，実現性という特徴を持つプロセス……である」[10]

それぞれの著者が，創造性の概念に独特の解釈をしているが，全員が，創造性はプロセスであるということ，何か*新奇な*，または普通ではないものの産出に関わっていること，そしてプロセスの成果物が*有用*なものであるということで意見が一致していることに注目しておこう。

創造的プロセス

創造性は本質的に扱いにくい。しかし，ワーズワスの警鐘にもかかわらず，創造性を高めるため，詳細に分析する——あるいは少なくとも構造化する——ことが必要不可欠である。創造性のプロセスの実態モデルは，以下で示すような直線的なステップというよりも皿の上のスパゲッティに似ている。しかし，本節での議論のためには体系化の枠組みが必要であり，（図 1-1 に示されるような）次の 5 つのステップは創造的プロセスの基本的な特徴を捉えている。

1．蓄積
2．イノベーションの機会
3．発散：選択肢の生成

4．あたため
5．収束：選択肢の選択

ステップ1：蓄積

　ピカソの有名な絵に描かれたゲルニカという荒廃した町の死者や難を逃れた人たちは，首が異常に長かったり，顔の片側に2つの目があったり，不釣合いなほど大きな手足をしている。その絵の前にどうも初めて立ったらしい人が「彼はおそらく絵を描けなかったんだね」と仲間に囁くのが聞こえる。しかし，同じ美術館——マドリードのレイナ・ソフィア美術館——内で，ピカソが赤裸々な感情を伝えるために身体的特徴を抽象化し誇張し始めるかなり前に描いた技巧的かつ解剖学的に忠実な肖像画の代表例を何点か見ることができる。ベートーベンは，晩年のすぐれた作品において，19世紀の西洋音楽を支配するロマン派を先取りしていたが，彼のルーツはモーツァルトやハイドンの古典派にある。ニュートン，アインシュタイン，ホーキングのそれぞれが物理学を変革する以前に，数学に関する深い知識を身につけ，重力，運動，宇宙に関して何年も研究に費やした。近道はない。精神的な土壌が厚く豊かでよく耕された時に創造性は開花する。深い関連知識と経験は創造的な表現に先行する。奥深い専門的技術の蓄積をいろいろと利用できるのでグループは個人より有利にみえる。3人寄れば文殊の知恵だが，ただしそれは次の場合に限られる。(1)複数の頭の中に有益な知識があり，(2)その有益な知識すべてにアクセスでき，(3)アクセスされた有益な知識すべてをグ

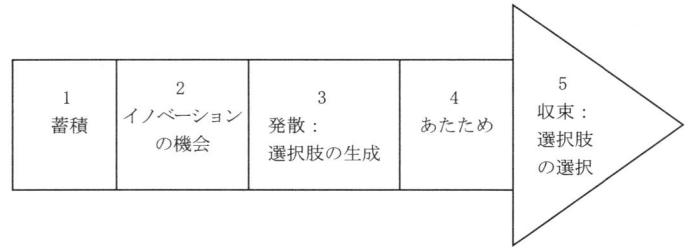

図1-1　創造的プロセスにおける5つのステップ

ループが共有，処理，統合できる場合である。

ステップ２：イノベーションの機会

次に，イノベーションのための機会——創造性を働かす何らかの必要性——がなければならない。グループはどのようにして創造的航海に出ていくのだろうか。生まれつき創造的なグループもある。探検家として任じられたら，イノベーションか，消え去るかだ。ゼロックス社パロアルト研究所やヒューレット・パッカード社の研究所などの研究組織は絶えず創造を命じられている。すなわち，そのメンバーたちは，ルーティン，分かり切ったこと，既知のものを否定するように求められている。イノベーションを行うために存在するデザイン会社は，毎日ドアの中に歩み込んでくる発明の機会に遭遇する。そこで働く人びとは，毎朝起きると，個人的にもグループとしても自分たちの仕事は創造的であるべきだということを思い起こす。本書の中にはこれらの組織の事例が載せてある。なぜならそのような組織の構造やルーティンを見れば創造性のマネジメントに関する数多くのことが明らかにされるからである。

しかし，一致団結してイノベーションに焦点を定めているグループはほとんどない。創造性が必要だと自らに無理やり言い聞かせているグループの方がはるかに多い。創造的活動の引き金は，主人公を助ける妖精（状態をよくする機会）の姿でドアをノックするかもしれない。あるいはチェーンソー殺人鬼（生き残るために即座の応答を必要とする脅威）に似ているかもしれない。会社の考え方１つでインターネットの到来は機会でも危機でもある。ほとんどの場合解決すべき問題が生じるから創造性が必要となる。第２章でより詳しく説明するが，監督省庁の担当者と折衝するジェンザイム社のグループは，ある製品の再分類の交渉を行った際に，自社に不利となる事柄を競争優位に変える機会を見いだした。

イノベーションがイノベーション——創造的思考のための機会——を生むということがよくある。1845 年，ジョン・フランクリン卿は北極に子牛肉の最新型「缶詰」を持っていった。その際，缶を開けるためにハンマーとの

みを持っていったに違いない。当時の消費者は，缶を開けるためには斧からリボルバー銃にいたるまでありとあらゆるものを使っていた。イギリス陸海軍の生協――そのカタログは当時のウォルマートであった――は，いくぶん遅まきながら，1885年に初めて缶切りを販売した[11]。ゼロックスのコピー機が発明された時に，その技術的発明品が有用とされる前にマーケティングイノベーションが必要であった。当初の問題は，コピー機がカーボン用紙（それが何だったか覚えていますか？）に対してはっきりとした優位性を示せなかったことだ。前もって見通せなかった優位性は，質を落とさずに多数のコピー――コピーのコピー――を作り続けられることだった。これはカーボン用紙では不可能だったので誰もがその需要を見いだせなかった。マーケティングイノベーションは利用料金で金を稼ぐというものであった。人びとは，「不確かなものへの信頼，計り知れない先見性，とてつもない危険負担を求められることもなく」，最小限の費用でコピー機を試すことができた[12]。

ステップ3：選択肢の生成

　ひとたび機会や問題が姿を現すと，われわれが生きるこの混乱した情報中毒の社会の中では，1つの選択肢を獲得してそれを実行しようとする誘惑が生じる。しかし，創造的解決策は通常，選択肢のメニューから選ばれる。それゆえ，最初の選択肢が多ければ多いほど，解が新奇なものになる可能性は高い。したがって，最善の解決策へと収束する前に発散的思考が必要となる。もし「正しいのだがなんだか効率的でない」と考えるならそれは正しい。ここではグループプロセスでの純粋な効率性は求められていない。追求しているのは新奇性や有用性であり，創造性の名のもとに効率性を犠牲にすることをいとわない。イノベーションを活動の基盤としている組織は，ひとつの選択肢への収束よりも，選択肢のメニューづくりの方に長けている。

　選択肢の作成は驚くほど社会的な活動である――創造的人物として名高い人ですら相互作用を重要だと述べる。個人の創造性についての研究の中で，典型的な回答者は次のように語っている。

創造的プロセス 13

私は対話の中で数多くのアイデアを練り上げる。私と同じ程度の関心をもって同一の現象について考えている人がほかにもいるというのは非常に刺激的なことだ。本当にわくわくする。そんな会話から生じてくるんだ，火花，ダイナミックな相互作用，物事を見る……まったく新しい方法が[13]。

グループの中でスパークは飛ぶことができる。が，マネージャーは残り火を埋けるとともに火打ち石を提供する――グループメンバーにはその使い方を教える――ことが必要となるだろう。

ステップ4：あたため

知ってのとおり，シャワーには体を清潔にする以上の効果がある。ひげ剃りにも。運転でさえも（運転に並はずれた注意をしないと安全ではいられないようなボストンやメキシコシティ，ジャカルタなどはおそらくそうではないが）。明らかに，問題や課題への取り組みの「中断」が必要である。意識的注意が目の前の仕事に向けられている間も，それにもかかわらず埋められた骨を探すテリアのように潜在意識は元の課題の周辺をせわしなく掘り起こし続けている。そして，洗濯や運転などのほとんど「頭を使わない」作業をしているとき，テリアは勝ち誇ったように骨――問題の解決策になりうるもの――を取り出すのだ。頭を悩ます日々のクロスワードパズルと同じくらいありふれているのだが，問題に立ち帰り，簡単に解いてしまった経験は誰にでもある。

しかし，あたためは，無為というものに意匠を凝らして名づけただけのものなのか？　それは「行為」の意味が何かということによる。職務がまったく不要になった従業員をCEOに報告する能率専門家の話を聞いたことがあるだろう。「窓の外を見つめて机の上に足を上げている男がいました」と専門家は断じた。「若い男か？」とCEOは応じた。「会社に何百万ドルももたらした男だ。この前の発明を思いついたとき，足はまさにその位置にあった」。

個人と同様グループは，見つけ出された機会や訪れた危機について，さま

ざまな行為を考慮に入れ頭の中で検証するために，じっくりと考える時間が必要である——特に，グループメンバーが「行き詰まり」を感じていたなら。イノベーションに長けたマネージャーは，精神的な空転を壊しあたためを強制的に推し進めるために，行き詰まったグループプロセスをしばしば意図的に中断させる。実際に，グループが立ち往生していなくとも経営者の介入は必要だ。驚くべきことに，魅力的な解決策を熱心に追求するグループを，あたためを生めるよう立ち止まらせるために，急に遮る必要があるかもしれない。グループメンバーが内省する際に生じる目に見えない発酵は，創造的プロセスになくてはならないことのようだ。

ステップ5：収束：選択肢の選択

　収束の達成は，しばしばマネージャーにとって非常に厄介な部分である。グループをうまく燃え上がらせたとしたら，解決策へのアイデアや探求の手段はたわわに実をつけたりんごの木ほど満ちあふれている。何を選ぶべきか？　グループメンバーから，合意あるいは少なくとも黙認を取り付けるにはどのようにすればいいのか？　グループダイナミクスはその性質という点で多種多様である。たとえば，シカゴ・ブルズやボリショイ・バレエ団のような協調的な動作から，米国議会の議員の無秩序でとげとげしい相互作用にいたるまである。マネージャーは多様な役割を担う；レフリーとコーチ，ロビイストと政治家，指揮者，時にはサーカスの司会者さえも。収束を導いていくのに必要なスキルは，発散を刺激するのに求められるものとは全く違う。後に見るように，選択肢を生み出す際には「奇抜な」アプローチがグループや組織に利益をもたらす人，そのまさにその人が行為について意見を一致させる段になるとグループの中で問題児として見なされてしまうのである。

収束を超えて

1つの選択肢への収束が，当然のことだが，その時点で創造性の源泉を閉じることにはならない。選ばれた選択肢は評価され実行されなければならない。そして，このグループ活動の1つひとつが新たなイノベーションの機会を刺激するのである。これこそが，ここで記してきたように，創造的プロセスがきっちり構造化されているというよりもむしろスパゲッティのような状態である理由だ。中間点での評価が，あるいは最終的な評価でさえも，グループをそれ以前のステップに引き戻すかもしれない。新製品やサービス開発という公式のイノベーションプロジェクトにはたいてい，予算上，戦略上，技術上の明確な実行可能性というハードルを備えた手の込んだ関門や障壁が存在する[14]。自らのイノベーションがハードルをクリアできなかったグループは，発散思考や新たな選択肢の精緻化ステップに戻らなければならないであろう。このような評価によって課された規律は，以下の場合，創造性と相反することはない――規律がプロセスを無理やりに早期終結させることがない場合，あるいはリスクをまったく許さない環境を規律が写し取っていない場合。

創造的グループは，初期のイノベーションが成長する機会を得る前にそれを探し出して破壊する財務部門の突撃隊員を当然ながら極度に恐れている（わたしたちの知る組織のように，製品イノベーションに費やした1ドルに対して3ドルを*即座*に，確実に収益として生み出さなければならないとするなら多数の創造的アイデアはおそらく生き残れない）。しかし，前述したように，マネージャーにとっての創造性とは最終的に有用になる可能性を秘めたものでなければならないし，有用かどうかはグループや組織のニーズや願望によって決まる。

そのうえ，創造的プロセスから生じるイノベーションが役に立つかどうかは，初期ステップで利用された創造性と同じように実行ステップで現れる創

造性にも左右される。実行とは，グループがある1つのイノベーション概念に収束する際に思い描かれるような4車線の高速道路ではなさそうだ。時として，それは長ナタで作り直されたり，ルートが変えられたりするジャングルの道のようだ。事実，イノベーションを実行するグループメンバーの誰もみな，最初にイノベーションを*生み出*した時に自分たちや先人が行ったのとまったく同じ5つのステップのプロセスを辿ることになるだろう。イノベーションは真空地帯に入り込むことはない。行動，態度，インフラ，組織規範など*何か*を創造的に変えようとすることが常に必要だ[15]。前述したように，一般的にある創造的プロセスから生み出されたものに刺激されて，さらに多くの創造性が必要になる。それゆえ，イノベーションの機会は，製品開発だけでなく製造，販売や技術サポートにも，またサービスのデザインだけでなくその提供にも，授業の計画だけではなく教室での授業にも，満ちあふれている。

本書のロードマップ

イノベーションに関わるマネージャーは誰でも，創造的なグループを簡単に設計できるとか管理できるという主張にはお笑いぐさだという反応をするだろう。挑戦的なものか？　そうである。楽しいか？　ほとんどの場合そうだ。簡単なものか？　まったく違う。ニューコア製鉄の会長，ケン・アイバーソンは，同社が新たな，きわめて高リスクの創造的プロジェクトに取り組んだとき，赤ん坊のように寝ていたという——2時間毎に泣きながら目を覚ましたのだ！　創造的グループを管理するのが難しい主たる理由は，多種多様な見方が創造性を刺激するからである。第2章では，そのような多様なグループを設計する理由と方法——個々のメンバーを超えるグループの潜在的な長所を最大にしようとしてマネージャーがグループをどうやって構成するのかということ——が説明される。第3章は，熱よりもむしろ光を生み出す，すなわち幅広い様々な選択肢を思いつかせる発散思考を刺激する多様性

をどのようにして管理するのかについて述べる。次いで，第4章では，収束思考を通じて最良の選択肢を選ぶという困難な事柄に目が向けられる。

しかし，創造的プロセスのステップを理解するだけでは，マネージャーはグループの中に優れた創造的能力を構築できるところまでは至らない。プロセスは，環境――物理的そして心理的な環境の双方――の中を流れていく。きちんと秩序立てられていない物理的環境やひどく雑然とした心理的環境は，グループ創造性の道筋にとんでもない障害物を投げ入れることがある。第5章と第6章は，創造的エコロジー――知識が水のように流れ，人びとが無為ではなく行為をなすことの方を考えるようになる場――を設計しようというマネージャーの意欲をかき立てる。

ジェリ・デイヴィスに戻ると…

自分でも驚くほど，そして開発会議のマネージャーやチームリーダーたちがびっくり仰天したことに，ジェリは自分自身の考えを大声で叫んだ。「この部屋には有能な人が21人います」が，「私たちは皆，創造的な火花を提供するのは1人の男性の仕事だと考えています。何て無駄なんでしょう。ケビンを待つ代わりに，自分たちを新製品のアイデアを思いつかなければならない創造的グループと考えてみましょう。ともかく，この部屋には物凄い経験と豊かな知力があります」。

「待っていたわけではない……」と，スタンは異議を唱え始めたが，彼の言葉は漂い流れ，彼は神経質そうに部屋を見回した。

残りのグループメンバーは，次の指示を待つ訓練されたアザラシのように，ジェリをただ見つめていた。パニックの間，ジェリは自分の衝動的な発言を悔いた。楽観的な発言にもかかわらず，ここにいる人たちは知的だが，本当に独創的なものを思いつけるのか，彼女には分からなかった。

キーポイント

＊創造的な人びとは組織にとって重要ではあるが，グループの創造性は，少数の「創造的な人たち」よりも創造的プロセスの管理によって決まる。
＊創造的なグループのプロセス——新奇な，有用なアイデアの開発——は一連のステップからなる。それぞれのステップは最終的なイノベーションにとってきわめて重要である。ステップは以下のようなものだ：
　　＊蓄積（創造性を最大にするグループメンバーの選抜）
　　＊イノベーションの機会（創造性を必要とする問題の識別）
　　＊選択肢の生成（発散思考の促進）
　　＊あたため（選択肢を熟考するために必要な時間）
　　＊１つの選択肢への収束（多数の選択肢から１つのイノベーションへの移行）
＊創造的プロセスは，このリストが示すような線形なものではない。いずれのステップの中でも，５ステップのいくつか，もしくはすべてを含んだより小規模な循環が起こる可能性がある。

第 2 章
創造的摩擦

　「私を驚かせてくれ」と，事業開発部長という新設された肩書きを引き受けたばかりのジョンにCEOは言った。「君は新たに6名人を雇ってもよいぞ。我が社に若い血を入れて，新製品——たとえば3，4年以内に市場に出せる製品——を探し出してくれ。創造力のあるグループが18ヶ月以内にどんな可能性を突き止めるのかを見てみようじゃないか。」ジョンはぞくっとした；34歳でなんて凄いチャンスなんだ。ジョンは探し出せる中で，もっとも優秀で財務的思考ができ，コンピュータを扱えるMBA保持者を3名雇い，研究開発中の数百の可能性をふるいにかける仕事に取りかからせた。3つのポストが空いていたが，印象に強く残った何十通かの履歴書を引っかき回して3人の有能な若いエンジニアを選び出した。一連の財務的・技術的分析で18ヶ月が過ぎた。ジョンにとって喜ばしかったことは，グループのメンバーは一緒によく働いたし仲が良くなったことだ。しかし，最後にジョンが驚かされた人物となった——職を追われたのだ。グループは研究開発中のすべてのアイデアを財務的あるいは技術的見込みがないという理由で拒否した；つまり，彼らは追い求める価値のある新しいアイデアを1つとして見出せなかったのだ。ジョンは別の会社に移った時頭を抱えていた。あのような聡明でほんとうにうってつけの連中がどうして失敗したのか，と。

　ジョンの戸惑いは，イノベーションの機会を目の前にして，頭脳明晰な人たちを雇うか選抜して，引き合わせ，創造的な奇跡を期待するマネージャー

の大半が同じように体験することと言ってよい。時には確かに奇跡は起こる，しかし，ランダムに選び出された集団が特に創造的であるということはなさそうだ。マネージャーは組織のデザイナーである。グループの編成は，聖歌隊にとって重大だが，それと同様に創造性においても重大である。バリトン——あるいはソプラノなしでヘンデルのメサイアを歌おうとすることなど想像できるだろうか。おそらくもっと悪いことは，バリトンの半分にむりやりソプラノを歌わせようとすることだ。ジョンの失敗は，公式訓練と個人の思考スタイルによって実質的に単調なコーラスとなった6人を雇ったことだ。創造性を望むなら，知的な多様性——創造的摩擦につながるようなもの——が必要となる。そのような知的な混乱から生じざるをえない混沌を管理する方法については後述する。まず，なぜ多様な思考が有用なのかを，次にその多様性をどのようにしたら獲得できるのかを述べることにする。

多様性と創造的摩擦

　グループに創造的な案を生み出してもらいたいとする。どこから始めるべきか。それが生まれる可能性がある場について少しの間考えてみよう。現代のレオナルド・ダ・ビンチが，必要とする多様な知識やスキルのすべてを持ち合わせているかもしれない。そうならば彼をチームに加えたことを祝おう。そんな人がいないなら，科学者が名づけた「最小有効多様性」——新奇でかつ有用なものとなりそうな選択肢を最低1つは選び出せるほど多様な選択肢群——を生む何か別のことを試す必要があるだろう。すなわち，組み合わせると最小有効多様性が得られるようなグループメンバーを選び出さなければならないということだ。第二に，選択肢についての討論——時には激しいものとなるが——を含め，グループメンバーにその多様性を活かして何ごとかをなす気にさせねばならない。グループメンバー同士は挑み合うのだが，知的な素養の差異を喜んで受け入れる必要がある。ジェリー・ハーシュバーグが「創造的摩擦 (creative abrasion)」と名づけたこのプロセスを通じて[1]，

グループは異なる気質を持った人の集合体に潜んでいる創造的可能性を解き放つことができるのである。まず知的な多様性をグループに組み入れる方法を理解しよう。そうすれば最小有効多様性を持てるはずだ。次に，その結果として生じる創造的摩擦を促進し管理する方法について考えてみよう。

　認知的に異質なグループ——新奇で有用と思われる代替案を提供できる人たち——から始めることには利点がある。「箱の外で考えろ（型にはまらない考え方をせよ）」という言い回しを耳にたこができるほど聞かされるのでそれを見ただけで不安になってしまうなら，こう考えよう；人はそれぞれ自らの箱の中に独特の経験と知識をたっぷりと詰めているんだと。それぞれの箱からは見える世界は独特である：問題や好機は特定のレンズを通して眺められる。きわめて*異質な*個々のレンズを合わせてみるとアイデアの万華鏡ができる。多様性に富んだグループが個人よりも際だって有利な点は，個々のメンバーが独自の経験の領域内で今まで通り考えているとしても，グループになれば多数のものの見方を保有できる上に，それらを驚くべきほど新奇性に富み役に立つように結びつけることができるという点である。

　創造的な行為に対する各個人の蓄積，言うなれば箱の中にあるもの——は，わたしたちが知っていること（教育，仕事上の体験，実践から生み出された専門的知識）およびわたしたちが何者であるのか（生まれつきの能力，文化的背景，思考スタイルの好み）で構成されている。多様なものの見方を有するメンバーでグループを構成する際の問題の１つに，誰ひとりも深い熟練の源泉や問題解決アプローチをその額に描いていないということがある。目に見える手がかりから人の認知的バイアスを発見できないと同様に履歴書を読んでもその人の*知っている*ことを正確に分かるわけではない。もちろん，これら２つの知的多様性の源泉には重なり合う部分がかなりある。なぜなら（文化や家族の経歴で強化されるあるいは抑制される）生得的な能力と興味が，ある特定の教育や職業経験を選択するようにと人に迫るからである。

コンフリクトとイノベーション

　キャサリン・アイゼンハートらは，技術集約型企業におけるパフォーマンスやイノベーションの決定要因を調査した。その中で，実際上何のコンフリクトも経験していない企業群があった。そこではグループ多様性がほとんど存在していなかった（すなわち技術者だけで構成されている）し，ほとんど選択肢を作り出せず，概して成果の面（すなわち製品化に要する時間）で苦しんでいた。コンフリクトをかなり抱えているが，実際にはその多くが*個人的*なものという企業群もあった。これらの企業もまたあまり成果を上げていなかった。なぜなら相互作用（それが生じる際には）は分裂的で怒りに満ちていたからである。最後の企業群は，個人間コンフリクトを最小化できていた。同時に，*本質的*なコンフリクトをうまく管理していた。「そのようなコンフリクトは経営者たちに，より包括的な情報，問題のさらなる深い理解，より豊富な解決策を提供する」[2]。その結果，最後の企業群がもっとも生産的で革新的となったのである[3]。

わたしたちが知っていること

　知り合いの専門家――スペイン内戦，ピアノ演奏，話術の専門家――のことを考えてみよう。その人たちが特定のトピックや活動に関して深い知識をもてるようになるまでにどれくらいの時間がかかるだろうか？　5年間？　7年間？　専門的知識に関する研究では少なくとも10年とされている。そのため，若い時から始めて多様なテーマを深く掘り下げても，ほとんどの人は数種類の専門領域しかおそらく身につけられない。種々の知的言語にきわめて長じている20世紀の「ルネッサンス人」（たとえばバックミンスター・フラーやバートランド・ラッセル）は少数であるが存在していた。しかし，ほとんどの人は多様な頭脳が含まれるグループ――そのメンバーは知の深遠な宝庫を共に利用でき，創造的アウトプットの元になるアイデアの衝突を生み出すことができる――を作り出さねばならないだろう。

　職業で熟達者になる蓄積は多くの場合子供の頃に始まる。しばらくの間，ある2人の履歴のページを過去から繰ってみるということを想像してみよう。2人がよちよち歩きの幼児だった時，男の子は窓のそばにいて，長いカーテンを引っ張りカーテンが大きくうねる時の太陽光のきらめき方の違いに興奮していたようだ。女の子は床に座って一心にブロックをそろえ慎重に

組み立てていた。2人が十代になると，女の子は夜遅くまで背を丸めてコンピュータに向かってくすくす笑っていた。兄がコンピュータを起動する際に——2000マイル（3200キロ）離れた大学で——水洗トイレの洗浄音がするように兄のコンピュータに仕込んだばかりだから。もう1人の十代の子は眠りについており，スケッチをしたりイメージを重ね合わせる多層写真で実験をしたりして日中を過ごしていた。2人が大人になる時までそのスキルの基盤はすっかり違ったものになる。すなわち，2人の創造的活動に対する*蓄積*はまったく異なることになる。その上，生まれ持った関心によって，2人は違うトレーニングを求めるようになり，異なるキャリアを辿ることになった。1人は芸術に，もう1人はコンピュータ科学に。

　アプリケーションソフトを創り出すグループなら2人をともに必要とする——そして，2人には互いの異なるパースペクティブを情報源として利用してもらわなければならない。芸術家は，画を描き色を使って自分のアイデアを視覚的に表現する才能をもつスクリーンデザイナーとなる。スクリーン上の線は，彼にとってどんな意味があるのだろうか？　線には，奥行き，幅，輪郭，おそらく色調もある——それはスクリーンを見る者の頭の中にさまざまな関係を作り出すきっかけとなり，境界や開始点を示すことでコンピュータユーザーを誘導するシンボルとなる。コンピュータ科学者には数学的な才がある。彼女にとって線はアルゴリズムであり2点間の距離の表現である。両パースペクティブとも，スクリーン上に線を作り出すのに重要である。カリフォルニア州のゲーム会社エレクトリック・アーツ社のプロデューサーであるR. J. バーグは，次のように語る。

　　　今日のソフトウェア開発と生産はきわめて複雑なので，個人による貢献は重要だがそれだけでは製品が成功するには不十分だ。エンジニアリング，芸術，音楽，製造そのものにきわめて熟達している人は，自分の貢献が他のチームメンバーの貢献とどのように相交わっているかを理解する必要がある。製品の成功は，自分の専門とは何かをそして他の人の専門と共同して自らの専門が成し遂げる貢献を理解できる統合的な能力に間違いなく影響を受けるはずだ[4]。

コラボレーション障害の除去

　イリノイ大学，スタンフォード大学，カリフォルニア工科大学にあるベックマン先端科学技術研究所では，コラボレーションの障害となる学問分野の壁がうまく取り除かれてきた。化学者，生物学者，行動科学者，エンジニア，コンピュータ科学者は協力し，"MRTs"——主要研究テーマ（Main Research Themes），たとえば生物知性あるいは人間とコンピュータの知的相互作用——を共同研究することで1つにまとまっている。イリノイの研究所長であるジリ・ジョナスは，MRTs に焦点を当てることで結果的に多数の学際的研究計画が生み出されたと思っている。ある1人の理論科学者によれば，「必要となるあらゆる分野の専門家がどこかすぐそばにいて，しかも必ず協力してくれる」[5]。ベル研究所物理学研究部長であるウィリアム・ブリンクマンは，協調促進的な研究所の文化によって学際的グループが一体化する様子について次のように語る。「わたしたちはそれを「自発的チーム形成」と呼んでいる——すなわち，別のグループが取り組んでいる興味深い問題を見つけて，そのグループに加わりたいと思うことだ」[6]。

　まるで「彼らは異邦人だ」と言うに等しいかのように，「そう。彼はマーケティング屋」とか「彼女は技術屋だ」とか言って，同僚同士が互いに感情を顕わにする手振りをして，けなし合うのを何回耳にしたことだろうか？実際には異邦人は他の文化を活性化できるのだ。「雑種強勢」は園芸学以外の分野では重要である。インターバル・リサーチ社のデヴィッド・リドルは異なる分野のものの見方をプロジェクトに注入することを，料理に味を付けるハーブと考えている。「良い仕事，新しい仕事をする機会はないんだ……ハーブが育たないような不毛な環境の中ではね」[7]。知的な血統の混合は，ルーティン的活動を生き返らせ，混合がなければ選択に利用できないような選択肢を豊富に作り出す。フィッシャー・プライス社では，マリリン・ウィルソン-ハディド（マーケティング担当）とピーター・ポック（製品開発担当）は，勝ちに行ける概念（winning concepts）に至る方法を議論するためにチームを組んだが，わき起こる「魔法」，すなわち「創造的摩擦から突然溢れ出るエネルギー」について語ってくれた[8]。

　創造的摩擦を刺激することはむずかしいし空恐ろしい。なぜなら，自分に似た仲間と一緒にいるほうがずっと快適だからだ。異邦人は従順な——問題

なく皆と馴染めるくらい主要分野に近い人か，全員にその人の有用性があきらかであるかいずれか——方がよい。にもかかわらず，創造性という点で注目されたグループは，まがいものではない正真正銘のアウトサイダーを見極め，募り，雇うこと——少なくとも，しばらくの間訪問してもらうこと——に大量のエネルギーを費やしている（そしてエネルギーは実際かなり要する）。職能の組み合わせが過激であればあるほど，創造的摩擦の見込みが大きくなってもらいたいと人は考える。ゼロックス・パロアルト研究センター（PARC）は——今日のコンピュータの全機種に広く使われているグラフィカルインターフェースからスクリーン上を動き回るために利用するマウスに至るまで——きわめて多数の創造的アイデアを生み出してきた。ゼロックス社はいずれの発明品からも利益を得られなかったが，PARCはいつだって創造性にとってほんとうに豊かな場であった。そこに知的で創造的な人たちが惹きつけられるのは当然だが，経営陣も学際的な出会いを計画的に推し進めている。さらに耳慣れないプログラムの1つが，PARC Artist-in-Residence（PAIR）であり，それは芸術家がコンピュータ科学者とペアとなるというものだ。その組み合わせによって，いずれか一方だけでは考えることができなかった並はずれたマルチメディア技術がいくつか生み出されてきた。

　あるいは，人類学者とコンピュータ科学者を交流させたらどうであろうか？　物理学や数学が伝統的に支配してきた「ハードサイエンス」の実験室に社会科学者を招き入れることは，直感的に理解できるような創造性の促進策ではない。しかし，人類学者による観察がコピー機の設計に深く影響を及ぼしたのである。ゼロックス社のエンジニアは，機械を「誰でも扱える」ものにしようとする，すなわち異常となりそうなことすべてを予測し，その問題を取り除いてシステム設計をしようとする傾向が昔からあった。人類学の方法は，人間工学的要因を超えて，人と機械の相互作用を観察し深く理解するというものである。人類学者は，自分のコピーをとるために新式の機械を使おうとしている一流のコンピュータ科学者2人をフィルムに収めた。非常に聡明な人が次第にいらついていく場面は重要な洞察につながった。コピー機を使用する際の故障のいくつかは，対象とする作業範囲が広がったため避

けられなかった。解決策は，特定の処置に結びつく表示パネル上のカスタマイズされた指示や，問題の位置を示す表示の助けをかりて，ユーザーがトラブル解決作業をやってのけることであった。紙詰まりを取り除くのが，再設計前の28秒と比べて，現在では20秒となった。

　なるほど，でもそれは研究の場――おまけに型破りのカリフォルニア――でのことだ。これまでルール，標準，遵奉に焦点を当ててきたグループにイノベーションを求めるとしたらどうなるのだろうか。

　バイオテクノロジーのジェンザイム社で，ラッセル・ハーンドンは，規制――創造性で必ずしも名を馳せているとはいえない専門職――に対応する社内グループを立ち上げた。規制グループ（「販売阻止グループ」と呼ぶ会社もあった）は，関係をもつ連邦政府官僚と気質や見通しの点で似てくるのが通例である。結局のところ，薬品を管理する連邦政府の規制にどれくらいの創造性を望めるのか？　医療機器向けに作られたルールでバイオテクノロジーの発明品を縛りつけたいと思わないなら，驚くべきことに，かなりの程度創造性を望むことができるというのがその答えなのだ。ジェンザイム社の製品は，ワシントンを含め，世界にとって新製品であった――そしてそのいくつかには規制方針などはまったくなかった。

　規制業務担当者の職務記述書には，通常，法律の学位が必要だということ，規制プロセスの中の極めて狭い範囲――たとえばラベリング――に専念することと記されている。ハーンドンはグループメンバーに，開発初期から市場出荷まで製品に責任を持ってもらいたい，そして政府の指示に考えもせずに服従するよりもむしろ規制に影響を与えてほしい，と思っていた。ずば抜けた法律家を確かに数名雇ったが，彼はまた規制環境に新しく多様なパースペクティブをもたらすように，一般教養（英語と歴史学専攻）や理論生物学，化学エンジニアのようなこれまでにはない経歴から規制グループのメンバーを意図的に選んだ。創造的グループを作り上げるためのこのような投資は，純粋に法律的な考え方が高度に科学的なアプローチおよび科学以外のアプローチによって補完されたブレインストーミングセッションで，期待された成果を上げたのであった。

多様性と創造的摩擦　27

職務経歴の多様性と創造性

　実験室での研究では，能力，スキル，知識に関して異質なグループは同質的グループよりも創造的であるということが一貫して証明されてきた[9]。仕事の現場でこの発見を証明するために，スーザン・ジャクソンは 199 の銀行の CEO にコンタクトを取り，組織内のイノベーションのレベルを評価するように，およびトップマネジメントチーム内の重要人物を 8 人見極めるようにと依頼を行った。ジャクソンは，（製品，プログラムおよびサービスの）革新度とトップマネジメントチーム内の「職能的経験」における異質度との間にある重大な関係を発見した。すなわち，異なる職務経歴や経験を持つ人びとで構成されたチームは，たとえば主にマーケティング関係の人たちで作り上げられたチームよりも創造的であった[10]。概して，「複雑で，非ルーティン的な問題に取り組む時——おそらく創造性をある程度必要とする状況——に，グループが多様なタイプのスキル，知識，能力，パースペクティブを持つ人たちで構成されればそのグループは機能をより発揮する」ということが実証研究によって発見されたのである[11]。

　グループが立ち上がったばかりの頃のイノベーションの機会に，カーティセル（Carticel）——患者から採取された軟骨細胞を培養し，増殖させて，膝へ再移植するというプロセス——の商業化があった。カーティセルはどの規制分類にもぴったりと適合しなかったのでその実用化をどのように管理するかについての明確な指針などは存在しなかった。標準的な生物製剤としてそのプロセスが規制されるという脅威——もしそうなっていたなら臨床研究の間，製造を中止せざるをなかった——にさらされて，ジェンザイム社の規制グループは熱烈な患者の要求に応えてカーティセルを販売し続けられる革新的な案を考え出した。免疫学的心配はない上に，細胞組織は戻される当人から採取されるので，ジェンザイム社はその治療をむしろ医療行為としてみるべきだと主張した。しかし，グループは，米国食品医薬品局（FDA）は細胞培養施設の認可を行うべきであり，その承認を正当化するために経過データや代理指標（医療補助の指標）を使うべきだと提唱した。この新奇な提案は 2 つの主要な目的を同時に達成した；不適切な規制からカーティセルを守ることと，競争相手に対して障壁を打ち立てること[12]。おそらくこれまでの規制グループではそこまで創造的ではありえなかっただろう。

わたしたちは何者なのか

　人は鏡に映るもので部分的にではあるが自らを断じてしまう。鏡は，性別，民族，年齢について語るが，残念ながらグループメンバーの間の目に見える差異（性別，人種，年齢）は，創造性を伴わず摩擦を増すだけのことが多い。そのほとんどが，差異の扱われ方――そして話題となる差異がどんなものか――で決まる。しかし，わたしたちは何者なのかということは，会議のテーブル越しに最初にちらっと見た時に分かることよりも多い。文化や育てられた家族の種類，遺伝子によって作り出された考え方，独特のパーソナリティはすべて，人が世界を見るためのレンズを作り上げる。

文化の多様性　文化の相違を考える時，たいてい人は危険――その地域の禁忌を犯すことで商取引から体の一部分までのどれかを失ってしまうこと――に気づく。タイにいるとしたら足の裏を他の人の頭に向けてはいけない。イスラム原理主義の国にいるとしたら，異性には，たとえ手でも，触れてはならない。コミュニケーションの失敗に関する滑稽だが実にひどい話を聞いたことがあるだろう。笑みを浮かべた幼児をラベルに描いたベビーフードの会社はどうであろうか。発展途上国の中には，食べ物の瓶には伝統的にその中身の絵しか描かない国があるということにその会社は気づいた。その国の消費者は食人を広告しているように見える瓶を買うのを嫌がったのも無理からぬことである。自国で人気のあった乳発酵飲料をアメリカ市場に導入しようとしたアジアの会社は，彼らがその飲み物を「Calpis」と命名したとき間違ったことから始めてしまった（どういうことか考えて下さい）。スペイン語文化圏へ売ろうとする車に，「Nova」（「走らない（No Go）」）と命名することは文字通り役立たずである。パナソニック社は，ウディ・ウッドペッカーを目玉として使った日本語ウェブ・ブラウザの1996年における世界規模の広告キャンペーンで不名誉な失態を演じた。それに付けられたスローガンは，「ウッディに触ろう――インターネットのペッカー」であった。

「デモグラフィック要因」多様性と創造性

人は自分自身と似た人と仲間になり，交流し，共に働くことを好むということを実験による証拠が強く支持している。「類似性－魅力」効果は文字通り何百もの研究で証明されてきた[13]。人は，年齢，性別，人種を含めて，似たもの同士になる根拠であれば実質的にどんなものでも嬉々として飛びつくようである。グループプロセスや創造性から見ると，このことはどんな結果につながるのだろうか。*年齢の多様性*はグループの一貫性や統合度を低レベルにし，さらに高い離職率へとつながる。*男女混成グループ*は男女別々のグループよりもいくぶん創造的である（統計的有意性はないが）ことが見いだされた[14]，ここでも離職率は高い傾向にある。*多民族グループ*の結果は一貫したパターンを示さなかった。しかし，最近のある研究では，多様性を擁護していると広く見なされていた組織の中で，多民族グループの創造性が特に白人とアジア人グループで高いことが明らかにされた。この結果はグループの課業への強い一体感から生じている。その強い一体感が同一人種による派閥形成を防いだのであった[15]。

異文化間での誤解はコミュニケーションによるものだけではない；異文化における決定はまったく異なった前提に基づいているかもしれないからだ。自分たちとは異なるデザインルールが適用されるアジアで仕事をした西洋の建築家は，玄関に正対するように2階への階段を設置しないということにすぐ気づく。というのはこの構図は不幸を招き入れ家族の部屋に直に駆け込ませることになるからだ。

異文化間では誤解の生じる可能性はあるが，異なる文化の混交で創造性が促進されることもありうる。チクセントミハイは紀元前5世紀のギリシャや15世紀のフィレンツェ，18世紀のパリにおいて華々しかったイノベーションについてコメントして，「創造性の中心は異なる文化が交差する場所にあり，そこでは多様な信念，ライフスタイル，知識が交じり合い，それらを通じ人はアイデアのさまざまな新結合をいとも簡単に気づくことができる」と述べた[19]。インフィニティ J-30 のデザインを日本側に提供した日産デザイン・インターナショナル（NDI）のカリフォルニア出身のデザイナーたちは，考慮すべききわめて重要な事項を見逃していたことに気づいた――それは正面から眺めた車の「顔」がどんなふうに見えるかということだ。への字

イノベーションにおける文化的要因

　J. F. O. マカリスターは，第二次世界大戦中とその直後のイノベーションの研究において，イギリスとナチの科学への取り組みを比較した。「ドイツの戦争科学は，階層的で，部門化され，科学者と軍人との自由な交流は妨げられていた。そのため，ドイツのレーダーの設計はすばらしく，「(イギリスが) 利用可能だった最良の機器よりもよい」信号安定性を達成したにもかかわらず，航空機の位置を表示するドイツ方式は，それを利用する防空管制官には使い勝手が悪かった」[16]。

　ギート・ホフステッドの40ヶ国のIBM社従業員に関する古典的研究では，仕事に関連した価値観や態度に対する文化の重要性が示されている。子育てやその他の社会化の慣習は，国ごとに異なった「集合的知能プログラミング」を生み出す。ホフステッドは，文化的差異を生む4つの主要な次元を考察している。(1) 権力格差（人が権力や影響力の不均等な分布を自然で恒久的なものとして人が受け入れる度合い），(2) 個人主義―グループ主義（自分自身や肉親を忠誠の源とみなすか，対照的により大きな仕事や社会的な単位という点からものを考えるのか），(3) 不確実性の回避（曖昧さの削減を望む度合い），および (4) 男らしさ―女らしさ（伝統的な性的役割の強度）である。ホフステッドの分析は，これらの次元に沿って相対的類似度という見地から40ヶ国を分類した。たとえば，チームメンバーにデンマーク，イギリス，ベルギー，フランスの出身者がいると分かれば，前2者が曖昧さを受け入れ，後2者は不確実性を避けたいと望むということが分かる。そして，このことから，デンマーク人とイギリス人の同僚は決まった解のない戦略的な問題に関心があり，それに対してベルギー人とフランス人のメンバーは操業上の問題の方を好むことが分かる。

　もちろん，ホフステッドがあえて指摘するように，個人の特徴を決めるのにグループの平均値に頼るのは間違っているかもしれない。しかし，人によって問題の選択や取り扱いにどの程度違いがあるのかを見抜く際にグループとしての傾向が役立つことがある[17]。文化的差異の重要性が力説される一方で，フォンス・トロンペナールスとチャールズ・ハンプデン＝ターナーはステレオタイプに対して同様の警鐘を鳴らしている。彼らは，文化の相違を部分的に重複した鐘型曲線――その中で各文化にはすべての種類の行動が存在するが，*最も予想できる行動*が2つの文化では異なる――として捉えている[18]。

に曲がったグリル（日本人はそれを「不機嫌な口元」とみなした）や細い長方形のヘッドライト（日本人によれば「斜視」）は，車の外観を悲しげで，荒々しくさえした。アメリカ在住のデザイナーは，このような見方にそれほど敏感ではない。彼らは前方より側面から車を眺めることを文化的に好む傾向があるからだ。NDIのデザイナーたちは，車の顔を少しばかり元気づ

かせることで，文化的知性のより高いレベルにデザインを移行させたと感じた[20]。また，次期ボーイング機の便座のデザイン修正ができたのは日本人のおかげである。日本人は他人への気恥ずかしさに敏感であるので，水力学が便座の倒れる不快な音を消し去ること，すなわちトイレの外で順番を待つ人びとに対して不用意に内部の音を外へ漏らさないようにできると提案した。

本社がカリフォルニア州サンタクララにあり，研究開発部門がベルギーに置かれている企業，コーウェア社のCEOであるギード・アーノウトは，文化的感受性の必要性を強く意識している。「文化的な多様性を作り出せば，従業員の視野は広がり，自分たちの世界は数多ある世界の中の1つにすぎないという事実に従業員を敏感にさせる。極東はアメリカの市場や製品とつながっているとアメリカではごく自然に捉えられるのだが――ヨーロッパではそうではない。（せいぜい）国境が接する国とだけつながっていると感じがちだ。1つの民族文化にとどまっていたら世界クラスの企業に成長することはできない」[21]。

トミー・ヒルフィガー――コネチカット州出身の45歳の白人男性で，プレップスクールの制服をデザインしている――は，どのようにして都会のアフリカ系アメリカ人たちに好かれるデザイナーになったのであろうか。その解を探しているライターは，ヒップホップ・アーティストのグランド・プーバが推奨していることも含めて，いくつかの仮説を見つけ出した。また，そのライターはヒルフィガー社のデザイナーの1人と昼食を共にしたが，その人は

> 26歳のウルリッヒ（ウビ）シンプソンという名の人物であった。母親はプエルトリコ人で父はオランダ系ベネズエラ人であり，ラクロスやスノーボード，ロングボードのサーフィンをする。また，ヒップホップコンサートへ行き，ジャングルやエデス・ピアフ，オペラ，ラップ，メタリカを聞く。そして（ニュージャージー州）モントクレア出身でドレッドヘアの27歳の黒人男性，フィジー出身で22歳の南アジアの男性，そして（ニューヨーク州）クィーンズ出身の白人グラフィティアーティストを一緒に働くため自分のデザイン

チームに迎え入れていた。そのときに、トミー・ヒルフィガーが白人の文化を黒人の文化にとってクールにできる理由はおそらく両文化で同時にクールであり、彼のために働いてくれる人たちがいるからだということが私の頭に浮かんだのであった[22]。

これらの例が示すように、文化は好みや物の見方を刷り込む。文化を異にする消費者グループにさまざまなデザインコンセプトを示してみよう。日本人は対象物を説明する際にまず形について語り、その後になってはじめて色について話すようだが、ヨーロッパ人はその逆だろう——少なくとも、あるコンサルタントグループの経験ではそうであった。全く別の分野の話を取り上げれば、ある医学の専門家は、不快な病気へのアメリカ流アプローチは「ちょっと切ってみよう」であると述べている（彼は帝王切開と胆嚢手術の数の多さに注目した）。その専門家によれば、ヨーロッパ式アプローチの特徴はより体系的で保守的であり、アジア流は心と体の相互作用をより多く取り入れるとした。3つの文化のもっとも良いところを組み合わせれば、実現しうる最善の治療になるであろうと彼は考えていた。これらはステレオタイプであろうか。その通りだ——日常よく見られる危険に陥りやすい。アメリカの医師は皆が皆ナイフを振りまわすカウボーイではないことは明らかだし、気すなわち超自然的な存在の重要性や癒しを必ずしも信じているわけではないが、心の影響についてかなり敏感な医師は多い。肝心なのは、文化の衝突は創造的でありうるということだ。

部屋の中に異文化の人がいる会社の会議や大会、パーティーに前回参加した時のことを考えてみよう。その時を、探究する機会、新たな観点を見いだす機会、学習する機会と見なしたか。それとも、論争になるという恐れから共通の問題について話しをするのを避けたのか（それとも、なまりのきつい人とゆっくり話したり注意深く聞いたりするのは骨が折れるという理由からか）。玩具メーカーのフィッシャー・プライス社は、最近「フィッシャー・プライス逆大学」を始めた。新規雇用者に対して会社の沿革、アイデンティティ、文化に関する昔ながらの説明で（通常の「大学」のような形式で）2,

3日間を過ごした後,今度は「インストラクター」が「学生」と立場を逆にして,米国以外の国々の玩具ビジネスとはどのようなものなのかを教えて欲しいと依頼するのである。ニューヨーク州イーストオーロラの従業員たちは,ヨーロッパやアジアの新しい同僚たちとのセッションから何を学ぶのであろうか。たとえば,日本の消費者は,赤ちゃんのガラガラから海賊船まで玩具すべてに教育的内容を持たせてほしいと願っているというようなことである。イタリアのミラノの契約デザイン会社との意見交換は,フィッシャー・プライス社にとって重要な製品イノベーションの刺激になった。イタリアのデザイナーは就学前の子ども市場向けにデザインを行った経験は浅く,他方アメリカのデザイナーはヨーロッパの流行に触れたことがなかった。アメリカのデザイナーがわずかだが値段を安くする変更を提案したとき,ヨーロッパのデザイナーたちは自分たちの作った西部開拓時代の要塞の玩具に変更を加えた。幼児のやりたがる行為の1つに要塞から斜面を使って樽を転がすというものがあった。ヨーロッパ製の樽を転がすジグザグの道は,精巧であって見た目も面白いが,費用がかかりすぎるし,しかもこの年齢の子どもには動きがちょっと遅すぎた。アメリカ人のデザイナーは,ジグザクに曲がりくねった道をまっすぐにして幼い子どもがすぐさま満足でき,その上1製品当り3ドルほど安くできると助言した。次に,ヨーロッパのデザイナーらがパステルカラーのコーデュロイやギンガムで覆われた玩具よりもベロアや目立つ色のほうが人気があるということを強調して,幼児向けの玩具の仲間にそのような重要な商品ラインも加えるべきだと提案した[23]。

　このように,文化に基づく多様性は,役に立つ意見の不一致や異なるものの見方を生み出すかもしれないのだ。しかし,性別,人種,国籍など社会のある特定下位グループに属す人が,そのグループを代表しているとは限らない。次の2つのことを見落としているからだ;1つは,全く違って見える人々が知性的には双生児でありうるということ。ミネソタ州出身の女性の傍らに立派なヒゲを生やしたターバン姿のインド出身のシーク教徒が立ち,知的な好みを測定する診断機の得点が同点であったことで互いに笑いあっている写真がある。さらに,似ているように見える人たちが問題解決に対するス

キルやアプローチがまったく異なるということがありうるということ。したがって，グループにアジア系アメリカ人女性やアフリカ系アメリカ人のゲイの男性を加えることは多様性を増すだろう——が，必ずしもここで述べられているタイプのものではない（もちろん，グループのメンバーの「バランスをとる」ことには他にも重要な理由がありうる）。重要な点はメンバーを*眺*めることでグループの知的な多様性は判断できないということだ。

しかし，人の性癖は，最も抽象度の高いレベル——すなわち最も目につきやすい違い——に向けて集約されてしまうようだ。パーソナリティの違いが文化や国民性のせいにされるかもしれない。意識的な注意を集めてしまうほどある人が独特の行動をとった場合に，「フランス人だからだ」と人は考えるだろう，たとえその行動が「異質である」本当の理由が外向的な性格であったとしても。摩擦の源泉となりそうなもの全てに関する知識が増せば増すほど，源泉をより適切に扱え，グループの中に取り込む——あるいは除外する——ことができる。知的な多様性についての判断は，人の経歴，経験，そして次節で考える思考スタイルを，注意深く評価してはじめて可能となるのである。

思考スタイルの好み 知的で，善良で，尊敬するに足る同僚が，一緒に働いた場合ほとんどいつでも，悩みの種と化すのはいったいどんな理由からなのだろうか。おそらくこのような人物はたえず細部にこだわりすぎて全貌を理解できない——木を見て森を見ず——ということが考えられる。あるいはその逆が正解かもしれない；すなわち，その人はおそらく——皆さん方の視点からすれば——意思決定を裏付ける詳細な情報がないために，3万フィートの高さで問題を飛び越えて，重要なデータを無視し続け，意思決定に「戦略的」とラベルを貼っているように見える。確かに，会議の参加者の中に椅子のはじに座り，頻繁に時計に目を遣りスケジュールについて辛辣な批判をして，会議終了へのプレッシャーをかける者もいれば，他方で意思決定の前にやかましく情報をもっとよこせと要求する者——さらに極端な場合には，昨日決まった意思決定について再度問い直すような者さえいる。これらの2つ

のグループは互いに相手をいらだたせている！　創造的摩擦を多く生み出す源泉は，思考――問題解決，情報処理，選択，データの評価――方法の好みという点で生じるごく自然な他人との差異なのである。

　ちょっと時間をとって簡単な運動をしてみましょう。無理のない姿勢で腕をもう一方の腕の上にくるように胸のところで交差させて下さい（飛行機の中でも同僚たちはあなたを変だとは思わないでしょう！）。しっかりと交差させたら，今度は反対に交差させ，下にあった腕を上にするようにして下さい。どんな感じですか。変な感じでしょうか。動きを止めて，どうやったらいいのか少し考えなければならなかったでしょうか。さて次のエクササイズです（読むだけではなく，実際に行った方が多くのことを学べるので――さあ，一か八かやってみて下さい）。ペンか鉛筆を取り出して名前を書いて下さい。よろしいですか。今度は，もう一方の手にペンを持ちかえて再び名前を書いて下さい（もし人前なら恥ずかしくておそらくはしないでしょう）。どのように感じましたか。ぎこちないというよりもずっと悪い感じだったでしょうか。おそらく書くために腕全体を動かさなくてはならなかった。署名は普段の約2～4倍ほど大きくなっている！　いつもとは反対に腕を組むことよりも，なぜずっと不愉快に感じたのでしょうか？　「かなり難しかった――慣れが必要だ」，「自分の署名がばかっぽい」，「8歳に戻ったような感じだ」などと皆さんは言うはずです。利き手でない手で字を書くことが難しいのは，人は生まれつき利き手の方を好み，そしてその好みが何年にもわたる練習と経験によって強化されてきたためです。おそらく最も決定的なのは，署名が自尊心に関係しているからです――結果が目に見えて悪いと自分が愚かだと感じるのです。

　動作に好き嫌いがあるように，人には生まれつき*思考スタイルへの好み*があり，その好みは左利きや右利きと同様に「埋め込まれて」おり選択した職業での長年の実践や私生活での他人との付き合い方によって強化されている。きわめて強く，環境によって変えられそうにもない好みもある。比較的弱いものもある――腕組みの好みよりも弱いものすらある。2つの思考スタイルのどちらかを選択する際に心理的両手利き（すなわち，2つのうちいず

れでも良いということ）ということもあるが，他の選択では利き手ではない手で書こうとするのと同じように切り換えが難しい場合もある。ほとんどの人は，なぜ自分流のやり方で問題にアプローチしているのかや，さらに言えばなぜ他の人は別のやり方でそうしているのかの分析にあまり時間をかけていないので，体系的調査しないと自分の思考上の好みをはっきりさせることができない。だが，自分の好みの理解を助けてくれる診断法は数多く存在する。そのような診断法で最も広範に使われているのがメイヤーズ＝ブリッグス型尺度であるが，他にも数多くの診断方法がある[24]。

　20世紀初頭，心理学者のカール・ユングは，思考スタイルの3つの側面に関して好みがあることを発見した；感覚対直観，思考対感情，外向対内向である。後に研究者は，4番目の指標；判断対知覚を加えた。ユングの研究に基づいた診断法では，鉛筆や紙を使い，日常的な，意識されないことが多い行動の選択を体系的に再現できるし，質問への解答によってどれを好み何を好まないのかをを見分けるパターンが明らかになる。そのような診断表への記入を求められたならリラックスしよう。パーソナリティの奥底にある暗い秘密を明らかにするものではない。だが，それはとても役に立つ。たとえば，パートナーや仲間のチームメンバーから補完的な好みを探し出す時期に気づくのに，あるいは自分自身のバイアスや長所をバランスさせる目的に，またはグループ内により多くの認知的な多様性を設計する目的にとって。

　本章の冒頭に描かれた状況を思い返してみよう。全員が同じようなものの見方から問題にアプローチする人を雇ったことでジョンは自分の首を絞めたのだ。3人は財務の経歴があり，他の3人はエンジニアであったが，6人はともに本質的に「左脳的」ツールやアプローチを好んでいた。彼らは全員大量のデータを求め，厳格な分析を推論の基礎にし，明確な意思決定を求め，互いの意思決定を再検討することを性格上したがらなかった。分析的な麻痺状態は予測できた。なぜならグループの中の誰1人も，多少不明確だが新奇な製品コンセプトを探したい，あるいはこれまでの顧客以外の人と言葉を交わしたいと思わなかったからである。

　人の脳の活動は，かつて考えられていたように，実際には左右の大脳皮質

がきちんと分かれている訳ではない。自然は，はるかに精巧——複雑でより混沌としている——だ。しかし，左脳，右脳の区別は思考スタイルの補完性の理解を容易にするという理由で比喩としては役に立つ。左脳的アプローチは，非常に精密で，分析的，論理的な推論になる傾向があるのに対し，右脳は，より直観的，感情的，価値観に基づく推論となりがちである。ルーティンや効率性よりもむしろ創造性やイノベーションに焦点を定めているグループであれば思考スタイルの混合から得るものがある。ジェリー・ハーシュバーグがサンディエゴに日産デザイン・インターナショナル社を創設した当初，創造性を追い求める組織の設計にあえて取り組んだ。彼は，自分のイメージの中にある人たち——高度な直観能力や全体的な展望を持ち，視覚を優先する右脳志向の人々——だけを選んで残そうとする誘惑に耐えた。代わりに，構造を求めたり，次の段階へ進む前に「なぜか」と常に問うたりするような左脳型の人も数名意識的に採用した。しかし，当初この人たちは彼をいらつかせた；なぜなら，彼らは「非創造的」であり，新しいことに怯えているようだったからだ。しかし，すぐにその評価が誤りだと気づくようになった：すなわち，「その人たちは，異なる蓄積と期待を持ってテーブルについているだけだ」[25]からだ。ハーシュバーグは，まず飛び降りてからその後に理由や方法を問うという自らの性格を補完するためにそのような人たちを必要とした。思考スタイルの診断で，ハーシュバーグは，「自分は，おもしろい直観を持って崖を飛び降り，途中まで降りたところで，グループの残りのメンバーに『ほら！パラシュートを作ろう——今すぐに！』と叫ぶような性格であることが分かった。ありがたいことにそこに（左脳型の）人たちがいた。彼らに，自分は衝動に駆られて明朝7時ごろに断崖から飛び降りようと思っている，と前もって言ったとしよう。すると彼らは『ありがとう，ジェリー』と言って，その晩帰宅して，それについて考えをめぐらし，うまくいく方法に関するアイデアをいくつか持って来てくれる」[26]。

　ハーシュバーグが発見したことはジョンの場合とは正反対であった——ジョンは自由な探索のために少しの間分析を棚上げするのを右脳者に手伝ってもらわなければならなかった。それに対して，ハーシュバーグのほうは，

気のきいたアイデアに自らが肩入れする前に，左脳者に手助けしてもらってそのアイデアの実施について考える必要があった。ハーシュバーグはこれを*創造的摩擦*と考え，推奨するようになった。彼のリーダーシップの下，日産デザイン・インターナショナル社は，補完的だが，可能な限り互いに異なるような*組み合わせ*でデザイナーを雇い入れた。「その結果，みなが同じ旋律で歌う仲良しの聖歌隊にならなくてすんだ」。たとえば，「明確さや論理に関して情熱的」であり，「機能－形式の志向」を持つ「バウハウス的，ゲルマン的，合理的，明解な頭脳を持った」デザイナーを雇った同じ年に，「色彩に関して情熱的で思わず息をのむような純粋な芸術家」を雇うのである[27]。この管理慣行は，差異を招き入れただけではなく，コンフリクトの発生をほぼ確実にした。この知的コンフリクトこそハーシュバーグが喜んで許したものである。彼はこのようにして生みだされたエネルギーが怒りではなく創造性へと正しく向けられるのであればイノベーションの発電所になると信じていたのだ[28]。

　世界を他の人と違ったように見る人，異なる種類の情報を求める人，曖昧さの許容レベルが異なる人たちは，まちがいなく互いをいらだたせる。その生涯を費やして視覚的に思考してきた芸術家は，データの中に身を投じてきた会計士とは明らかに違った情報処理をする。そして，職業選択は特定の問題解決に対する小さい子供の頃の好みに基づいていたということを思いだしてみよう。多様な好みの間に対立がある時，そこには回避不能の「パーソナリティの衝突」があると考えられるかもしれない。確かに，そのような衝突は生じるが，ほとんど，あるいはまったく思考スタイルとは無縁の敵意（たとえば，2つの大きなエゴ）に基づいているようだ。しかし，異なる思考スタイルの好みにその起源がある衝突を突き止められれば，コンフリクトは創造的相互作用の機会へと変わりうる。左利きの人の隣に右利きの人が座ったためディナーパーティで肘がたまたまぶつかったとしてもいらいらしないのと同様に，全体的な展望を描いていたときにさらにデータを求める人や，目前の細目に集中しているときに型破りなシナリオを示すようにと要求する人にいらいらすべきではない。体の接触の方が精神的なものよりも不快でない

理由はおおよそ2つある；それはまず，自分と同様に隣の客もその好みをどうすることもできないのをわかっているからである。その上，どちらの手でフォークを握るかはエゴとは無縁である！　それゆえ，思考スタイルの好みも同じく生まれつきで意図されたものではないということを理解しておくと有益である。

　さらにもっと有益なのは，結果として生じる摩擦を，スタイルの対立がない心地よいプロセスから考案された解よりも優れた解を生み出すための機会として見ることができた場合だ。フィッシャー・プライス社が職能横断チーム構造へ移行した際，思考スタイルの好みの診断は訓練の一部であった。マーケティング部長のリサ・マンキューソは，他者の好みを理解することは有益だと気づいた。「チームのある1人の男性がわたしをいらいらさせ続けていた」と，彼女は語った。「彼は，工場でなぜスケジュールが遅れたのか，また工場の中で何が起こっているのかについての細々としたことすべてを私に伝えておきたかったんです。わたしが必要だったのは結論だけだったのに。（診断を実施した後）分かったことは，わたしが些事にまったく関心がなく彼には要点だけに触れるよう求めていたため，わたしのことをまったく無礼な人間だと彼が考えていたということです。2人は物事に対して異なるアプローチをしていただけということを分かり互いの意思疎通に本当に役に立ちました」[29]。

　思考スタイルの好みを認識することで，相互補完的な人材配置も可能となる。IBM基礎研究所の副社長で研究開発部長のポール・ホーンは，次のようにアドバイスする。「ビジョン家と開発担当者をペアにしなさい。紛れもない事実は，アイデアは実行されなければ成功はないということだ。プロセスの当初からビジョン家と実行担当者を組み合わせることで次の2つの報酬が得られる；第一に，最終的に結果が手に入る。そして第二に，開発担当者はビジョン作りの技を学習し，ビジョン家は開発のスキルを学べ，そのことでチームの価値が上がる。どちらのスキルもともに，認められ，育成され，報酬が与えられるべきだ」[31]。フィッシャー・プライス社の製品デザイン部長のキャロル・スナイダーは同様の所見を述べる。

バランスをとる行為としての創造性

　心理学者のロバート・スターンバーグは，創造性を3タイプの知性のバランスと考えている；3つとは，創造的知性，分析的知性，実践的知性である。*創造的知性*とは，新奇かつ並はずれたアイデアを生み出す能力である。*分析的知性*とは，そのアイデアを分析し，分析に基づいて意思決定を行う能力である。*実践的知性*とは，アイデアと実生活の状況との間のつながりを思い描ける能力である。1人の人間が，2つのタイプの知性に，あるいは3つのタイプすべてに長けていることは――まれではあるが――確かに可能ではある。より一般的には「創造的な」人間が異彩を放つのは1つに限られる。そこで，「創造的」タイプだけで構成されるグループは，アイデアを数多く創出するのに優れているが，価値のあるアイデアと無価値のものを区分すること，あるいはアイデアの創造性がもつ実践的な意義を理解することは不得手なようである。だから，斬新なアイデアを練り上げられるメンバーとともにその応用を探し求められるメンバーがいるグループは，創造的個人の寄せ集めではなくなり，創造的なグループとなる[30]。

　「まったくゼロから創造的グループを作れるなら」と，彼女は述べる。「3つの異なるタイプの人を求めるでしょう。まず，アイデアの種を出すのが本当に，本当に上手な人。でも，その人たちは種が種の域を越えると完全に飽きてしまうのだけれど。次に，いったんアイデアがその場に出されるとその種をつかみとり，それを基に事を進めるのが好きな人，つまり種を揉みほぐして何かに作り変えるのが好きな人。最後は，そのアイデアを組織で承認させることが本当に上手な人です。それって，最初にアイデアを生み出すのと同じくらいの創造的思考が必要なんです。」[33]

グループの中への創造的摩擦の設計

　グループへの発散思考の導入法は，ほとんどコストがかからないものからきわめて高価なものまで多種多様である。また，創造的摩擦の程度には穏やかなものからタバスコの辛さに匹敵するものまである。導入の目的は，刺激や多様性のレベルを増加させること，きわめて頭脳明晰な人たちを立ち往生させる新入りによる「愚かな」質問の数を増加させること，すなわち革新的

創造的摩擦の位置づけ

　組織のどのレベルで創造的摩擦を育て上げるべきなのか？　簡単に答えれば，「どこでも」である。しかし，これは，発散と収束が異なる能力に依存するという創造性のプロセスの本質を無視している。マネージャー，またはマネージャーのグループがその立場で手腕を発揮するのは，彼らが創造性に富んでいるからではなく，直属の部下の創造性を促進するのに長けているからである。創造的摩擦が発散を育むのに不可欠であるのに対し，同質グループの特徴であるスムーズな対人間関係は収束を促進する。11産業の製造業47社の調査で，シルヴィア・フラットは，トップマネジメントチーム（CEOとその直属の部下）の在職年数が同質的であり，副社長と上級マネジメントチームが*異質的*であるという組み合わせが，最も高い創造性をもたらした（毎年認められる特許の数に関して）ということを発見した。後者のチームは新しいアイデアと創造的選択肢の源泉であり（発散），CEOのチームがこれらの中から抜け目なく1つを選び出していたのであった（収束）[32]。

思考をもたらすことである。しかし，創造的摩擦を単純な衝突と同一視しないようにしよう。それは，当然のことだが，グループメンバーをいらだたせるだけではすまない。個人的衝突，すなわち対人関係のスタイルに関する根本的不一致はグループに悪影響を及ぼすことがある。むしろ，文化的多様性，専門分野における多様性，そして思考スタイル上の適切な多様性をグループの中にデザインし，そこから生じる創造性のための摩擦をうまく管理すべきである。

「自分とは似ていない」人々の採用

　まわりを見回してみよう。最近採用された人はどのようにして組織のレーダー画面に命中したのか。「適材の」人の選抜に長けている人事部に履歴書を提出したから？　一流校出身だから？　いちばんすぐれた経歴の持ち主だからか？　あるいは，もしかして組織の中の友人や親戚が見つけ出してくれたからか。採用の方法がどうであれ，教育的背景や文化的背景がまったく異なる人の面接はしないし，まして採用することはないだろう，そうしようと組織が努力をしなければ。国家や法人などの統治体というものは見知らぬ移住者を拒絶するものだ。通常の経路で採用が行われた場合，将来の従業員は

いやおうなく過去において組織に成功をもたらした人たちのイメージで鋳られる[34]。また，「異質な」人々——その人たちのもたらす摩擦は創造的な光をつくりだせるのだが——は，どこか別のところへ向かう。やり手のコンピュータプログラマーはマイクロソフトに向かう。金融のプロはどうだろうか。ウォールストリートが行き先だ。

だから何なんだと仰るだろう？　なるほど，世界がほとんど同じ場所に居続けると思っている限り問題はない。しかし，環境の変化が，これまで培ってきた成功への道の上に高速道路を作り出すおそれがあると感じ取れる場合はどうだろうか。ことによるとインターネットは流通システムを時代遅れにするかもしれない。おそらく人口の高齢化が進むと，これまでとは違った顧客に的を絞るということになる。あるいは，消費者が「混乱」への理解を深めているという事実はコミュニケーション戦略を変えるだろう。根本的な変化が避けられないと思うのなら，創造的活動に対する蓄積（つまり深い知識ベース）が従来とは異なる人々を組織に組み入れなければならない。自社とは通常結びつかないような学歴の人たちから一流の新人を引きつけたいと考えるならば，それにこれから取り組まなければならないのだ。

軍隊にでもいなければおそらく公式な「ドレスコード」はないであろうが，組織の従業員はある特定の人物プロフィールや話し方と着こなしに慣れている（重要な商談に明るい花柄のスポーツシャツを着ていくことを考えたことがあるだろうか？　言いたいことがお分かりでしょうか？）。変わり者に見えたり，人とは違ったやり方で行為をしたりする人は他人を不快にさせる。通常の採用ルートでは文化的背景が異なる人々はふるい落される。これを描写すれば次のようになる；舌にピアスをし，様々な色合いの赤のメッシュをいれた髪の女性が会社の会計係のポジションに応募する。彼女は採用されるだろうか？　おそらく採用されないが，彼女はインターネットの世界に関心を持つ超現代的な雑誌『ワイアード（*Wired*)』で働いている。奇抜な髪型や体の一部にピアスを付けることは，エンターテイメント関連企業でのユニフォームみたいなものだ。そのような企業では，保守的なスーツや短く刈り込んだ髪を誇示する人は変わり者とされる。

標準と異なる人を雇っても創造的アウトプットが生じるという保証はない——特に，ただ*見かけ*だけが異なっている人であったなら。前述したように，いつも表紙で本を，ウェブページで企業を判断できるとは限らないのだ。ほとんどの人にとってほっとすることだが，見た目は絶対確実な規準ではない。しかし，雇った人全員が全員同じ経歴と蓄積を持つなら，従業員グループに制約が生まれることは明らかである——それゆえ，起こりうる創造的摩擦の種類は限定される。

しかし，皆さんはちょっと待ってと言うだろう。共通項があるというまさにその理由で従業員を選び出しているが，非常に成功した，それどころか創造的な会社はどうなるのだろうか。フェデラル・エクスプレス社は，「危険負担，そして信念をもった勇気」を探している。ディズニー社は，「明るい性格」[35]の人を求めている。サウスウェスト航空のCEO ハーブ・ケレハーによると，同社が求めるものは「まずなによりユーモアセンス」である。「その次に，自己を満足させるのに秀でている人，働くものが皆平等という環境の中でうまくやっていける人を探している…我が社は態度を採用している」[36]。要点は2つある；第一に，これらの会社は，多岐にわたる*知的に多様な*人々の中に見いだせる共通の個性要因を探している。例えば，楽観主義（「陽気であること」）は，細目指向の人や大きな展望を描く人，すなわち会計係や芸術家だけのものではない。第二に，第4章と第6章でもう少し詳しく議論するが，組織のビジョン，目標，価値観の共有という意味での同質性は創造性の促進を可能にする。

部外者の訪問やものの見方の引き込み

おそらく「組織規模の縮少や適正化」時代の後，しばらく採用はしていない——以上終わり，と言うだろう。それでグループに刺激をもたらす責任から皆さんが解放されるわけではない。たとえ雇用できないとしても一時的に人を引き入れることは可能だ。大学教授や他の会社の従業員は1年間の有給休暇（サバティカル）を取る。学生などは有給または無給のインターンを喜んで務めることが多い。地方の大学にはフィールド調査や企業－大学共同プ

ログラムがあるかもしれない。それを通じて学生は組織の中でしばらくの間働いて，内省に役立つ鏡を組織の業務に向けて高くかざすことができる。フィッシャー・プライス社は毎年10人以上のデザイン学校の学生を「共同プログラム」で受け入れている。上級副社長ケヴィン・クランは，「彼らはデザイナーにとってたいへん役に立つし新鮮なものの見方を社内にもたらす。それだけでなく彼らを将来の採用対象として見るようにしている」と述べる[37]。サンディエゴのインテグレーテッド・システムズ・デザイン・センター（ISDC）では，共同創立者マルコ・トムプソンはインターシップの概念をさらにもう一歩進めた。「誰だってものを教えられる」というのがこの企業の「マントラ（掟）」にある7原則の1つだ。常時，ISDCの従業員120人中に10から15人のインターンがいる。もともとは，会社が十分訓練されたエンジニアを確実にずっと雇い続けられるようにと考え出されたものであった。しかし，学生がきわめて生産的だと分かりクライアントに学生の労働時間を請求することができた。そこでインターンプログラムはプロフィットセンターとなったのである。このプログラムが成功しているのは，優秀なメンタリングが従業員の業績評価の重要な要素だからである。エンジニアとプロジェクトマネージャーは，インターンが業務をどの程度うまくこなすかということで評価される。トムプソンは「この会社ではどのレベルであろうともマネージャーになれない」と言う，もし「メンターだったことを証明しなければ」[38]。ISDCはまた別の種類の「部外者」を取り込む：すなわち製品開発チームで働く顧客のエンジニアである。例えば，ISDCが三菱向けのセットトップボックスを設計していた時，チームの20人中6人は日本から来ていた。

　コンサルタントは，より高価であるが，もう1つの選択肢である。要点は部外者のものの見方──「愚かな」質問をしたり率直な意見を述べたりすることでグループに挑戦する人たち──を招き入れることだ。スーパーマーケットに鶏肉を供給する会社の新任取締役は素朴な質問をした：「新鮮とは何なのか？」である。そのことによって，冷凍の鶏肉に「新鮮」というラベルを貼るというありふれた慣行に関する市場調査が行われた。

また,「卒業生」を復帰させることで他組織の勤務で学んだものの見方を取り込む会社も少なくない。アメリカン・マネジメント・システムズ社では,きわめて有能な人が古巣に戻るケースが多いので退職した従業員と連絡を取り続けている。国際的な建築設計会社のゲンスラー社では多くのデザイナーがブーメランを壁に掛けている。CEO のアーサー・ゲンスラーは,創造的デザイナーがどこかで運を試すため時には会社を離れたいと考えるのを高く評価している。が,復帰はいつでも歓迎され,贈られたブーメランは里帰りの象徴である。12 パーセントの復帰率はこの業界で最高レベルである[39]。

マネージャーと創造的摩擦

　上の提案を念頭においてグループや組織を設計したのなら多様性が得られる。それもたっぷりと。加えて,摩擦もそうなるだろうが。さてここで,皆さんの自己管理スタイルに対する創造的摩擦の意義を考えてみることにしよう。

汝自身を知れ

　すべての管理の出発点は自分自身を理解することであり,創造性の管理も例外ではない。視力が歩行能力に影響するのと同じくらい確実に,思考スタイルは創造性という点でグループを率いる能力に影響する。思考スタイルの好みについて前節で示したように,人はそれぞれ何らかの思考モードが組み込まれ,それにはきわめて習熟しているが,他の思考スタイルはどちらかといえば不快に感じる。しかし,イノベーションを誘発するつもりなら,複数の選択肢を生み出せる知的な対立が必要となる。熱心で,自発的で,よく考えずに物を言う人なら,「どのように実現するのか」という質問を問いかける用心深く細部重視の人が必要となる——たとえ質問全部に答えずに前に進むことを決めるとしても——。儀礼や証明された解法を好む人なら,以前に

試したこともないような選択肢を考えるように強く迫る，向こう見ずで直感で思考する人が必要になる——その選択肢のどれもが実現可能ではないと判断するにしても——。つまり，人は自らのバイアスが何であるかを知る必要がある。バイアスの多くは意識にのぼらないが，上述したマイヤーズ・ブリッグス指標のような信頼できる診断を使って体系的に好みを探れば，自らがどのように意思決定をしているかを知るのに役立つ。(章頭の逸話の)ジョンはきわめて分析的に思考する人と働くのを好んでいた。「右脳型の人」は彼に精神的じんま疹を起こさせる。当然(しかし無意識に)，彼は快適で，均質な，知的な——しかし彼の目的からすると効果的でない——グループを作り出したのだ。もしも自分のバイアスを理解していたとしたら，彼は何人か部外者を引き入れ，嫌な思いに苦しみながらも，もっとよい結果を得ていたかもしれない。

部外者の保護

グループの支配的世界観に挑むことのできる有能な「部外者」を見定めて雇うことができたとしよう。どんな部外者も，*集団*を支えるように形作られてきた規則，報酬システム，そして最も重要である社会規範を受け入れなければならない——それらは部外者に全く不適当であるかもしれないのだが。したがって，採用だけで仕事が終わるわけではない。新規雇用者が，E. T. と同じように孤立し生まれ故郷から離れたところにいると感じ始めたら，そこに留まるのにもっともな理由が示されなければ，その人たちは「家に電話」して立ち去ることになる。わたしたち人間は社会的動物であり排斥されることを好まない。聡明なマネージャーは部外者の視点を維持する方策をいろいろと講じることになる。

部外者のだれもが孤立したくはない　データ主導型の個人を将来展望型のグループへ，あるいは芸術家をエンジニアと一緒に，あるいは流行に敏感な若者を中年の伝統主義者と一緒に引き込むつもりなら，枠組み破壊者を2人以上——たとえ2番目や3番目の人が最初の人と他の特性で異なっていても，

支持者の重要性

　同調性に関する古典的研究で，ソロモン・アッシュは，表向きには「直線の視覚的認知」の研究のために大学生たちを研究所に連れてきた。基準となる線が比較すべき3つの直線と一緒に示された。3本のうちの1本は基準線とまったく同じ長さであった；残りの2つは明らかに異なっていた。実験を受けたことのない被験者には知らされていないが，残りの6名の学生はある特定の実験の際間違った答えをするように事前に指示されていた実験協力者であった。被験者は，自分の判断と残り6人の判断の重圧がまったく異なっているという状況に直面することになる。このような判断がむずかしい実験において，ほとんどの被験者が，少なくとも時折，仲間の誤った判断に同調した。しかし，協力者のうちの1人が客観的にみて正しい答えを出した時には，残りすべての者が誤った答えを出したにもかかわらず同調はほぼゼロにまで減った。味方が1人でもいることこそが，同調圧力に抵抗する際に決定的に重要であった[40]。

きわめて異質な人を2人以上──招き入れるように努めなさい。部外者はある臨界量になって初めて効き目が出るからだ。

部外者がそこにいる理由　部外者が役に立つことは皆さんには明白であっても，グループの他のメンバーにははっきりしないかもしれない。コンピュータ科学者のグループに加わるように求められた2人の心理学者は，自らの差異を強調すると同時に自分たちがそこにいる理由をグループに思い起こさせるように，「心理屋」と自称して──ユーモアを使って自らの主張を通した──状況に最大限うまく対処したのである。部外者に最初の拒絶反応からくる落胆の予防接種を行って，準備させる必要もあるだろう。そうしないとグループはきわめて対立的になるか，部外者を無視するだけになるかもしれない。

部外者がうまくやれるように手はずを整える　前の論点まではおそらく同意されるだろう。部外者が必ず成功するように手はずを整えるのかと疑問を持つかもしれない。どのように，なぜそれをしなければならないのか。もちろん，最終的に成功するかどうかは部外者の責任である。しかし，グループと出会う初期の頃にこの人たちの有用性をほんの少しでも何回か確実に見せられるようにすることが重要である。例えば，ある大学の著名な男性大学教授

拒絶への心構えをさせ部外者がうまくやれるように援助する

　ベトナム戦争中新しく戦闘部隊に配属された兵の多くがベテランから敵意と嘲笑をもって取り扱われた。新兵は自分が愚かで不適任だと感じて精神的に傷つくことがよくあった。この結果を精神科医は「FNG 症候群」(ベテランによる，忌々しい新人(fucking new guy) という悪口) と命名した。事後的に治療をしようと努めるよりも，むしろ先に介入して，その反応は新兵個人よりもむしろ「FNG」に向けられている——「嫌われているのはあなたではなく FNG なのだ」——と予期させることで，ベテランの敵意に対する準備を新兵にさせたのである[41]。

陣は，技術経営の経営者向け新教育プログラムの創設を決めた。彼らは，プログラムを管理してくれるようにと社会科学を専攻した年下の女性の同僚に依頼した。彼らの中にこのような部外者が必要となったのには様々な理由があったが，彼女のもつ異質なものの見方を取り込めたならプログラムがもっと革新的になるだろうと信じたのが大きな理由だった。しかし，当然だが彼女は失敗の可能性について心配していた。「心配しないように。必ずこのプログラムが成功するように手はずを整える」と彼らは述べた。男性教授たちは，第 1 回目の試行プログラムに向けて一流の参加者を個人的に集め，その中で教授ら自身が講義を受け持つことに同意し，その結果プログラムは彼らの名声と評判から恩恵を被ることになった。約束を果たしたのだ。男性教授らは，カリキュラムが工学の必修条件を必ず充足するようにカリキュラムを厳密に調べ，彼女の専門である社会科学の文献や資料を含めるようにと勧めた。一旦プログラムがうまく船出したならば，教授らは部外者を助けるのにそれ以上多くのエネルギーを使う必要はなくなった；彼女は融合され生産的になったからだ。

異質性の限界

　全員がまったくバラバラであるので文字通りコミュニケーション用の共通語を持っていないグループを想像してみよう。メンバーたちは自分の学問分

野，文化，思考スタイルにどっぷりとつかっていて他人の言うことを聞こうとしない。その結果，創造的摩擦は決して点火されない。代わりに，グループは投票や妥協といった時間節約の技法に頼ろうとする。

インタビューを受けた創造的グループのマネージャーは「境界をぼかす」のを厭わないグループメンバーを選ぶ必要性を強調した。すなわち，自分の専門知識に縄張り意識はなく，他人の知的縄張りへ乗り出していくことを恐れない人のことである。実際に貢献したいという熱意のあまり専門の境界を誰もが踏みつけていくため，革新的なアイデアの出所を特定するのは難しかったと創造的なチームのメンバーが力説することがよくあった。また，自分の知的な安全地帯から離れられそうもなかった，あるいは離れることができなかったチームメンバーをグループの利益のために解任したマネージャーはひとりだけではなかった。それゆえ，異なる種類の人々を単に寄せ集めてきて素晴らしい創造的成果を期待するだけではうまくいきそうにない。多様性のあふれるグループを効果的に管理するには，後章で議論するがいくつかの特別なスキルが必要となるのである。

ジョンに戻ると…

ジョンは，別の仕事が比較的容易に見つけられてほっとした。彼のグループ全体が解散したので他の会社のマネージャーは彼の離職を組織規模の削減の一部として解釈したからだ。彼は新しい会社で前と同様の役職，事業開発マネージャーに就いた。彼は，前の仕事での問題の一部は少なくとも，グループメンバーが様々なアイデアを綿密に調べるためにかなり似通ったアプローチを，そして製品コンセプトになりそうなものを見分けるのに同じ情報源を，使ったことだと分かっていた。同じ誤りを犯さないように決心して，彼は新しい会社では立ち上がったばかりのエンジニア8人のグループに，まったく異なる経歴を持った5人を加えた。2人の工業デザイナー，市場調査員，産業専門家，大ヒットした消費者向けの製品をいくつも取り扱ってきた人類学者である。彼ら全員が新製品開発についてある程度経験があったが皆別々の側面に影響を及ぼしてきた。このうち2，3名が，ジョンが望むよ

うなデータで完璧に裏付けられるアイデアをおそらくは示せないような，大きな将来展望を持ったアイデアマンだった。それゆえ，彼を個人的に悩ませるだろうということは分かっていた。実際，彼らは露骨に「感情を出しすぎる」ように見えた。しかしジョンはまったく均質的で個人的に快適なグループで以前仕事をしてきたが，その結果どこへたどり着いてしまったのか！ジョンへ挑み，そして互いに挑戦しあうグループがあることはまったくすばらしいことだ。彼にははっきり分かったことがある，それはグループの会議が生き生きとするだろうということだ。

キーポイント

* 創造的グループは，創造的なタスクに，異質で有益なものの見方をもたらす人を必要とする。異なる*文化*や*思考スタイル*と同様に異なる*深い知識*を持った人を選びだすことで知的多様性が得られる。
* 発散思考が必要な場合，グループの多様性と多様性から生じる創造的摩擦はきわめて重要である。
* 多様なグループメンバーの選抜が創造的摩擦を促進する唯一の方法ではない。「部外者」への訪問や異なる見方を持つ部外者の受容もまた重要である。
* 創造的グループを管理することは，個人間の摩擦——人びとの衝突——を避けると同時に，創造的摩擦——アイデアの衝突——の利点を求めるために，かなりの努力を要するものとなる。
* マネージャーが自分の思考スタイルを理解し，部外者の保護と成功の保証を与える場合に，創造的摩擦が満ちあふれる可能性が高い。
* 創造的グループは自身の専門の「境界をぼかす」ことのできる専門家を選ぶ。

第3章
創造的な選択肢の生成

　ヘイゼルは会議を始めるやいなや「この通信教育の契約がどれほど重要かは説明するまでもありません」と切り出した。「私たちが広告キャンペーンを企画できれば，新しい事業をまるまるひとつ持つことになるはずです。これがわが部門の，ただし販売部門のフレッドと金融サービスアカウントに移動したトムが含まれていますが，まさに選りすぐりの人間をチームに入れた理由です。この中に2人を入れたことに少々驚いている人がいることは分かっています。しかし，創造的になるには多様な経歴や知識が必要です。私は，昨日のブレインストーミングセッションにほんとうに満足しています――というのも素晴らしいアイデアをたくさん思いついたからです。スケジュールと資源の制約を考慮して，私は一歩前に進み，取り組むべきアイデアを選びました。大学教授というコンセプトのパロディは面白かったけれど，見事にやってのけられるほど大学教育をよく理解しているとは思えないのです。また，発展途上国の子供達への援助活動という考えも好きでしたが誰かの感情を害しかねません。そこで仔犬のトレーニングというアイデアを支持したいと思います。犬にインターネットでちんちんのトレーニングができれば，子供にも同じように計算を教えることが必ずやできるはずです。人は広告の中の動物が好きです；誰の感情も害さないでしょうし，おもしろおかしくできるし，しかも予算をあまり使わないやり方だからです。私は皆さんを3つの小グループに分けました；各グループはスローガン，絵コンテ，予算に引き続き取り組んでもらう必要があります。来週の金曜日に集まっ

て，皆さんが考えついたことを確認し，最良のものを選びましょう。何か質問ある？　いいわね。さあ。やりましょう。」

　ヘーゼルには悪気はなかった。彼女は創造的摩擦を理解しており，多種多様な深い知識をメンバーから引き出せるグループを招集していた。残念ながら，たとえヘイゼルが自らの行動の手引きにこの本を使ったとしても，どうやら第2章を終えた後で読むのを止めたようだ。選択肢を数多く生み出すためにはグループメンバー間で発散的思考が必要だということを彼女は理解している――が，たった一度のブレインストーミングの開催でそこに至ったと考えたのだ。グループは，彼女が考えている以上に大学教授のことを知っているかもしれない。あるいは知る必要なんかないかもしれない。不快感を与えない，発展途上国の子供の広告を製作する方法があるかもしれない。きちんと理解できたと言えるほど2つのアイデアは掘り下げられていない。選択肢を少し検討してヘーゼルは先に進もうとする。グループがアイデアの交差点でちょっと立ち止まるやいなや，彼女はクラクションを鳴らしてメンバーを出発させたのだ。

　ヘイゼルのグループで大学教授のパロディを広告の大本として提案している人なら，どう感じるだろうか。あるいは，発展途上国の校舎の中にいる小さな子供を起用する広告だったらどうだろうか。十分なエネルギーをアイデアの検討に費やさなかったのではないのか。仮に仔犬を使った広告が実際に最善のアイデアだとしてもまったく前に進まない。ディベートをする時間，すなわち互いのアイデアに基づいて事を進めたり，多くの頭脳から知識を引き込んだりする時間がもっと多ければよかったのにとメンバーは思うが，ヘーゼルの考え方は分かっている。彼女が好んで言うように，「列車が駅から発車しようとしているから飛び乗る」べきなのだ。

時期尚早な収束：融合への衝動

　皆さんは唯一の最高の解決策を求めている，そうですね？　困ったことに，しばしば1番目の選択肢があまりに魅力的なのでグループのメンバーがそこで結束を固めてしまい，2，3，4番目の選択肢が無視される。選択肢の5から50は決して浮かび上がってこない。創造的になるには，グループはまず可能性を――しかも大量に――生み出すことができなければならない。次に，その選択肢のいくつかを練り上げ，慎重に考え抜くことが求められる。この選択肢の生成と処理が混じり合う中のどこかで，グループは，時期尚早な合意，すなわち「融合への衝動」に巻き込まれる。その衝動を突き動かすものは何なのか？　以下を含め，さまざまなものがある：

＊時間がないという認識がグループに無理をさせる。
＊グループリーダーが指示を出しすぎる。
＊グループが外部の意見から切り離される。
＊グループへの残留圧力をグループメンバーが強烈に感じる。
＊発散的思考を阻止する規範によってグループが支配される。

時間の制約

　締め切りがあれば確かに精神は集中する。クリスマス商戦のショーウィンドウに間に合わせるというような*実際の*締め切りは，グループのさまざまなエネルギーを1つに集中させて創造性の通常のプロセスを圧縮できる。そういうものとしての締め切りは，収束にとって力強い，不可欠な刺激として役に立つ（第4章を参照のこと）こともある。しかし，締め切りというものは見かけだおしで実際はそうでないことがきわめて多い。うわべだけの期限を押しつけるせっかちな管理者は選択肢を綿密に考えるプロセスを妨害し，独創性を消し去りかねない。

　当然のことだが，ヘイゼルは自らの独特のレンズを通してグループの力学

を見ている。最上の解決策とタイミングの良さとの間のトレードオフの中で彼女は後者を選んだ。小惑星が明日地球にぶつかるという場合に，衝突コースから小惑星をたたき落とす創造的な計画が次の週まで作動しないならそんな計画は役に立たない。そして，管理者のほとんどがそうであるように，彼女はまるで自分が絶え間なく続く流星雨の中にいるかのように感じている。彼女は分かっていたのだ。創造的な行動とともに俊敏な行動もしなければならないということを。

6人の宇宙飛行士と「宇宙教師」を吹き飛ばして死をもたらした1986年1月28日アメリカのスペースシャトルチャレンジャー号の悲劇的な破壊は，意思決定プロセスへの時間的プレッシャーが一因かもしれない。発射は既に一度遅れてしまっており，次の発射の機会は急速に迫ってきていた。運命を決した意思決定のプロセスを再現した時，次のことに着目した研究者は少なくなかった。それは，意思決定チームのリーダー達がスペースシャトルプログラム全体と資金継続に関する国民と米国連邦議会の考え方を気にかけていたということである。更なる遅れは将来の財源確保の機会を損ないかねない。後から考えてみて，積極的にものを言う少数の反対者の警告に留意する時間を取ればよかったのにと意思決定者らは思った[1]。本章で後に論じるように，意見の衝突があれば通常選択の余地は残るのである。

指示を出しすぎるリーダー

ヘイゼルのグループの誰が，仔犬の広告でいくという彼女の結論に挑戦するなどという無鉄砲さを持ち合わせているだろうか。ヘイゼルはグループにはその件に関して選択の自由があるという*幻想*を与えた（「私は，同意してくれますかと*提案しました*……何か質問は？ありませんか？」）。が，彼女は自らがどのようにグループを収束させたいのかを明確に示した。おそらく選択肢の探求を終了させる最速の方法は，冒頭にリーダーが好みをはっきりと表明することだ。（「私がなぜヘイゼルに異議を唱えて彼女やグループの中での自分の地位を危険にさらさなくてはならないのか」）

そのような懸念は実際に根拠のないことではない。ウィリアム・ニスカネ

ンが 1980 年フォード自動車のチーフエコノミストであったときに，彼の自由貿易的考え方は日本との競争の拡大に直面している上司の新保護主義と対立するようになった。ニスカネンは解雇された。CFO のウィル・キャルドウェルは彼に次のように説明した。「この会社ではね，ビル，上手く立ち回れる者は，上司が自分の見解を口に出すのを耳にするまでじっとしている。耳にしたなら上司の見解に賛成するような何かを付け加えるんだ」[2]。発散的思考を促進する種類の環境とは少々違う！ おそらく「それは 80 年代の話だ。今では人々はエンパワーメントされているんだ」と考えるだろう。言い回しが変化したことには同意する——しかし，それでもなお多くのリーダーは自分の好みを胸の中にしまっておくために口をしっかりと閉じておく必要がある。

　融合への衝動は，マネジメントでは決断力が重んじられるので，どんな組織的意思決定の中でも強くなる。そこで，創造性の管理者は，通常，何かを早く選んで行動せよという外的プレッシャーと終了に向けて疾走する自らの性癖の両方と戦わねばならない。ヘイゼルの個人的な思考スタイルによって彼女は即時に行動をとるように偏ることになる。グループが選択肢 A か B かを検討しているときに C を提案する者はヘイゼルの有名な破壊的凝視を受けて固まってしまう。そして彼女の精神的ギアシフトにはバックはない。「決定したことに立ち戻らない」のが彼女のモットーなのだ。よって，彼女が広告キャンペーンを競争相手に先んじて提供しなければならないというプレッシャーのもとになかったとしても，それでもなお実施に移れるようにと彼女は迅速な決定を強く求めたはずだ。

　ところで，ヘイゼル，私たちはあなたに効率的な創造性など約束してはいない！ 効果的な創造性の方だ。そして効果的とは探求と速度の間のバランスのことだ。選択肢を広げることと閉じることのバランス，そして発散的思考と収束のバランスである。

　図 3-1 では，ひし形 A は選択肢の創造にはほとんど時間を取らず，努力の大半を実行という課題においている。これが適切になりそうなのは，解くべき問題や解決されるべき課題が厳密に定義されている，よく理解されてい

開放的リーダーシップと閉鎖的リーダーシップ

　心理学者マティー・フラワーズはむずかしい人事課題についての選択肢を論じるために4名からなるグループを作った。強力な教員組合があり財政的に問題のある学区に62歳の数学教師がいて、彼女は知的能力が衰えたため明らかに授業で規律を保つことができなくなった。それぞれのグループメンバーには役割が1つ与えられた；学校監督者（グループのリーダーで、訓練を受けた実験協力者）、校長、学校のカウンセラー、学校評議会メンバー。

　*開放的*なリーダーは以下のことをするようにと説明を受けた；他の3人が結論に至るまで解を暗示してはいけないこと；各選択肢についての議論を求めて促すこと；最も大事なことはあらゆる*観点*を明らかにすることだと2回述べること。対照的に、閉鎖的なリーダーは、最初に好みの解決策を提示し、討論を促さず、そして最も大事なことはグループにとって決定に*同意*することだと二度ほど述べたのである。

　開かれたリーダーに導かれたグループは収束への衝動に抵抗し、平均するとより多くの解決策をもたらした。彼らは「閉鎖的」リーダーシップのグループよりも多くの裏付けとなる事実を提供した[3]。

る、あるいはかなり型にはまった場合である。ひし形Bは、選択肢を議論し、討議し、考え出すことを*好む*が、解に狙いを定めて追いかける時間や資源をほとんど残さない人々のグループの会合を表している。もし時間が問題にならなければこのモデルは適切かもしれない。しかし、お気づきのとおり、私たちの目指しているのは――図3-1のひし形Cである。創造的問題解決にまさにぴったりである。第2章で述べた最小有効多様性を創造するのに時間と労力を費やさなければ、斬新な解決策をおそらく見分けられない。もしヘイゼルの期限が現実的である（つまり期限を過ぎればプロジェクトがおしまいになる）なら、おそらく適切に行動したことになる。しかし、彼女はより創造的な解を得るため発散的思考をもっと多く認めることがほぼ間違いなくできたはずだ。発散に時間をかけすぎると実施を検討するのに時間があまり残らないが、収束に時間を多くとると発散的思考過程のための時間が足らなくなってしまう。

時期尚早な収束：融合への衝動　57

図 3-1　発散と収束の均衡

A　発散思考の時間が少ない。急速な収束，そして時間は実践に費やされる

B　発散思考により多くの時間が与えられる。最後の無理やりの収束。実践について論じる時間はほとんどない

C　発散思考と収束思考に同じ時間が与えられる

孤立と孤独

　友になるとしだいに似てくる。しかもそれが長ければ長いほどよりいっそう似てくるのだ。長い年月の間一緒に働いてきた人間が似てくることはないだろう（長い間一緒にいる夫婦はそうなるという人がいる）が，個々のメンバーが持つ深い知識はだんだん集団的なものになる。精神的に群れるのはそれが快適だからだ。才能のある異質なグループでさえ，役に立つノウハウやノウホワイを持つグループ外の人間から隔離されると，全ての代替案を探索しないようになる。例えば，ドナルド・ペルツとフランク・アンドリュースは，科学者グループの研究で，グループのメンバーが頻繁に入れ替わるグループは，メンバーが安定しているグループと比べてより創造的である，たとえ安定的グループが学際的であっても，ということを発見した。3年も経たずして学際的グループですら問題へのアプローチの仕方が同質的になった[4]。さらに，グループメンバーが同じ情報を共有すればするほど，その情報はグループ内での決定において重きが置かれるようになる。あることを全員が知っているという理由だけではそれが重要かつ有用な知識とはならない。知らないことは知らないのだということを理解する必要がある——要するに群の外を見ることだ。

共有知識の効果

ダニエル・ジゴーンとレイド・ハスティーは，3人のグループに，ある科目で学生が取りそうな成績を判定するようにと依頼する実験を考案した。それぞれのグループメンバーには一組の事実（学生の高校での学業成績，さぼった授業数，標準化されたテストの点数）が提供された。これらの事実のあるものはグループメンバーの3人全員に与えられ，その他は2人に，そして1人だけに与えられたものもあった。したがってグループとしては学生に関する情報をすべて持っているが，メンバーに重複しているものもそうでないものもあった。ジゴーンとハスティーは，グループの中で知識が共有されればされるほど（つまり同じ情報を持っている人が増えるほど），たとえ最重要なデータでなくとも，その知識が他のものより重んじられ最終的なグループの判断により大きな影響を与えたということを見いだした（興味深いことに，共有知識によるグループの判断への影響にはメンバーは気づいていなかった。）もしグループに幅広く思考させたいのであれば，この研究は，グループがメンバーで共有している情報だけではなく，すべての情報が自由に使えると考えるようにとグループを促す特別な努力が必要であることを示している[5]。

グループ凝集性

会議室が洞窟であった時から人はグループに属しているのを好んだ。他人に受け容れられ評価されると感じることが必要である。実際，人のアイデンティティの大部分は何らかのグループの一員であることに関連している。ほとんどの人は，自分自身がよい気分となり，安全で，安心と感じられるグループに属してきた。仲間のメンバーを好いており，会うのを楽しみにしている。もしグループが解散するか，とにもかくにも離れざるを得ないなら，苦痛を感じることになる。グループメンバーを結合させる接着剤はさまざまな理由から生じる。第一に好意が凝集性を促進すると繰り返し証明されてきた。人は仲間のメンバーを好きになればなるほど，より強くグループにとどまりたいという気になる[6]。第二に，長く接触するということだけで互いが気に入り結束できるようになる[7]。親しみが生み出すのは……心地よさである。人間を引き寄せる第三の強力な力は外部からの脅威である。競合者や敵と戦うさまざまな努力を結びつけることで，グループは共通の目的のもとに1つにまとまることができる（第4章で見るように共通の脅威は創造性を刺激できる時がある）。

だから，私たちは仲間が好きなのだ。しかし，高い凝集性——人々を共に引き寄せ団結させる力——は「集団思考」の主たる決定因である[8]。アービング・ジャニスは，これを「人々が凝集的な内部グループに深く関わるとき，すなわち全員一致を求めるメンバーの努力が他の行動方針を現実に即して評価しようとする動機を踏みにじるときに，人が取る思考の様式」[9]というジョージ・オーウェル風の言葉を提示した。グループ思考の傾向は創造性にとって本当に厄介である。それは，メンバーの間で全員が合意しているという幻想（「裸の王様は今日では本当に上品な服装をしている」）；疑問への自己検閲（「皆が皆賢いこの人たちに質問する自分とは一体何ものなのか」）；グループメンバーからの反対者に対するプレッシャー（「裏切るな——自分はチームの一員なのだ」）から生じている。結果はどうだろうか。グループは発散的思考過程を止め，1つか2つの選択肢にすばやく飛びつくことになる。団結心を持つことは素晴らしい。しかしグループが意思決定体であるならグループ凝集性は極めて高くつく。アメリカ最高レベルの外交政策策定における重大な決定——そこではしばしば創造性が求められる——に関する調査から，ジャニスは集団思考に関する多くの見解を引き出した。

国外追放者1400名による1961年のキューバ侵攻は「責任ある政府によってこれまでに犯された最悪の大失敗」[10]の1つと呼ばれてきた。3日のうちに全ての侵入者が殺されたか捕まった。ケネディ大統領と国家安全保障会議の主要な仮定は完全に誤っていた。彼らの考えは，侵攻した前愛国者の部隊を支援するためにキューバ国民が自発的に立ち上がるというものであった。応戦するカストロの大規模で，よく訓練された陸空軍を彼らは過小評価していた。しかも部隊は沼地に上陸したのだ。大きな沼地に。

ケネディの顧問たちは愚かな人間ではない。「最良の人間達」——間違いなくこの人たちの多様な経歴によってグループは創造的摩擦へと向かえる位置につけたのだ——は，提案されたCIAの計画に代わる代替案を作るのになぜかくも惨めに失敗したのであろうか。少なくとも答えの一部は凝集的なグループの力学にある。ピューリッツァー賞を受賞した歴史家であるアーサー・シュレジンジャー・ジュニアは，ケネディのグループのメンバーだっ

たが，討議中の自らの沈黙を叱った。

> もっとも私に厄介者という名を与える以外に一連の異議がほとんど役に立たなかったことを知って私の罪の意識は和らぐのだが。いくつかのばかげた質問をしただけでそれ以上のことをしなかったことの説明としてできることは，こんな無意味なことをやめさせたいという衝動が議論の進み具合によってあっさり台無しにされたということだけだ[11]。

凝集的グループは興味深いパラドックスを示す。一方では，そのようなグループのメンバーは受け容れられたと感じ，仲間の反感を買う恐れなしに言いたいことを自由に言えるはずだ。他方，そのメンバーは，無知で，破壊的で，興ざめな人と見られたくはない。創造的グループの管理者への教訓は，凝集性を減らすことではなくて，凝集性を創造性の助けに利用することである。これは，グループ規範の力を理解することと，必要であれば，それを変えることによって達成されうる。

不適当なグループ規範

規範とは，誰も監視していなくともグループメンバーが従うルールのことである。通常不文律で，しばしば意識されず，ほとんどの場合強力な効果を持つ。そしてそれは創造性を助長も抑制もする。例えば，以下のような公にされない強力なルールを考えてみよう。

＊ヒトの仕事に干渉するな。（自分の仕事に専念しろ）
＊皆の気分をよくするよう努めよ。（親切にせよ）
＊上司に異議を唱えるな。（身の程を知り，それを受容しろ）
＊グループと調和しろ。（計画をダメにするな）
＊目上の者より，ものをよく知っていると考えるな。（グループの年長者に従え）

職場の後輩が自らのプランでもって仲間のメンバーのプランに異議を唱え

ることが，自分の仕事に専念しておらず，あまり親切でもなく，自分の立場をわきまえておらず，無礼で，人の計画を覆すように見えるなら，そんな行動が起こる可能性はどれくらいあるのだろうか。こうした規範に異議が唱えられないままのグループは，果てしなく刺激のない状況にはまり込んだグループだ。グループメンバー全員が命令だけに従って，起きあがり，横になり，話すように訓練されているようなら創造的な選択肢は期待できない。創造的な選択肢は，現在の有力な規範が創造性により資するものに取って代わられない限り，絶対に生じない。人々はそもそも意見を言わないか，あるいは意見を語りグループが規範を破る者をどのように扱うかをすぐさま悟るか，のいずれかである。

融合の衝動への抵抗：意見の相違の促進

ロバート・ケネデイーが兄から，キューバミサイル危機の討議の中で天邪鬼の役を演じるように頼まれた時，喜び勇んで役目を果たしたが大統領との関係だけが他のメンバーのむきだしとなった敵意から彼を守った。オスカー・ワイルドの皮肉のこもった名言のように，「どんな議論であっても好きになれない。いつだって低俗だがたいがいは説得力があるから」[12]。

グループ内の反対者に対する対応

これまでに次のような状況に出会ったことがあるだろうか。グループがある課題の解決策に近づきつつあるその時，誰かが別の選択肢を——おそらくすでに議論され拒絶された案だというのに——支持しながら熱く語る。そのときグループメンバーはどう反応するのか？　いらいらした目で天を見上げる？　私たちはまず異議よりも合意を求める。そして，異議は実効性あるものでさえ不評であることが多い。反対者はかなりの関心を当初は集める。他のメンバーはその意見を変えさせようとする。これに失敗するとグループは無視しようとするか，あるいはグループの討議からはずそうとする。もしそ

れがだめならグループから物理的に追い出す,すなわち「移動させられる」ことがある。反対者はグループ討議の中にジレンマを提示する。しかし,できあがりつつある合意に挑む人は,グループ圧力をものともせず自らの主義を主張するという理由で,嫌々ながらもある一定の賞賛が得られるかもしれない。そんな人は,新たなものの見方――おそらく有益なもの――を必ずやもたらすのだ。

他方,少数派のものの見方は,グループのすばやい決定を妨げ,多数派メンバーの判断1つひとつの正しさに挑む。「ここにいる人は皆,自分たちがどこへ向かっているかを分かりすぎるほど分かっているし,私は自分にもグループにも不満はない。で,君は,私たちが皆間違っていると言うのか?」。その結果,反対者は多数派から心底恨まれ嫌われる。

聡明なリーダー――まさに有能なリーダーですら――は,発散思考を促進し反対を歓迎する規範をグループが持てるようにと手助けする。インテルでは,「知力」を組織の中に組み込むことが必須のことであり,従業員は「自らが持つ知識は上司を上回っている」ということを早くから知ることになる。オープンな反対はトップマネジメントから下に至るまで無条件に促進され,全てのレベルで繰り返し教えられる[13]。「独創性規範」の強度が増すと,グループメンバーはより創造的な反応を示すだけではなく,その規範が弱い時よりも少数派を寛大に取り扱いかつ彼らを好ましく思うようになるということが研究で示されている[14]。例外が期待され異議が歓迎されるときに,創造性は花開くのである。

異議の価値

異議を唱える者の見解があまりに一般的ではないなら,一体全体どうやってグループの創造性を刺激するのか? それは,少数派の語る知識を多数派が信じるからというものでは必ずしもない。むしろ,彼らの語ることで,多数派は自らの立場を調べ,争点の2つの立場に関する情報を探し,多数派の立場に反する見解を評価する――すなわち,創造性の核心である発散思考に携わる――ことを余儀なくさせるからである[15]。他方,多数派は,グループ

少数派の異議の力

　チャラン・ジーン・ネメスとジョエル・ウォッチトラーは，創造性への多数派と少数派の影響を実験室で再現した。大学生に，標準的な幾何学模様がそれより複雑なパターンの中に埋め込まれているか否かを判断するという作業が与えられた。実験協力者が，多数派影響［4名の協力者］，あるいは少数派影響［2名の協力者］を作り出すために採用された。多数派は，被験者を多数派の判断へと，それが正しかろうと間違っていようと，収束させたことをネメスとウォッチトラーは発見した。他方，少数派によって，被験者は，多数派がそれまで見つけ出せなかったような，新奇で正しい反応（すなわち，複雑なパターンの中に標準的な図形を正確に識別すること）が引き出された。要するに，多数派影響は一致，つまり多数派判断の無意識的な模倣を促進するのに役立つ。少数派影響の場合，「人は問題を分析し直すように促され，おそらくその過程でより創造的かつ正確に作業ができる」のである[16]。

を1つの方向——コンセンサスと一致—に向かわせる（「なぜ私が新しい選択肢を探さねばならないのか？　既に私たちは解答を得ているのに」）。

発散の管理：融合圧力への抵抗と選択肢の創造

　異議を*大目に見る*というのではない。*必要なのだ*。グループが創造的になろうとするなら有用性のある選択肢を多数作り出す能力がまず必要だが，次にメンバーは融合への圧力に抵抗しなくてはならない。意見の相違は，反対者はもちろん，皆にとって心地よいものでない。そこで，異論は創造プロセスにとってきわめて重大であり，グループには——グループのコンセンサスにとっての障害にとどまらず——ごく普通の行動なのだということを全員の頭に入れておかなければならない。しかし，多種多様なグループで始め，第2章で示したように計画的に異質な人を入れてメンバーを増やしたとしても，そしてたとえ異議を促進するグループプロセスを意識的に推し進めるとしても，おそらく融合の圧力はきわめて強い。以下で見るように，抵抗は無駄じゃないと分かり皆さんは喜んでくれるでしょう！　さて，*時期尚早の収束*を食い止めるのに役立つ心理的手段とプロセステクニックを見てみよ

う。

融合圧力に抵抗するためのテクニック
グループ規範の利用：基本的ルール　創造的グループのためのルール？　息苦しく聞こえる。が，意識的で明白な規範を作り出す必要がある理由は，人はほかの人とは違ったさまざまな行動への期待——個人的経歴や経験から作り出されたものだが——を持って会議に現れるからである。夕食の食卓での活発なおしゃべりのおかげで議論することと人の話をよく聞くことがともに育まれた家庭で成長を遂げた人もいる。適用されるルールが，尋ねるな——そして話すなという家庭で育った人もいる。子供と同じように扱われ続けて，大人になっても意義あることを語れない人もいる。さほど驚くべきことではないのだが，集団を作る場合にそれ以降の議論の仕方を議論する必要が多いのだ。

　確かに，協働方法のルールを作るのはいささかばかげたことだとたいがいの人は感じるかもしれない。確かに，私たちは皆大人でありグループ力学を何年にもわたって処理してきた経験があると思っている。もちろんそうなのだが，それが問題なのだ。人は，たいてい専門的体験や個人的な経験から学んだ機能不全の行動を長い間実践する。もし，情報が権力だとするきわめて競争的な会社から来たなら，しかるべき時に賢く見せるために無意識に自らを抑えるかもしれない（結局洞察を見せる機会を失うのだが）。あるいは，合意に至らないのは礼を失するとする組織に勤務してきたかもしれない。大家族の3～4番目の子供なら，年上の人の前で愚かに見えることを恐れてアイデアの提示をためらうだろう。

　議論は個人攻撃であってはならない。「なんてばかばかしいアイデアなんだ」とか「あなたの問題は……である」というもの言いは誰の目から見ても心地よいものではない。創造的摩擦を理解しない人はそれを個人間のコンフリクトと混同し結果的に避けてしまう。しかし，第2章で述べた摩擦は創造性にとって不可欠なものである。「直感はチームのだれからでも出てくるものだ」と，ルーカス・ラーニング社のシリングは指摘する。「意見が異なる

発散の管理：融合圧力への抵抗と選択肢の創造　65

から，製品にとって……最善のものが手に入る。だが，個人的な意見の対立ではないんだ」。ゆえに，ある種のコンフリクトを認める，あるいは強制さえするグループ規範──行為習慣──が必要となる。教育と娯楽が出会う世界では，教育で経歴を積んだ人は協働に慣れているが，他方ゲーム制作企業では「声がでかい者ほど成功する」ということにシリングは気がついた。グループの創造性を開発するには，「合意と不同意のやり方についての内部ルールを作り上げる必要があった」[17]。

　多くのグループはこれらの基本的ルール──メンバー全員が認め，創造的摩擦を促進する行動ルール──の作成に時間をかける。わたしたちが知っているあるグループは簡潔だがみごとなルールを選んだ。「誰もが誰にでも異を唱えられる。理由を挙げないで異を唱えてはいけない。互いに積極的に耳を傾けあう。『いつも』とか『まったくだめだ』という言葉を相手の行動を引き合いに出す際には使ってはいけない。」別のグループでは，基本ルールをフリップチャート用紙に書いて2つの壁に貼り付けた。当然だが，大量のルールは覚え切れないし，ましてや適用されることもない。「簡潔さ」には賛成するが，重要なことはルールに同意してもらい，実行することだ。同意できないということが怒りに転じる恐れがあるなら，チーム・メンバーは原則を指し示し，互いの意見に耳を傾け合うのを全員に思い起こさせなければならない。会議室にそんな原則を掲げるのは少々小学校じみているが，原則に合意して，次いでそれをチーム全員の目に入る壁に貼りつけるというプロセスのおかげで，全ての人の頭に集団的相互作用を植え付けておける。これが，この活動の要点なのだ。あまりに内容にとらわれるとプロセスを忘れてしまうことになる。

　プロセスルールは予想もしない方法で展開していく。レポーターのハル・ランカスターは，「夕食後にたっぷりとアルコールを飲んだことで中間管理職とその上役との間に意外なほどの率直さが生み出されたディナーミーティング」を思い起こす。それ以来，「アルマニャックルール」のもとで行われるミーティングは報復の恐れなしに自由な会話ができることだと見なされた[18]。

　「よけいなもめ事を起こすな」が「可能なかぎりの代案を出して，その1

つひとつを注意深く評価せよ」よりも優先されるならば，創造性は傷つくだろう。たとえば，キューバ・ピッグス湾の大失敗後2年もたたないうちに，アメリカと世界はキューバのミサイル危機に直面した。その時，ジョン・F. ケネディは大統領も学習できるということを証明した。カストロは米国の主要な都市を大きなクレーターにできるソビエト製のミサイルを設置し，合衆国はどう対応すべきかを決めなくてはならなくなった。今回，ケネディは，外交政策の議論の中で，外部の専門家を招き入れること，天邪鬼を任命すること，自らの個人的な見解（それはキューバへの軍事的な行動が不可避だというものであった）を意識的に表明しないことを含む新原則集をたてた。結果は，軍隊がミサイルサイロに対して反撃を加えなければならないだろうという初期の仮説が，海上封鎖の実行という決定に変わった。時間が稼げ，自尊心は満たされ，危機は解消された。後に，米国民は自分たちがいかに破壊的危機に近づいてしまっていたのかに気づいたとき大統領が顧問団に前とは別のグループ規範を導入したことに感謝したのであった。

意識にのぼらない仮説への挑戦　ペーパークリップがペーパークリップでなくなるのはどんな時か？　針金が1本必要となる問題を解決するためにそれが引き延ばされた時だ。技術者はどんな場合に技術者でなくなるのか？　製品が使用される時，理由，方法を理解するため顧客の家を訪問している人類学者である時だ。ある一定の役割の中で道具や人を考えると，その役割を捉え直すのに苦労する。人の心はルーティン的思考に極端に影響されやすい。どんなふうに周りの状況と相互作用するのかについて疑問を抱かない方が効率的だ。椅子に座る前に立ち止まってそれについて考えるならば，薬剤が汚染されているのではと思うなら，会計士の提供する情報が塗装業者の情報と異なっていると考えないとするなら——どんな場合でも何百という無意識の仮説を作り出さなければ実際上活動はできなくなるだろう。問題は，その仮説が個人的にもグループとしても，創造的な思考を停止させることができるということだ。共有された仮説は収束思考の1形態である。しかし，人や物とその機能を結びつけている心の中の心理的束縛からいくつかの要素を解い

NASAの月面生存課題

　基地から何百マイルも離れた地点で，宇宙船は墜落し月面で立ち往生した。幸いにも重傷者はおらずほとんどの積載物も回収できたが，運悪くすべてを運べない。したがって，基地に帰る際にどれが生存にとってもっとも不可欠なのなのかを決めなくてはならない。グループメンバーは重要度が高い順に回収された品すべて——酸素タンク，水と食料そしてマッチ，パラシュートシルクやコンパス——をランクづけする必要がある。グループは合意に達するようにミーティングを行う。

　通常（NASAの専門家によって決定された）客観的に「正しい」とされた解答と比較すると，最終的な順位においてグループは個人より成績が悪い。が，いくつかのグループは従うべき特別の規範が与えられた，

＊意見の対立を避けたり合意や同調するためだけに，自らの考えを変えるのを避けよ。
＊根拠が客観的でない，あるいは論理的に正しくない譲歩圧力には抵抗せよ。
＊意見の相違を当然で役に立つことだと見なせ[19]。

　これらの指示に従ったグループはより創造的と判断され，4回に3回はグループのベストメンバーよりも優れたランキングに達した[20]。

てやるだけで，新しい可能性が開かれる。たとえば，10セント硬貨でうまくいくのにねじ回しを求めて家中を探し回った理由は何か。それは，10セント硬貨は，道具としてではなくペニーキャンデーを買うために使われることになっているからだ。ときにはグループのメンバーに自らの感受性に注意するようにと単に促すだけで自らの仮定に疑問を抱く能力が伸びることがある。ごく基本的な疑問が議論を新しい方向に導くことができるのである。

＊ここでの私たちの仮説は何か。それだけが通用するものなのか。
＊この状況を見るほかの見方はあるのか，たとえば他の誰かの観点から。

「創造思考に対する障害」の例題は，人間の特に弱い3つの要因を示している。

1. *機能的固着*とは，事柄（あるいは人）が通常発揮する機能についての予想を人は払いのけることができないということを指す。箱は入れ物であって物を置くものではない。それゆえ壁に貼り付けるために

68　第3章　創造的な選択肢の生成

創造的思考に対する障害

　以下の3つの問題を考えよ。
　1．ろうそく1本，マッチ箱1箱，画鋲数個があります。床に蝋を垂らさずろうそくを掲示版に固定しなさい。
　2．6本の同じ長さの爪楊枝があります。6本全部を使って4つの正三角形を正しくつくりなさい。
　3．数列5，10，15を展開するために使われているルールは何でしょうか？　いろいろと試してルールを発見することが目的です。皆さん独自の3つの数字の組を1つ作りなさい。それがルールに一致しているか否かが示されます。ルールを理解したと思ったとき，その内容を説明しなさい。

　なお，回答は本章の最後のページです。

　　マッチ箱を空にするということを考えつくのにもたついてしまう。物事の利用方法について過去の体験に頼ると行き詰まり，古い思考習慣から抜け出ることができなくなる。
 2．*定着したものは似る*：私たちの思考の輪は「分かりきった」方向から問題へ接近するというぬかるみの中で動けなくなる。（ある問題が二次元で示されるとき，当然二次元で解決しようとする）
 3．*確証バイアス*とは，確信を支持するものを探し求める傾向，そして反証の探索や受容を渋ることを指す[21]。（「私は人を見る目があるのだ。私が昇進させた人はほとんど全員うまくやっている。」そうだろうが，昇進させなかった人はどうなのか？　おそらくその人たちも組織内外のどこかでうまくやっていけたはずだ）

天邪鬼　ローマカトリック教会のしきたりの中で，天邪鬼は，宗教儀式の公式の役割であり，その努めは受福または列聖を申し立てる根拠となる事実の中の欠陥を指摘することである。*誰もが*合意を急がせる力に挑み批判的な考えができる者として行動できるようにさせようとするグループ規範の制定に賛意を表するが，天邪鬼の役割が公式に任命されなければならない時もある。J. F. ケネディ大統領が弟のロバートを天の邪鬼としてたいへんうまく

活用したやり方を前に述べた。ただし彼がその役割を激烈に行ったことで多くのグループメンバーとの間に溝をつくった。効果を発揮するためには，

* 第一に，天邪鬼は，グループリーダーから絶対的な支持を受ける必要がある。任命された天邪鬼が見せかけにすぎなくなったとき（ベトナム戦争が段階的に拡大された間のジョンソン大統領の諮問委員会がそうだったように），その役目の人物は真剣に受け止められなくなるだろう。
* 天邪鬼はその役割を的確に演じなければならず，実際の立場を明らかにしてはいけない。反対意見を信じ切っているかのように議論ができなければならない。
* 天邪鬼の役割は会合ごとにメンバーの間で交代すべきである。これにより，「形だけの役割」となるリスクや，他のグループメンバーが時とともに役割としての天邪鬼を本物と取り違えるリスクの両方を排除する（リーダーの支持がないと，組織の中の異論提唱者の未来は悲惨な状態となるだろう）。
* 天邪鬼は論点に集中すべきであり，個人攻撃をしてはならない。

　部下にあるジレンマを創造的に考えてもらいたいと考えたトップマネージャーは，その中の2人に反対者の立場を取るように求めた。その論点は，自社の消費財（家電製品）向けの販路を大いに広げたが，同時に製品の革新を妨げる流通業者に会社はどのように対応すべきかということである。あるスタッフは，会社がその過程で多額の金銭を失っても，販売業者は会社の喉を締めつけており戦いを挑むべきだという多数意見を提示した。任命された天邪鬼は強大な販売業者との関係から生じている利点と利益のすべてを指摘した。おもしろいことに，グループは双方の見解を取り入れた革新的な戦略に収束していった。

朗読劇　ヒューレット・パッカード研究所の国際人事部マネージャー，バーバラ・ウォーは多様な見解を提示（し正統化）するために研究所内および全社レベルで「朗読劇」を利用した。従業員が演じる劇の脚本は，従業員の実

体験から作られている。従業員は，同僚という観客の前で自らのパートを朗読することになる。その結果生じる感情的，直感的な体験は，ある問題に関する多数派の受け止め方に大きな変化をもたらす。たとえば，いろいろな意味で自由な会社であるヒューレット・パッカード社は当初ゲイやレズの長期勤続社員には手当を支給しないと決めていた。差別的待遇と無手当という劇的な事実に直面して重役は当初の決定を覆した。その劇は，同僚が一般論として以前に語ったことを直接経験するという不愉快な立場に観客をおいた。朗読劇は少数派の立場を通じて生活を見るようにと観客に強いるのだ。代理体験は心地よい仮説に挑み，注意を反対意見に向けさせる。

確かに，時期尚早な収束を阻止するテクニックはある。しかし，グループが最小有効多様性——潜在的な解，市場あるいはサービス機会を選び出せる巨大な選択肢のリスト——を作り出せるようにと支援するのも管理者の職務である。グループメンバーが創造的でありたいと望んでいるのは間違いない。しかし，ビールのように創造性は注文できるものではない。メンバーの想像力を活性化させるための道具や技法が必要となるだろう。グループ内部で使われるものもあれば，グループの境界を超えて見いださなければならないものもある。

グループ内での選択肢の創造

ブレインストーミング

選択肢を生成するためのよく知られた方法はおそらくブレインストーミングである。ブレインストーミングセッションは，知的で有用なものから，インタビューを受けたマネージャーが「知的なマスターベション」と名づけたように，平凡で非生産的なものまである。その違いは，大多数の創造技法と同じように，プロセスと目的にある，すなわちブレインストーミングセッションがどのように実行され，その目的は何かという点にある。心理学実験室での研究では，1人で作業するほうが，グループでの作業より，良質なア

利用可能性ヒューリスティック，あるいは迫真効果

　殺されるとするなら，へらじかか灰色熊のどっちだろうか？　Kで始まる単語が多いのか，3番目の文字にKがある単語が多いのか？　おそらくある選択肢が他よりも想起しやすいということがある。世界最大の肉食獣の恐ろしいキバ。Kで始まる多数の単語。あることをはっきりと思い描ければそれがより真実でありそうだとか発生しそうだと思い込む傾向は「利用可能性ヒューリスティック」と呼ばれている。利用可能性ヒューリスティックは現実を正しく表すことが多い。しかし，それ以外の場合，誤った方向に連れて行かれる。灰色熊にたたきつぶされるよりも，へらじかによって踏みつけられるか，角で突き刺される方が遙かに多い。3番目のK文字の単語は，最初にKで始まる語よりもずっと多い。あまり起こりそうもない事象の可能性を過大評価してしまう人は，おおかたとまでは言えないが，おそらくかなり多い。ここでの教訓は？　朗読劇でのドラマ化のように，あることを真に迫ったものとせよ，そうすれば観察者はそれをずっと想像しやすくなるし，もっともらしいと考えるようになる——それは，新しく，信用できる選択肢を生み出す強力な力となる[22]。

　イデアを多数発見すること，そしてグループが大きくなるほど不均衡が一段と拡大することが一貫して示されている[23]。なぜだろうか？　グループの他のメンバーから評価されているということへの意識過剰と不安，および自身のアイデアの創造と同時に他人のアイデアへの傾聴を実行するのは本質的に不可能だというのがその理由である。

　実験には，通常あまり重要でないテーマ（たとえば，それぞれの手に親指が2本ついていたらどうなるのか）についてブレインストーミングをする大学生が使われるが，研究者の実験室から得られる教訓を無視してはいけない。自分のアイデアはくだらないと他の人から思われていると人は考える。だから，他人が話している間は自分の考えを忘れておかなければならない。うまく管理されていないならば，ブレインストーミングは，グループは創造的であり続けるという*錯覚*を生み出すだけかもしれない。例えば，個人的なアイデア生成よりもグループのブレインストーミングセッションを好む傾向が人にはある。グループはより創造的で多産的だと信じられている。そうでない証拠があったとしても。では，ブレインストーミングを利用するのか，それともしないのか。

私たちが引き出した教訓は，グループでのブレインストーミングはアイデア生成に時間をまったくあてがわない場合よりは良いということだ。場合によっては，ノミナルグループ——メンバーは同じ作業に別々に作業する——がとるべき手段になるかもしれない[24]。巧みにセッションが進められ，そして，親指が1本多かったらということよりも「私たちはどのようにこの危機を切り抜けられるか」という現実的な課題に取り組む場合，ブレインストーミンググループは，しばしばアイデアの数と創造性においてノミナルグループと互角になる。さらに，個人とグループがアイデアの数よりも最善のアイデアを生むようにと指示される（数よりも質を求められる）時にグループは業績面で個人を超えるということを示す研究からブレインストーミング支持者は勇気づけられる[25]。ノミナルとブレインストーミングの技法を組み合わせることもしばしばある。まず個々人がアイデアをポストイット紙に書き出す。次に，ファシリテーターは「黄色の粘着物」を集めてある区分体系に従い並べるか，あるいはグループに体系づくりを任せればよい。一旦粘着物が分類に従って並べられた後は，グループは同じブレインストーミング規則を使用し今度はグループとしてアイデアによりいっそうの磨きをかけることになる。

　従来のブレインストーミングを変更して，アイデアの妨害を取り除くように設計されたものが，エレクトロニックブレインストーミングである。参加者は自らの考えを入力するが，同時に他の人の意見はスクリーン上の別のウィンドウに映し出される。エレクトロニックブレインストーミング参加者は，他の人のアイデアを読み，それを磨き上げることができる。ある実証によると，参加者は誰に遠慮することもなく自分のアイデア作りに集中できるため，伝統的なブレインストーミングと比べてアイデアがより多く生み出されるのである。

　気がつくと思考スタイルが重要だという論点に戻ってきている。コンピュータースクリーンの前に座り同僚とコンピュータを介して意見を交わすのを好む人がいることは確かだ。しかし，それは，広告代理店とかデザイン企業の中にいるような，話し言葉に長けイメージ志向の人の仕事にどの程度

効果があるのだろうか。あるいは，ブレインストーミングセッションの重要な部分に物的な対象物の操作が含まれている場合はどうだろうか？

一例としてアメリカのデザインとエンジニアリングのトップ企業の1つであるアイデオ社を取り上げてみよう。ほとんどすべてのプロジェクトではブレインストーミングが行われる。アイデオ社流「ブレインストーム」とは，製品アイデアを作り上げるために多様なスキル——ヒューマンファクター，機械工学，工業デザイン，しばしばクライアント——を身につけた従業員を呼び寄せることである。ファシリテーションスキルをもつことで選ばれた従業員が対面型会議を運営する。皆ルールを分かっているが，この目的に日頃利用される部屋の壁の上部にルールが謄写されている。「判断は後回し，他人の考えを踏まえよ，一度に1つの会話，話題に集中し続けよ，突飛なアイデアを奨励せよ」。アイデオ社の人たちは絵が描けるという点でわれわれより優る。セッションの終了までには，ホワイトボードの言葉に加えて，ボード上や参加者が座るテーブルを覆う紙にスケッチが残される。アイデオ社の規則は，通常ブレインストーミングと考えられる自由連想法の類のものを促進する——しかし境界の中で——ことに注意しよう。ブレインストーミングが成功するには，しっかりと理解されたトピック，経験を積んだファシリテーター，考えを捕まえるためのメディア，行動ルールの受容がなければならない。

ロールプレイング（役割演技）

青年期に達すると人はたいていロールプレイングをやめてしまう。が，ロールプレイングは，ブレインストーミングと同様に，情報の水門を開けることができる。MTV が 1996 年に新しいゲームショウを必要とした時，社員は持ち場を離れ「ゲームストーム」に出かけた。旗取りゲームのような子供の頃の遊びを思い出し，子供向けのボードゲームで実際に遊び，テレビのゲームショウを分析して 1 日を過ごした。1997 年のビッグヒット，*Figure It Out* は，「ゲームストーム」から作り出された。役員であるケビンケイは，そのアイデアを 20 の質問というゲーム，そして *I've Got a Secret* とデ

ビッドレターマンショウ[26]というテレビのショウから借用したのである。

また，ロールプレイングのすばらしい特徴の1つは，巻き戻しとともに早送りボタンもあるということだ。将来を試すことが可能なのである。インターバル・リサーチ社——ニューメディア製品の将来性を調査する企業——は，どんなふうにテレビ電話が人びとに利用されるかを考察したいと思った時，同社は「インフォマンス（informance）」——テレビ電話を使って夕食会を準備しようとする友人同士がどのように相互作用するかを従業員が実演するという情報提供的な演技——を演じてみた。そのプロセスで，従業員らはビデオカメラの「目」を誰がコントロールするのかがきわめて重要だと気づいた。ある参加者は電話をかけてきた側が部屋を見回せるようにしたいと発言した時，向かい側にいた演技者は反対した。「私は下着のままでここに座っているかもしれない」と彼は言った。「相手にこっちをじろじろと見られたくなんかない」[27]。ロールプレイングは，頭の中で考えた議論ではおそらく生じないような論点を提起する。

時として，ユーザーの役割をそっくりそのまま演じるには脚色がかなり必要となることがある。イマジン・インターバル研究所の20歳そこその研究者グループに，年配の人が使用する電子機器のインターフェースを設計させるという難題を想像してみよう。X世代で健康ジムおたくになったデザイナーにどのようにしたら年配者のむずかしい課題を理解させることができるのか？　確かに，老人ホームを何カ所か訪れさせること，あるいは祖父母と話しをさせることは可能だ。しかし，そんな観察は実際の経験からはほど遠い。80歳の身体で生活するとはどんなことかをデザイナーが感じられる場合にはるかに事態はよくなる。そしてそうなるならデザインはうってつけのものとなる。答えは？　敏捷さを減らすための手袋，ぼやけた視界に似せるためにワセリンが塗られためがね，衰えた筋肉を模するため手足につけるおもりをデザイナーに与えることだ——次に提案された技術との相互作用を実際に演じさせるのである。

グループの中には未来をシミュレートするために俳優を雇うものまである。インテルの次世代半導体の開発者は，将来可能となりそうなコミュニ

ケーション機具を理解するために未来をのぞきたがっていた。忙しい西洋文明の中の両親と子供との意思疎通の方法を理解するため家庭を何軒も訪問した。その後，郊外に住む上流家庭の「日常的な」朝の慌ただしさを演じるため俳優を雇い，冷蔵庫に付いた未来の器具を利用してもらった。この想像上の装置（ビデオの中で，テレビ電話付きの小さな携帯型コンピュータとして描かれる）は家族間でのビデオメッセージ——たとえば，子供が帰宅した時再生するように朝に記録しておいた母の注意（「食卓の用意をしておいて，テレビをつける前に宿題を終えるように」など）——を取り込む。それはまた，食料品リストを記録し，インターネットのインターフェースとして機能する。インテルはその取り組みから何を学んだのか？ ビデオを見る従業員たちは未来に関する考え——彼らの集積回路がどこでどのように使われるだろうかということ——を拡大させたのだ。次に，この見解は，きわめて多種多様なコミュニケーション活動に適合するために集積回路に必要とされるパワーと能力に関する推測につながった。

　サンフランシスコのジョン・カオが経営するアイデアファクトリー社では，クライアントが作成した未来のシナリオを即興一座に演じさせている。一度ならず，その時以外では威厳のある副社長が客席から急に飛びだし，要点をわかってもらうために即興に参加したことがある。ロールプレイングの過程は，クライアントを自らの想像によって未来に引きずり込む。クライアントは，自分が演技に加わることなど思いもよらず，そうなりますよと述べたなら，ばかばかしいと感じたはずだ。しかし，もう一度言うと，クライアントは冷静な分析的内省では全く起こらないような選択肢を切り開くのである。

ファイル用引き出しへの小旅行

　以下のことを想像してみよう。皆さんは，デザインとエンジニアリングの受賞企業であるアイデオ社でのブレインストーミングセッションに参加している。グループは有望な新しい製品のアイデアを見つけ出したが，表面から熱を直ちに——事実上ほぼ瞬間に——取り除くことが必要であった。エンジニアの１人が急に飛び上がり一言も発せず部屋を離れたが，熱湯の入った

コップとストローのような形状と長さの銅管を持って戻ってきた。彼女はテーブル上にカップを下ろし銅管をあなたに手渡した。「カップにそのストローを差し込んでください」と彼女は言った。差し込んでみてパイプが即座に熱くなるのが分かり驚く。びっくりして管を落としそうになった。その管はスプーンがホットコーヒーの中でなるのと同じように熱くなる――少なくとも10秒くらいかかる――と考えていたからだ。アイデオ社で働いていれば彼女がその管をどこで見つけたかを知っている――「技術箱」からだ。それは6段のファイルキャビネットだが，中には芸術家と技術者の机の下から持ち込まれたがらくたや，その収集物に追加するため従業員によって持ち込まれた「クールなもの」が入れられている。その収集物の「管理者」として働く2人が何を加えるべきかを決定する。物理的なものや材料を集めて保管している6段のキャビネットには，「熱工学；驚くべき材料；クールなメカニズム；電子工学；面白い製造工程；および光と光学」というラベルがつけられている。ラベルだけでも，中身が多種多様であるのが分かる：ほとんど極限まで小さくできるが元の嵩に跳ね返る特別な泡；使っている間にどんなにゆがめても，再加熱されると元の形状に戻る金属片；超重元素の材料；固体へと化学的に変わる時に熱を取り除く過飽和塩溶液；液体またはガスを満たすことができ，その中身を解放するために溶ける人間の髪の毛の直径より小さいくぼんだビーズ。技術箱はメニュー，あるいは芸術家のパレットのようである。ブレインストーミングの最中にエンジニアとデザイナーは，考えをサポートするか，あるいは問題のあり得べき解決策を示唆する原料のサンプルや部品を探し出しに飛び出して行く。あるいは，エンジニアとデザイナーは着想を得ようと眺めるだけのために引き出しを開け，内容物をいじりまわすことがよくある。なぜ絵や文書の解説の代わりに物理的なものを保存するのか。アイデオ社の技術箱管理者の1人であるデニス・ボイルは次のように説明する，「この中のものには，非常にわかりにくく，直感に反するものがあるので，実際に経験してみないと信じられないのだ」。別の主事のリクソン・サンは，「私が思うに，脳内のメカニズムによって人間はデータよりも経験の方がずっとうまく思い起こせる」と付け加える[28]。

自然からのメタファーとモデル

　革新的な考えの供給源として偉大なる自然を利用するというのはどうだろうか。インターバル・リサーチ社の取締役で共同設立者であるデヴィッド・リッドルは，自然はその「結果を顧みないでランダムな」やり方ゆえに問題をうまく解決できるのだと主張する。人間は，論理的なプロセスに基づいた狭い範囲の解決策に頼るが，自然はより多くの潜在的な解をテストする試行錯誤アプローチを取っている。ときおり，自然は直接的な機能論的モデル――技術的問題の解決策――を提供してくれることでも役に立っている。もしジョージ・デマスターがジャケットにオナモミをつけていなかったらどうなっていただろうか。靴の上側から壁に逆さまに張り付いた十代の若者まであらゆるものに利用されている，どこにでもある留め具は存在していなかっただろう――それはベルクロだ（その名は*ビロード*と*かぎ針編み*から由来している）。もちろん，人類が剣歯虎の毛皮を着用して以来，いがを取り去り続けてきた。が，いがの粘着の強さから価値（そして何百万ドル）を生み出せるとは誰も考えてこなかったのである。

　といって，自然のレシピを常に理解できるわけではない。フジツボが作り出す世界一接着性が強い水中用接着剤の作成方法を接着剤メーカーがいつの日か見抜くことができたなら，その企業は必勝イノベーションを得ることになるだろう。クモ――特にフロリダの金色球クモ――は，超強力な材料の世界記録を今でもなお保持している。人間は強い繊維を作るためには酸，高温そして注意深く制御された工場が必要だが，このクモは室温水溶液で鋼より強い絹を作り出す。コーネル大学の「バイオミメティックス」の専門家は，クモよりもずっと強い繊維を産出する遺伝子を合成するためクモの絹の構造を現在分析している[29]。

　コンピューターマニアでさえ偉大なる自然から盗んでいる。「計算機科学の考え方は合理的，機械的だ。しかし自然はまったく考えもつかない方法で最終的に物事をやり遂げる」と，デービッド・リッドルは述懐する。抗ウイルスのプログラムに取り組んでいるインターバル・リサーチ社の創造的チームには，ニューメキシコ大学電子計算機科学教授ステファニー・フォレスト

およびロスアラモス国立研究所理論免疫学者アラン・S. プレストンが参加している。彼ら2人が共同して設計したソフトウェアは，異質な分子を識別する人体の免疫システムの能力を模して，未承認のコンピューターウィルスを攻撃する。「現代のコンピューターシステムはきわめて複雑なので，生物システムによく似たものにしないとシステムを有効活用できないと本気で思っているんだ」とフォレストは語る[30]。

　機能的なレシピを提供しない場合ですら，偉大なる自然は「設計メタファー群の巨大な図書館」を作り出し「広範囲の可能性を切り開いている」[31]。テキサス・インスツルメンツ社と協働したシンギングツール社は，コンピュータ化された配送システムを設計するために，産卵する川への回帰ルートを見つける鮭の航海スキルからヒントをいくつか得た。同社は，それぞれの荷物が最良のルートを「探し求める」ことができる場合，海運業者はより効率的に品物を遠方の地域に発送できると推論した。

　同様に，ポール・カンター（ラトガーズ大学教授）は，アリがフェロモン手がかりを残して，他のアリが食物を見つける手助けをしていることに気がついた。彼は，この観察を元に，ウェブブラウザを利用した情報発見の支援を行う蟻世界サーバーを開発するために国防総省国防高等研究計画局から100万ドルの補助金を得た。そこでは特定の情報を求めるウェブユーザーは，同様の情報を捜す他の人に利用される「ディジタルフェロモンパス」を生み出す。「私たちのメタファーは『人はなぜ情報探索に関して少なくともアリと同じくらい賢くなれないのか』と問いかける」[32]。実際そうなってよいはずだ。

　この人たちがしたことは，問題を詳細に吟味して望まれた機能（すなわち，粘着か拒絶か，集合化か反射か，航海か識別か）に切り分けて，次に自然がこれまでにその作業をいかにして行なってきたかを調べただけだ。創造的グループは，メンバーにとって他の方法では生じなかったかもしれない選択肢を創造するためにこのテクニックを利用する。

選択肢の創造：グループ外での活動

　創造的グループの管理者は，精神的にも肉体的にも旅行業者でなければならない。グループの中での作業が新しい選択肢を創造する唯一の手段ではない。多くのテクニックは靴をすり減らすことが必要となる。

異質な人への訪問

　孤立している場合，あるいは自分と似ている人たちに囲まれている場合，創造的摩擦を引き起こすことはむずかしい。「異質な（alien）」――通常のネットワークの外部にいる――人々や環境を訪れることで私たちのアイデアの蓄えを豊かにできる。異質な人はほぼどこででも――グループの外部だが組織内のどこか他の場所で，あるいは完全に組織の外部で――見つけられるだろう。異質な人のところを訪ねれば，新たな知識を構築でき，まったく考えつかなかった問題への取り組み方に触れられるし，問題の異なる定義を生じさせることさえ可能となる。現在のチームの外にいる人や組織外部の人から隔離されているグループは新たなアイデアをすぐさま使い果たすという危険を冒している。ハイテク企業の新製品チームの調査から，外部の人との接触がほとんどないチームは革新性や生産性が最低であることが見いだされた[33]。

　IBMリサーチ社のポール・ホーンは，人が特定の役割から出て動けるように，ゆるく規定された仕事（underdefining jobs）を提唱している。「科学者や研究者が半導体，物理学，数学やコンピュータ科学の専門家として自らの領域をあえて外れて思い切って行動することが奨励されている。現在，研究者の時間の25％以上が，実験室の外で顧客を研究対象としたたぐい希なプロジェクトに使われている」[34]。もし私たちがその経験を観察し，吸収し，創造性の必要性のきっかけとなった機会に適用する気があるならば，その訪問は価値のあるものになるだろう。ノースカロライナ州グリーンズボロ

の創造的リーダー研究所世界資源副所長であるスタンレー・グリスキウィッチは，産業会議を予定する際に「N＋1」計画に従っている。毎年出席予定の会議に加えて，自分の専門領域外のことが議題となる会議に1つ出かけるのである[35]。

しかし，有益かつ異質な人やその人のアイデアを確認するために遠くをうろつく必要はない。玄関に潜んでいることもある。コンピュータ産業企業のイノベーション研究で，ブラウンとアイゼンハートは，革新的企業はプロジェクト間に広範なコミュニケーションがあったことを発見した。ある管理者は次のように述べる。「他の人のアイデアを使ったりそれらに改良を加えたりしないことが以前は名誉の印だった……今やみんながみんなのものを借りているので，サイクルはとても短く，プレッシャーはとても強烈だ」[36]。レイチェム社は実際に盗みに報酬を与えている！　会社のどこか他の所からアイデアを首尾よく盗んだ従業員は「ここでは考案されていないで（Not Invented Here）」賞のトロフィーと「私は他の人のアイデアを盗んで，それを使っている」と書かれた証明書を得ることになる。しかし，「犠牲者」のために涙を流さないで。なぜなら，その人にもまた「私は素晴らしいアイデアを持っていたのだが，誰それがそれを使っている」と記銘された証明書を獲得するからである[37]。

共感するデザイン（Empathic Design）

顧客，顧客の顧客，まだ顧客でない人すべてが情報を与えてくれる異邦人だ——が何かを*聞き出*そうとするなら必ずしもそうはならない。こんなふうに言うと矛盾しているように思われるかもしれない。市場調査なしでどうやって顧客から学ぶことができるのか？　それができるのだ。実際，*伝統的な市場調査を実施し*ないならば潜在的な顧客や実際の顧客からかなり急進的なアイデアが得られるということをここでは論じる。それは調査や焦点グループ，モール研究から学習できないということではない。確かに学習できる。イノベーションの機会や必要性に直面した際に，ほとんどの人がまず衝動的に，何が必要かということを聞き出すためにアンケート用紙を発送しよ

理由の探索：人は手がかりを見失う

　心理学者のリチャード・ニスベットとティモシー・ウィルソンは，人が自らの行動の理由をいったいどうやって見抜くのかを突き止めるために，自分たちの研究を含め，多くの研究を分析した。ニスベットとウィルソンは，人々が実際の現象とほとんど類似点を持っていないような主張を行うことを発見した (p.247)。N.R.F.マイアーの創造性に関する古典的な研究の1つに，次のようなものがある。2本のひもが天井から吊り下げられているが，少々離れているので手を伸ばしても同時に取ることができない。2つの端をつなぐように求められるが，被験者は最初に解答（振り子を作ること，すなわち重い物を1つのロープの端に結びつけ，捕まえられるように揺らすこと）を思いつかなかった——マイアーが「偶然に」ひもに触れることによって1本のひもを揺らすまで——。しかし，この行為が彼らの考えを刺激したと正確に報告した被験者はほとんどいなかった。

　人が自分自身の推論に近づけないということをもっと劇的に示したものとして，ニスベットとウィルソンは，被験者にヨーロッパ訛りの英語を話す教師のビデオを見せた。ビデオの一方のヴァージョンでは，教師は温かく熱心である。それに対して，もう一方では，冷たく生徒に不寛容であった。被験者は，教師の感じの良さだけでなく，3つの特質——外見の印象，癖，アクセント——の評価も求められた。ただし両方のビデオにおいて3つの特徴はすべて同じである。当然のことだが，温かいヴァージョンを見た被験者はその教師の方を好み，またその特質の方を好ましいと評価した。しかし，被験者は教師への好き嫌いが，教師の特質への評価に影響を与えたことを認めなかった。それどころか，冷たいヴァージョンを見た被験者は，教師を嫌う理由は外見，癖，アクセントに対する嫌悪によるものだと主張しており，これは実際にあったことのまったく反対である。被験者は，教師の相対的な温かさや冷たさが先生の特質への評価に実際上影響を及ぼしていることに気がつかなかったのである[38]。

うとするか，あるいはきっかけとなる出来事が生じた環境でニーズを論じるためにフォーカスグループ会議を開こうとする。これらのアプローチは——提起される選択肢を限定してしまうことを除いて——本質的には何の誤りもない（アンケート設計は未経験者が考えるよりもかなり高度な知識を必要とするが）。人は自分が持っているのだがそのことに気づいていないニーズを他の人に語ることはできないし，何らかの理由できまりの悪い思いをするようなニーズを他の人にしゃべることはおそらくないだろうし，他人が聞きたいと思っていることを人は語るだろうし，全くやりそうもない行動を軽々しく予言するだろう。要するに，理由の中で最善のものを語り，もっと

も適切な動機を述べ，そして多くの場合人は全く気が付かないうちに自分を見失うのだ。

　それについて次のように考えてみる。言葉が通じるよく見知った国を旅していると考えると，（たいてい）自分が行きたい場所を知っているし，詳細ではないが大体の地理がわかる。常に正しい道を歩き始め，立ち止まり，適切な質問をし，自らを導いていく賢明な答えが得られる。同様に，製品やサービスがよく知られたものなら，細かく描かれた選好について顧客に尋ねることができる。かりに自動車市場にいるとする。自動車のたてる音でどんなものが好みなのか？　ほとんどの人がその質問に答えられる。すなわち，「静かであること」や「ブルルルという音」，「太くて低い轟音」といったものである。さらに，車両デザイナーは願いを聞き入れてくれる。彼らは音のデザインの仕方を知っているからだ。ハーレー・ダビッドソン社のオートバイマニアはエンジン音を他のものと区別できる——さらに音を語ることさえできる。ハーレー・ダビッドソン社は，オートバイのエンジン音の模倣をめぐってホンダを訴えた！　さてここに答えが出せる別の質問がある。すなわち，新車の匂いでどれが好まれるのか？　ほとんど全ての人が（お金がたんまり入った財布を持っているならば），「革のような」と言う。日産デザイン・インターナショナル社はインフィニティ J-30 用の革の匂いの好みを調べる際に，人々の鼻の下に 90 種類の革をくっつけ，アメリカ市場で売れそうな3つのにおいを取り出した。（3つ全てがアメリカ製の革だったということが分かった。明らかに，鼻でさえ自民族中心主義であったのだ！）どのようにすれば潜在的顧客はこのような洗練された指標を創造の過程に提供してくれるのか？　ご自身の車の知識に関して考えてみよう。頼るべき長い経験を持っている。車の音やにおい，感触がどのようなものであるかを知っている。

　しかし，創造の機会に直面したグループは，まだ十分に理解されていない選択肢，あるいはモデルが現在存在しないような選択肢を突き止めたいと考えることがしばしばある。誰もが同じ言語を話す慣れ親しんだ国ではなく，あなたは未知の土地にいるよそ者だ。その際かの土地の人が何を望むの

選択肢の創造：グループ外での活動　83

かをどうやって*聞き出せる*のか？　選択肢を創り出すための最も強力なテクニックの1つが，われわれが命名した「共感するデザイン」である。*共感するデザイン*は，テクニックの集合体であり，他の人の観点に深く共感し，その観点を用いて今までにない新奇なデザイン概念を促す過程である[39]。このテクニックは新製品開発で最もよく用いられるが，選択肢の創出が必要となるどのようなケースにも適用できる。

　共感するデザインの基礎にある主要な前提は以下の通りである。すなわち，人はイノベーションの最中に自分が欲することや必要なことをはっきり述べることができないことが多々あるということだ。共感するデザインを実行するグループは，外国の文化を探究する文化人類学者のようである。目標は対象となる特定階層の人たちが暮らし，働き，遊ぶ環境を深く理解し，それを内面化する──「その国の人のようにふるまう」──ことだ。自らの組織が実践できることに関する深い知識──異国の文化に提供できる専門知識──を携えていく。その専門知識は技術，スキル，あるいはプロセスであってもよい。次いで，探究者は，自らが創造的に充足できるニーズ，すなわち顧客からは決して要請されないイノベーションの選択肢，を識別しなければならない。その場合，共感するデザインの基礎は*観察*である。残された物的証拠の観察だけで行動を観察するまでもない時がある。しかし，それ以外では，日々のルーティン的活動を行う人たちを観る──行われるままの実際の行動を観察する──必要があるだろう。

　なぜ質問からは出ない選択肢が観察できるのか？　理由の1つとして，人々の記憶は必然的に選択的になるからだ。実際にその製品を使っている，あるいは活動を行っている最中に，後からその活動を回想する際には思い出せそうもないアイデア，ニーズ，さらに要望を人は思い浮べている。車を運転している時や旅行を予約している時，園芸道具やコンピュータを使っている時──開けるのに押す必要があるドアを，取っ手が明らかに「引け」という合図を発しているため反対方向に開けようとした時ですら──「なぜこういうものが作れないのか……」というふうに何百ものアイデアを人は確実に気がついているのだ。コルゲート・パルモリヴ社の研究者は，行為に関する

意識の流れ（stream-of-consciousness）的な観察を記録するために，家で雑事を行う様子を家族にビデオテープで録画させた。研究者たちが見たものは何か？　製品の匂いあるいは無臭を批評する人たち。一般にはしないやり方で製品を組み合わせる人たち——カーテンを白くするため洗濯用石鹸と食器洗い用洗剤を混ぜ合わせる人，使い勝手がよいスプレー装置を使うためガラスクリーナーの空のボトルに他の製品を詰める人。

　人は自らの選好を必ずしも分かっているとは限らない。地図を見る時，北を上にするために，あるいは進行方向に合わせるために地図の向きを変えるだろうか？　カーナビを製作するアイデオ社のデザイナーは，人それぞれ地図の読み方が異なることを発見した。デザイナーは人々が方角を話し合いながら地図をひっきりなしに回すのを観察したため——インタビューでは話に出なかったが——この発見が生まれた。

　さらに，私たちは問題に対処するためのルーティン——回避策——を作り出す。かなり長期間ある事を実践してついに必要な改善点に全く気がつかなくなるのだ。ほとんどの素人のコンピュータユーザー（と驚くほどの数の専門家）が，キーボードの下に潜む悪魔を静めるため原始的な儀式を行う（「コンピュータを二度続けて消せば，マウスが使えるようになる；クリックしてアプリケーションを変える前に3つ数えなければコンピュータはフリーズする。」）。しかし，コンピュータのソフトウェアデザイナーがこれを眺めている場合，ただし腹の皮がよじれるほどのおかしさで卒倒することを押しとどめられたとするなら，彼らのプログラムがどれほど人の役に立っていないかを学ぶはずだ。人は自らが演じるキーボードの雨乞い踊りの全てをデザイナーに伝えようと考えたかもしれないが，どうやら全部は覚えてはいないようなのだ。

　サンバーグ-フェラーという製品開発企業が，ラバーメイド社を支援して身体の不自由な成人向けの新型歩行器を開発していた時，ナーシングホームで歩行器利用者のフォーカスグループを招いた。「歩行器改善のためにお役に立てることは何かございませんか？」と同社は尋ねた。「お困りの点は何かありませんでしょうか？」参加者は首を横に振った。彼らは現在の歩行器

非干渉的尺度

　心理学者や社会学者は，質問だけでは人から情報を得るのは難しいということにかなり前から気がついていた。1つ前の補足記事で示したように，人は自らの行動の原因を分かっていると思っていても，それが間違っている時がある。原因が分からないから語れない場合もある。さらに他の場合，原因を分かるがそれを述べるつもりがないか，あるいは述べることができないかのいずれかである（おそらく自らの選好を見抜けないか，あるいは質問者から見て「ごく普通」，さもなければ望ましいと思われたいという願望によって回答が曇らされるからである）。新-古典研究において，心理学者のあるグループは，人に気づかれず情報を引き出せる多様な一般的技法の目録を作成した[40]。

* 「消耗」尺度：博物館の展示品の人気は，展示品の前のタイルの交換頻度を書き留めることで決められる。
* 「累積（Accretion）」尺度：1990年代の後半のボストンにおける「大発掘（Big Dig）」の間，考古学者は，新ハイウェイの掘削現場に優先的に立ち入れる権利が与えられた。彼らは，トイレと先祖たちがそこに投げ捨てたものが，何世紀の長期に渡って埋められて，それらが古い植民地時代の日常生活の貴重な埋蔵物となったことを発見した。
* 公文書尺度：フィラデルフィアの社会学者は，結婚許可証の目録を作成し，結婚の可能性は両家族の家の近接度に正比例して変化するということを発見した。フランシス・ガートン卿は，祈りの効力を測定するため19世紀の公文書までも利用した！　王室は最も多く祈られていると考えると，もし祈りが役に立つのなら彼らは長生きしているはずだということを示した。それどころか，王室の平均寿命はたった64.04歳で，作家と科学者は67.55歳で，ジェントリーは70.22歳であることを彼は発見したのであった。
* 観察に基づく測定：どのラジオ局が人気があるかを決めるため，自動車整備員はラジオのプッシュ・ボタンの設定を調べて，それを研究者に報告するように指示された。もっと工夫された測定の中には，被験者にポケットベルを持たせて，ランダムな間隔でそれらを鳴らし，その瞬間何をしているかを尋ねるということが含まれる。

が好きだったのだ。いや，歩行器が最初から再設計できたとしても改善点の提案はまったくできなかっただろう。研究者は諦めてグループメンバーを退出させた。回答者たちが部屋から退出するため立ち上がり，歩行器を再び手にした時にはじめて研究者は次のことを発見した。ある女性が自転車のかごを歩行器に靴紐で結びつけているのを，またある男性がコードレスフォンの

ためのホルダーをダクトテープを使ってこしらえているのを，さらに他の人は市販されている自動車のカップホルダーを歩行器に吊るしているのを。彼らは研究者にこんな手作りの小さな付属品のことを語ろうとは思ってもみてなかったのだ。この観察でサンバーグ・フェラー社は伸縮可能なメッシュの小物入れを付属品として歩行器向けにデザインした。これによって，ラバーメイド社がCCA，すなわち魅惑的な競争優位（compelling competitive advantage）と呼ぶものがもたらされることになった[41]。

活動には，アンケート用紙や調査では触れられない感情的あるいは心理的内容が含まれていることが多い[42]。キンバリークラーク社は，デザイン企業GVOによる家庭での観察の後，おむつの新製品を送り出し，大きな成果を挙げた。デザイナーは，よちよち歩きの幼児と両親がともにおむつで決まり悪さを感じている——しかし小さな子供はまだそれを必要としている——ことに気づいた。「子供用」衣服に向かう段階として，設計チームはハギーズプルアップを開発した。それは顧客の自尊心を満たした——と同時に子供たちをさらさらの乾いた状態にした[43]。MTVは，18歳から24歳の若者の寮やクローゼット，CDコレクションの実態を掘り起こすために調査者を現場に派遣した。なぜなら，それより若いティーンエイジャーはこの年齢の若者の姿を範とし，そんなふうになりたいと熱望するからだ。年若いティーンエイジャーの消費者は，往々にして自分の好みに対する他者から受ける心理的な影響を自分自身では認めようともしないし理解していないが，MTVはユーザーが購入したくなるものを見通せる力を得たのだ[44]。

人は，実現可能なこと——あなた方のグループの能力——をただ単に分からないという理由で，インタビューで選択肢を選べないこともある。皆さん方は専門知識が乏しい人には思いつかないような技術的な問題解決策をもっているかもしれない。木材製造会社ウェヤーハウザー社の顧客である大手家具メーカーの1社が安価なテーブルの脚を作るために競争企業が造った薄板を重ね合わせて合板を製造した。そのために同社は仕事の大半を失う危機にさらされた。ウェヤーハウザー社は，競争相手の価格に合わせることも，高品質のものは高価格だということを顧客に納得させることもできなかった。

顧客の工場の訪問後，ウェヤーハウザー社の技術者はテーブルの脚を作るための全く新しい方法を思いついた。それは，合板を作る必要がなく，新しくて，はるかに厚手のパーティクルボードだった。その結果，顧客は機械器具設備費と労務費を節約できた。そのことでウェヤーハウザー社は競争力のある経営状況に立ち返れたのであった。

クールハンティング（Cool-Hunting）

共感するデザインと関連しているのは，「クール」——風変わり，異質，規範破壊——なことを探し求めることだ。クールハンティングという言葉の出自はファッション産業だ。それは，市場のより大きなセグメントに採用される可能性を秘めた，人々が個人的に行っていることを突き止めることである。根底にある考え方は，数ある解決策の中の，これまでにない，できる限り風変わりな，極端な事例を人気が出る前に捜し求めることで選択肢の幅を広げるというものである。したがって，たとえば，クールハンターは，子供たちがだぶだぶのズボンをはいていたり，全身を黒ずくめとしていたりとか，爪を緑色に塗っているのを見たら，おお，そうだ！　そのような奇妙な身なりは，企業が支援し，宣伝・販売したなら流行になるはずだと考えるのだ。コンバース社のクールハンターであるディーディー・ゴードンがロサンゼルスにいた時，10代の白人の女の子がチョーロ，すなわちメキシカンギャングのように，「ワイフビーター」として知られるタイトな白いタンクトップと外にはみ出したブラジャーのストラップ，長めの半ズボン，チューブソックス，シャワーサンダルを身に着けているのを見た。彼女が今思い出すところによれば，会社に戻って同僚のクールハンターのベイジー・ワイトマンに，次のように伝えた。「あのね，ベイジー。これヒットするね。履く人が多くなるわ。シャワーサンダルを作らなきゃ」[45]。実際そうした。靴の後ろを切り離し，それに厚い本底をつけて，売れ筋のコンバースのワンスターを改造したのだ。サンダルは，即座にそして長期的なヒット商品となった。クールハンターのアドバイスに従い，ソニーは，超クールな人（ultracool）の間で飾りとして鎖が用いられているのに気づいた。そこで，

鎖のような頑丈なクリップのついたウォークマンを，運動競技をするユーザー，常連客（Freq）向けに設計した。ニューヨークの会社，ユース・インテリジェンス社が電気通信の大手のスプリント社にタトゥーの人気がこれから拡大するということを提案した時，スプリントは学生をターゲットとしたテレフォンカード販売促進策の一部としてテンポラリータトゥーを用いた。その促進策は予想の倍の加入者増となった[46]。

共感するデザインの開発チームのようなクールハンターは，大量のフィルムを費消し，クール情報がある場所——クールな子供がたむろする場所に出向く。ゴードンは何時間も費やし，その当時クールな場所であったニューヨークのソーホー（SoHo）を行き交う全員を写真に撮った。ワイトマンは，アイデアを得るためにスケートボーダーやスノーボーダーを観察する。クールハンターのアイデア獲得法を明確にするのは確かに難しいが，しばらく何人かに密着したあと1人のライターが次のように結論を下した。

　　　クールハンティングの鍵は，……まずクールな人たちを探し出し，その後にクールなものを探すのであって，その逆ではない。クールなものは常に変化しているので，探せない。というのも，クールだというまさにその事実が探すべきものが分からないということと同義になるからだ。人がしそうなことと言えば，前に何がクールだったかを振り返り，それから推定を行うことだ。これは，ダウ平均株価が昨日は10ポイント上がったから今日ももう10ポイント上がるだろうと推定することと同じ程度にしか役に立たない。それに対し，クールな人は変わらないんだ」[47]。

多くのクールハンティングは，若くて自由気ままで，おそらく経験の少ない人の中に入り込んで行われる。したがって，たとえば新しい雑誌の計画をしているなら，活動を開始したばかりの出版社が立ち上げた小規模のウェブサイトを訪れることでどんなことが学べるのだろうか？ クールハンティングの旅は，新製品のアイデアを求める流行志向の組織で行われることが多い。がしかし，流行になりそうなものを生み出す人たちの型破りな行動を探求して選択肢を作り出す過程は，きわめて広い範囲で適用可能であ

る。

特性ベンチマーキング（Attribute Benchmarking）

　大概の人はベンチマーキングのことは知っている——少なくとも通常の種類のものは。自社の業績あるいはプロセスを他社のものと比較するためにタスクフォースが派遣される。それは，Win-Winの活動だ。もし他のグループが自社よりも良ければ模倣すればよい。もし他グループがうまくできていなければ，（いったん自社に戻って）勝ち誇ればいい。ベンチマークの方法に関する本はあるが，ここではいくぶん違った類のベンチマーキングを示す。第一に，同じ業界で成功している企業に行きたいとは思う人はいない。きっと間違いなくいろいろと多く学ぶことができるはずだが。しかし，もし(1)既知の競争相手以外のところへ行き，(2)取り組んでいるイノベーションの機会にとってとりわけ決定的な属性や特性，機能を特定するなら，もっと創造的なアイデアが得られる。3Mが補聴器を設計していた時，技術者はできるだけその器具を目立たなくする方法をあれこれ考えていた。電子工学，小型化，聴神経機能に熟達しているが美学に関する知識をほとんど持っていなかった。考え出せる選択肢は限られていた。多種多様な素材と肌の色との適合に関して知識を持つのは誰か？　審美歯科だと結論を下した——そして，その事業を行う企業を訪ね大量の情報を見つけ出した。

　ある1つの問題の解は他の問題へと移転可能である。しかし，製品やサービスのカテゴリーの代わりに視野を広げて機能性を基に考えないのなら，解を見つけ出すことは難しい。第二次世界大戦後，ヒースキット社は，ソナー技術を商業化するための新奇なアイデアを思いついた。潜水艦の位置を捜し当てる以外にその技術は何かに利用できないのか？　機能を考えてみよう。ソナーは，水面下の物体を識別してその形状を目に見えるように表示できることだ。うーん，ソナーが表示する水面下にあって顧客にとって価値あるものとは何なのか。どのような顧客なのか……釣り人たちだ！　そこで，今日の魚群探知機の前身に当たるものが生まれ，多くの釣り愛好家が船に装着するために購入した。もちろん，魚群探知機の性能はソナー技術がもたらす機

能に限定されている，とある購入者は新しい装置に関して残念そうに語る。「この装置は実際にはうまく働いてくれないんだ。魚がどこにいるかを示すのだが，魚を餌に食いつかせてはくれやしないから！」

　セラミック・プロセス・システム社が設立されたとき，その会社を始めたMITの教授は創業時から次のことを理解していた。すなわち，自分たちは専門家として国際的に名が通っているが，技術的大発見を多くの問題の場に適用するために必要となる知識をすべては持ち合わせていそうもないことを。創業者が最も精通している科学的根拠だけに頼りたいという誘惑を打ち消すために，初代社長はある言葉を額に入れ壁にかけた。「最も重要な技術的大発見は，属する産業や科学分野の外にある学問や学識から生まれる」[48]。後にセラミックの破片を鋳型からうまく分離できずに困り，そして温度差が役立つと同社が気づいたとき，急速冷凍における最も優れた専門知識を冷凍食品産業から得ようとした。同社はエムルション（乳剤）の滑らかで薄い層を造るための解決策を見つけなければならなかったとき，シェアウィン・ウィリアムス社のペンキの専門家を参加させた。

　タスクフォースのメンバーが個人客に対する丁寧なサービスで知られる小売業者何社かを訪問し始めたとき，顧客経験の改善を試みた政府の郵便業務に思考上の重大なブレークスルーが生まれた。タスクフォース参加者らがまったく考えてこなかった選択肢は，郵便局員がカウンターの後ろから出てきてノードストローム社の店員がまさにするように「ご用件は何でしょうか」と尋ねることだった。このアプローチをワシントン地域で実行したとき，顧客は当初2つの理由でまごついた。コンテクストがこの種のサービスとはまったく異なっていたからであり，準政府機関がイノベーションを行うことを期待していなかったからである。

　融合への衝動を避け，選択肢の広範囲な探求を後押しするために設計された，きわめて広範囲に亘るテクニックをこれまで考えてきた。これらのテクニックの全部が全部選択肢の生成には効き目があるが，選肢をひとつにするということには役立たない。すべてに可能性がある！　今度は，みなさんのコンテクストで機能する1つの可能性に絞り込もう。4章では，創造的プロ

セスの次のステップ，すなわち収束に取り組むことにする。

ヘイゼルに戻ると…

　金曜日が来たが，ヘイゼルは落胆していた。グループは独創性を欠いていたからだ。絵コンテはつまらないし，彼女が期待していたようなユーモアやひらめきはなかった。彼女は，もう一度ブレインストーミングをするためグループメンバーを集めることに決めた。「何か提案は？」と，彼女はかすかな希望を持って尋ねた。「ここでは，どんな提案も聞き入れます」。ヘイゼルが意見を受け容れる態度を新たにはっきりと示したにも関わらず，ジェラルディーンは子犬を支持した最初の決定をもう一度問い直そうというヘイゼルの意向に対して明らかに懐疑的であった。「私が考えていることは」と彼女はためらいながら言った。「私の兄は西アフリカの平和部隊のボランティアでした。発展途上国の子どもたちの撮影についての話であれば，彼を呼び寄せることができます。」ヘイゼルをちらっと見ると，彼女はうなずいていた！　ジェラルディーンはたいへん勇気づけられて続けた。「不快感を与えない方法について私たちは知識を持ち合わせていません。彼が何らかの考えを示してくれると思います。」

　ホセは，その過程をもっとさかのぼって始めたいと思っていた。「思うに，わたしたちは通信教育センターを何カ所か訪れるべきだ」と彼は言った。「率直に言って，わたしはそれがどんな機能を果たすものか，まったく理解していない。センターから来たトレーナーの話からでは，私たちがどんなメッセージを伝えればいいのかについての実感が得られなかった。訪問すればきっといろいろな考えをもって帰れるに違いない。」

　「それはすばらしい」と，ハンクは言った。「しかし全員がセンターに行くと高くつくのなら，先生と生徒の役を自分たちが演じれば，通信教育とはどんなものかを試すことができるよ。リンダはギリシャ神話について詳しい。社内専用のテレビネットワークで彼女がインストラクターとなり，この中の誰かが生徒になり，残りの人が観察する。ほんの数分間だけだ，リンダ」と，彼は，リンダが反対し始めそうなのを見ながら付け加えた。「それがど

んな感じのものかや通常の学校とどう違うのかについてのアイデアを得るだけだよ」。

「代わりに，明晩開かれるセンターの定期会合にわたしたちも加えてもらったどう？」とリンダは言った。「そうすれば，講師と課題を実感できるわ——顧客としてどんなものかを見てみましょう。大学教授を風刺したやり方を目にするかもしれない。自分たちで真似するよりは夕食抜きの方がずっとましでしょう。」

デビッドが賛成して言った。「それでは，もう一度，明朝集まって，主旨をブレインストーミングすればいい。夜にもっとよいアイデアがいくつか浮かぶかもしれない。」

「明朝，話をしてもらうためにお兄さんを連れて来られそう？　ジェラルディーン」とホセは尋ねた。「そうしたら午後にブレインストーミングができるぞ。」

ヘイゼルは驚きあきれながら椅子に深く腰掛けていた。彼らが部屋に入ったときよりエネルギーははるかに多く部屋の中に満ちていた。これくらいの熱意があれば，グループは選択肢をもっと多く必ずや思いつけるはずだ。今度は，締め切りに間に合うよう1つの選択肢に全員を合意させることが彼女はできるのであろうか？

キーポイント

選択肢を数多く生み出すことは創造的プロセス全体の一部分にすぎないが，「創造性」と同一視されることが多い。グループが発散的に思考する能力を最大にするために特別な注意が払われなければならない。
＊選択肢を生み出すために最大限許容できる時間をグループに与えること。
　ブレインストーミングを利用するが，その限界も意識する。
＊グループのリーダーは，できるだけ明確に問題を設定すべきであるが，望ましい解決策を示すことは差し控えるべきだ。

* 厳格なセキュリティが要求される場合を除き，グループの境界はできるだけ閉鎖的にしないようにする。配偶者，友人，同僚らと案を議論する――そして，新しい案を求める――ようにとメンバーに勧める。自らの主たる関心から少し離れた専門的知識を持つ外部の人を訪れる。
* グループは時として少しばかり居心地がよくなりすぎてしまうということを認識する。プロジェクトが変わっていくに従い，メンバーの構成を変え「新たな血」を入れる。
* 発散思考を促進したり，異議を歓迎したり，コンフリクトを個人の問題としてではなく客観的に取り扱えるように策定された簡単な基本ルール集を開発する。
* 異議を唱える人たちを全員の前で支持することで保護する。
* 創造性を禁止する暗黙の規範（たとえば「波風を立てないこと」）に注意する。
* グループが合意に近づいてきたら，1人のメンバーをわざと天邪鬼に任命してグループに激しくかつ説得的に挑むように指示する。
* 一見すると信じがたかったり，非実用的であったりする選択肢がしばしば最も創造的である。メンバーにその選択肢の成功を鮮明に想像させて，あるいはロールプレイングテクニックを通じて，選択肢をよりもっともらしくするよう手助けをする。
* 自然界や社会からアイデアを探り出す。自然や別世界の知識からのメタファーの利用を奨励する。
* 共感するデザインは，顧客や顧客の顧客，顧客になっていない人の不明瞭なニーズを識別するのに効果を発揮する。

解答と解説

1. マッチ箱はマッチを入れておくことになっている。そうだろうか？ 中身を空にしてろうそくを支えるために壁にびょうで留めてはいけないことになっている？ マッチ箱の中身が空になった状態でこの問題が提示されたのなら，人はかなり上手に解答ができる。

2．さて，解答は二次元に限定すると誰が言いましたか。が，この問題に挑戦するほとんどの人はそのように限定されているものと仮定する。誤った仮定に縛られるのを避けるなら，思考を柔軟にして三次元をも含めておかなければならない。

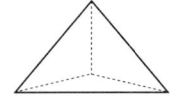

3．何を試しましたか？ 15，20，25？ 100，105，110？ どちらも正解で規則に合っている。そうなると，皆さんはこの答えから，規則は5ずつ数えることだと結論づけるかもしれない。もしそうなら間違っている。規則は，単に数値が増える3つの数を挙げるというものだ。皆さんが多くの人と同じであれば，規則を*肯定する*と考える数列だけを取り上げ，規則を*否定する*と考えられる数列は取り上げない（15，20，30とか，1，2，3と言ったら，どちらとも規則に合っていると言われただろう）。

第4章
最善の選択肢への収束

　ラリーはグループの進捗状況にかなり満足だった。壁は，様々な色のポストイットとフリップチャートシートの万華鏡であった。明らかに3日間の午後を費やしたチームの集中的な努力が多数の創造的オプションをもたらしたのだ。多数のオプションが具体化され細かく詰められた。上出来の案もあった。税務局が納税者の取り扱い方法を根本的に作り変えるか，あるいは彼が「来年度予算」と言う前に立法委員会が彼に賛成することが必要不可欠であった。
　「さて4時半だ。すべてを徹底的に話し合ったと思うが，これからの1時間ほどで仕上げよう。多くのオプションを生み出した全員の創造性には本当に心を打たれた。さあ，残りの時間を使って全員が同意できる1つのオプションに絞り込もう。どうしても明日チャックの所に持っていける行動計画草案が欲しい。」
　しかし，一斉の抗議がラリーのほんわりとした幸福感をすぐに終わらせた。
　「ねえ，これって重要すぎてここで止めるわけにはいかないわ。試したかったアイデアがまだいくつかあるの。」とパトリシアが口火を切った。
　「もうこれ以上のアイデアは必要ないと思うんだが——壁には貼り付けられないし。でも，思うに，私は自分の案をサポートする主張をあまりうまくしてこなかった。第一に……。」ボリスによって中断されるまでミンが続けた。

「強硬にとまではいかないが，かなりはっきりと説明してきたように，私たちは完全に間違った方向に向いていると思うんだ。論点は市民を幸福にする方法ではなく——世間にはいつだって愚か者はいる——イメージであるべきだ！　やり方を必ずしも変えないで見栄えを良くするためにやれることは多い。今のままでもうまくやっているよ。」

　「ラリー，あなたに私は賛成です」とエレンは言った。「情報技術を使うというあなたのアイデアと，市民への対応の仕方を全員に再教育するということを組み合わせた計画が良いと思います。どちらかにはっきり決めましょう。」

　論争に最後に加わったのがグエンだった。「皆さん聞いて。仕事に戻らなければならないのは分りますが，私はこの件についてもうちょっと考える必要があると痛感しています。少し会を閉じお酒を軽く飲んで，明朝集まりましょうよ。」

　グエンが最後の提案をした後の静寂の中で，音がしているのは，テーブルをとんとん打つ自分の指が放つ音だけということにラリーは気づいた。

　さぞがっかりしただろう！　創造性とは多くの斬新な選択肢を生み出すことだというラリーの信念が，行き詰まった手に負えないグループ——それがまさしく彼が求めたものを与えてくれたとはいえ——をもたらした。3章では，早すぎる合意に飛びつくことの危険性を検討した，そこでラリーは熱を込めて発散的なアイデアを徹底的に調べさせたのだ。創造性のプロセスが発散から収束ステップに移らなければならない時が来るということをどんなマネージャーでも知ってはいる。しかし，発散思考で3日間の午後をほぼまるまる費やした後で，ラリーが収束に「1時間やそこら」を割り当てた時，それは3日間かけて釣り旅行の計画をたてた後ボートで1時間を過ごすようなものだった。繰り返しを覚悟の上で言えば，創造性はプロセスであり，プロセスの各ステップに十分かつ重大な注意が払われなければならないのである。

あたため，すなわち「一晩よく考える」

　なぜ私たちは人に「一晩よく考えよ」と言うのか。古代ローマでは，あたため（incubation の語源 incubare，「横になる」の意）の儀式は，夢を通じて黄泉の国の神々と通じ合うためにマットの上に横たわることを意味していた。5 ステップの創造的過程では，あたためは発散と収束の中間を占める。この発酵の間——多様な選択肢がメンバー個々の頭の中にはあるがグループでは議論されていない時——個々の頭脳は問題に取り組み続けるが意識的，合理的，論理的な思考——創造性を妨害し得る思考——の制約から解き放たれる。あたための間には，収束を突然見抜くということだけでなく新しいオプションも出現するかもしれない。発散と収束とを橋渡しするこの過渡的ステップは，心理学者ドナルド・キャンベルによって「知的な徘徊」とたとえられた。キャンベルはそれを次のように考えた。

　　　徒歩通勤の価値……あるいは運転する際にラジオをつけない時に生まれる価値……と。創造性はきわめて無駄の多い過程に相違ない。だが，そんな知的徘徊，精神的放浪等は必要不可欠な過程だ。もしその心的作用がラジオやテレビ，他人の会話で追い遣られてしまうなら，まさに自らの……知的探検の時間を縮めて続けていることになる[1]。

　ラリーのグループの中では，グエンはけっこう良いアイデアを持っているようだ。たとえラリーが懸命に最終解決に向けて皆をせき立てても，グエンはある程度の内省の時間，すなわち知的な徘徊が必要だと気づいている。少しリラックスすれば——そして睡眠を取れば——翌朝には選択肢を再評価し収束過程を開始するのに皆の体調はもっとましな状態になっているはずだ。
　実際，睡眠中やリラックスした状態では無意識をうまく利用する力が存在するということを示す数多くの事例が個人の創造に関する研究から導き出されている。エリアス・ハウは，ジャングルの中で先端近くに穴がある槍をも

つ原住民に囲まれた夢を見た時，ミシンの特許でシンガー社を打ち負かした。彼は（手縫い針のように頭ではなく）針の先端近くに糸穴を開ければうまくいくだろうと気づき目を覚ました。潜在意識による問題解決に直に結びついた発明家もいる。糖尿病の原因を究明していたフレデリック・バンティング卿は，犬の膵臓を縛りつけ，生成されたインシュリンをモニターするという内容の夢を見た。それを試み，砂糖とインシュリンとのバランス，その不均衡と糖尿病の関係を突き止めた。オットー・レーヴィは神経インパルス伝導の電気的というよりはむしろ化学的性質を実証するために蛙で実験する夢を見た。真夜中に起きて，彼はアイデアを書き留めた——が，朝そのメモは読めなかった！ 翌晩同じ夢を見た。この時は幸いにもメモは読みとれた。バンティングと同様に，彼はノーベル賞受賞者となったのである[2]。

しかし，創造的解決策は夜にあたためを行う天才にだけ起こるものではどうやらないらしい。デュポン社の従業員であるフロイド・ラグスデールは，防弾チョッキに使われるケブラー繊維製造機に問題を抱えていた。その機械が停止すると1分当たり700ドル無駄になるため，デュポン社の有能なエンジニア達が問題を解こうとしたがうまくいかなかった。大卒ではないエンジニアのラグスデールは機械のチューブとスプリングの夢を見た。翌日出勤して上司に伝えたが笑い飛ばされた。ラグスデールは勤務時間の終了後，自分の時間を使い作業を進め，チューブにスプリングを挿入した。機械はうまく作動し，会社に300万ドル以上の節約をもたらしたのであった[3]。

だとすれば，従業員に勤務中に睡眠を取るようにと私たちが奨めている？ そうではない。しかし，誰彼なくたゆみなく集中した状態にさせておくようにと主張するものでもない。要するに，夢，瞑想，シャワー，マイカー通勤のどれもが潜在意識による思考の機会を提供するかもしれないということなのだ——ただし，この内省が実を結ぶために時間が十分に与えられている場合に限られるのだが。5章で見るように，創造的アイデアの内省とあたためを促進する条件を職場で作るために実行せねばならないことは多い。マネージャーは往々にしてこのような内省のための時間を与えたがらない——特にマネージャー自身がたえず迅速な行動に向けて疾走する場合には。カリフォ

あたためのダイナミクス

　あたための神秘的で観察不可能な性質を理解しようといろいろな試みがなされてきた。従来のフロイト学派の見解は，人々が抑圧された幼年期の性的葛藤を無意識に処理して，創造的な産物へと*昇華*させるというものである。この見解を特段有用性があると考える人はほとんどいない——あの革新的なウインドウズのアプリケーションが実は幼児期における近親相姦へのあこがれの解消であるのだろうか？　代わりに，心理学者の多くはあるタイプの*情報処理*アプローチを採用している。意識的注意からはずれても認識機能は止まらず，アイデアはランダムに結合し始める。アイデアは思考と情報の自由自在な連結を通常は妨げる力——論理・しきたり・習慣——の束縛から自由になる。そこから生じる無意識の連想はほとんどが無価値である——異常で，おそらく有用でない。しかし「役に立つ」連想は後にさっと意識に舞い戻り，創造的洞察として認識されることになる。創造的洞察が生まれるのに時間の経過だけで十分かどうか，そして洞察を引き起こすような追加情報が必要であるか[4]どうかについては多少の見解の相違はあるが，明らかなのは創造的過程には課題から遠ざかっている時間が不可欠ということである。

　ルニア州シリコンバレーのスタートアップ企業に助言を行う「仮想CEO」であるランディー・コミサーは次のように考える：「気を散らすものを捨てきれない状況に陥り，そのため直観を利用できないでいる人は多い。そういう人は解のないことを心配する。直観を使うにはリラックスし，答えのほうから来させなければらならないのに。こんな状態を快く感じない人がいる；解をとくと考え抜く必要があると信じ込んでいる人たちだ。分析は過大評価され過ぎるきらいがある。」[5]

　おそらく章頭における挿話のグエンのように，データを処理する際に自分の世界に籠もるのを好む人もいる。そういう人は選択肢にコメントする前にひとりで考える時間をほしがる。73歳で最初の（ベストセラー）小説を出したことで世界中を驚かした作家ハリエット・ドウアは次のように説く。「自分ひとりで考えに耽るのを不要と思う人がいます。だけれど，私は1人でいる時間がなければなんとなく飢えたように感じるのです。打ち込んでいない気がします。これまで考えられてこなかった考えが考えられるのを待っているの。だからガーデニングがとても好き。太陽と植物とともに力を尽く

して小説を書いています。流れ去っていくのもあるけどすべてがそうなるわけではないのです」[6]。そんな人たちにはあたためは思考スタイルの重要な部分であり執筆能力にとって不可欠である。とはいえ，個々人の思考スタイルについての好みに関わらず，問題に取り組む機会を潜在意識に与えるという理由で，あたためは創造性にとって重要なものなのである。

「なんでもかんでも大至急必要」という現代社会では，あたためは不自然な行為に見える。しかし，グループが収束に向けて前へ進まず同じ場所で足踏みをしている場合，休憩の許可，あるいは休憩の強要すら，効果ありと考えるマネージャーもいる。日産デザインインターナショナル社の従業員がパスファインダー設計の真っ最中ににっちもさっちもいかなくなった時，当時の副社長ジェリー・ハーシュバーグは全員にずる休みさせようと決めた。お昼頃，羊たちの沈黙というスリラー映画の初日を見るため全社員（モデリング工場の技術者，秘書，保守要員を含む）を連れ出した。彼の決定を説明するのは容易ではなかった。全社が休業している最中に電話をかけて臨時受付係に社員全員が映画を鑑賞しているとだけ告げられたオートウィーク誌の記者が連続殺人と自動車設計とはどんな関係があるのかと尋ねた時にハーシュバーグ自身の創造的能力は試されたのだ！　同じく，同社の当時の新社長である石田研吾がプロジェクトが遅れに遅れているそんな時期になぜ皆が現場を離れるのかと尋ねた。ハーシュバーグの説明は？　「研吾さん，遅れているからこそ，今出かけるのです」。そして望んだ効果が出たのか？ ハーシュバーグは次のように報告した；「建物内の緊張が消え始めた。数日のうちにアイデアが流れ出し，複雑な問題領域が解きほぐされ，デザインがデザイナーをリードし始めた。これこそ強力なコンセプトが現れてきたという確かなサインだった」[7]。

ハーシュバーグは次のように書いている。「スタッフが四苦八苦しているときには，圧力を『上げること』よりはむしろ，はるかに有効な経営戦略として，緊張を解き放つことや差し迫った問題から*一歩引く*ことが*創造的優先*から提示されることがよくある」[8]と。ジェリー・ハーシュバーグは，キャンバスから「一歩引く」必要性に敏感なのは芸術家としてのトレーニングの

おかげだと説く。その時期に猛烈に働くだけでは取り組んでいる問題を必ずしも解けないということを学んだ。しかし，どのマネージャーもそうだが，彼もやはり解決策に向けて突き進み続けようという気になる。彼のグループがセントラのデザインと苦闘していた時，デザイナーたちがデザイン・コンテクスト・ラボ（社内の新しい市場調査グループ）と会合をもち，開発のとるべき方向に関する強い合意に至りそうなものを見い出した。彼は，その際に自分自身が何をなしたのかについて語った。「*目標製品*というフレーズが，グループの心に響きプロジェクト全体のスローガンとして定着した。それによって数多くのイメージや新しいオプションが直ちに浮かんできた。安堵そして先に進もうという強い熱意が感じられた。だから今こそ特定の設計に向け狙いを定めるようにと私は提案した」。

「『間違っている！』とデザイン・コンテクスト・ラボマネージャーのニック・バックランドが唱えた。『まだ焦点を絞らないでおこう。延期しよう』。彼は100パーセント正しかった。そして，私たちは彼の言う通りにした。答えにあせる中で，今開かれたばかりのウィンドウを私は閉じるところだった」[9]。

収束

一旦グループが*新奇性*を強調することをやめ*有用性*に集中し始めると，逃げ出したくなるメンバーが出てくる。現実的な決定が下されなければならなくなると，そういう人たちは，お楽しみは終わったと考える。確かに，真価を発揮できる場ではなく努力が空転する場で働くのはむなしい経験かもしれないが，革新的グループはゴールに向けて前に進むことから満足を得るものだ。そのような前進を成し遂げる際にマネージャーが直面する課題は多いが，以下のようなものが含まれる：

＊納得できる境界内での作業であること；
＊全員に理解された共通イノベーション概念に達すること；

第 4 章　最善の選択肢への収束

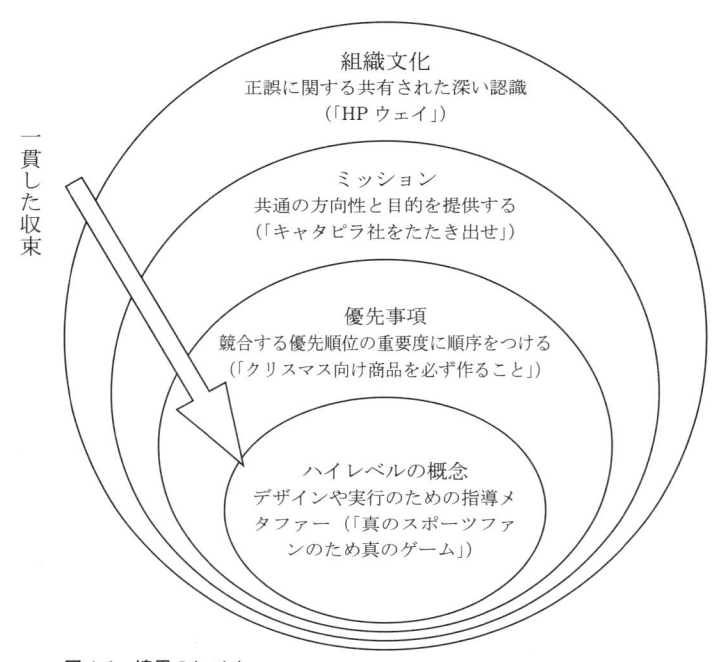

```
            組織文化
       正誤に関する共有された深い認識
            （「HP ウェイ」）

            ミッション
       共通の方向性と目的を提供する
       （「キャタピラ社をたたき出せ」）

            優先事項
    競合する優先順位の重要度に順序をつける
    （「クリスマス向け商品を必ず作ること」）

          ハイレベルの概念
    デザインや実行のための指導メタファー
     （「真のスポーツファンのため真のゲーム」）
```

一貫した収束 →

図 4-1　境界のレベル

* そのプロセスが最終的に勝者と敗者を厳格に分けてしまい，「敗者」が消え去るということがないように保証すること；
* グループによる目標の明確化を助け，メンバーがその目標に集中していられるようにすること（メンバーがあまりに細部にとらわれて目的を見失うことが起こりうる——知人のマネージャー曰く，森を見失い「樹皮の中で迷う」）。

これまでの章と同じように，管理上の課題について最初に議論し，次に収束を促進する特別なテクニックを示すことにする。ここでは，多数のオプションから 1 つを選択する手引きとなる境界の階層を示す。その階層は，最も広く最も制限の少ないガイドライン（組織文化）から始まり，しだいにプロジェクト固有のガイドラインとなる（図 4-1）

組織文化と革新

米国組織の特性に関する労働省の分類を用いて，シャロン・アラド，メアリー・アン・ハンソンとロバート・シュナイダーはイノベーションに影響する特性の分析を行った。革新と関係する組織の*価値*の分析では 4 つの要因が確認された：(1) 人々の志向性（例えば共同作業，協力，チーム志向）；(2) リスク受容（実験する意欲，積極性）；(3) 細部への配慮（正確さ，結果志向）；そして (4) 安定性（雇用の保証）。リスク受容，共同作業，品質，安全を支持する組織文化は，革新的かつ「高業績」の可能性が高いということがこの結果から分かる。さらに，これらの組織の価値は，チームの活用と情報共有——2 つともハイレベルなグループの相互作用を意味する——と正の相関関係をもつということが発見された。[10]

組織文化

強い組織文化をどのように表現したらよいのだろうか。意思決定基準——何が正しく何が間違っているか，何が受け入れられ何が受け入れられないのか，奨励されるのはどのようなもので押さえ込まれるのはどんなものか——に関する認識をメンバーが共有することである。おそらく，全米ライフル協会やガーデンクラブ，12 万 7000 人の従業員の巨大なヒューレット・パッカード社や世界各地に散らばった 25 人の従業員を有する小さな新興企業コーウェア社の文化がそうだろう。明らかに，文化は一般に創造性を支持することも禁じることもでき，6 章では創造性を促進するためにどのようにしたら組織文化をリーダーが設計できるのかを議論する。ここでの関心はもっと限定的だ——それは，多数の解決策が提案された場合に，組織内のグループメンバーが最良の解決策にまとまるのを組織の文化的価値がどのように支援するのかということである。

何が「正しい」か「誤っている」かに関するきわめて高レベルの組織の価値さえも，意思決定，従って収束に影響を及ぼしうる。天使よりも取引する天使ということで注目される都市ロサンゼルスで，キャッスルロック・エンターテインメント社はオープン，正直，公正な取引という評判を得ている。会長兼 CEO であるアラン・ホーンは，彼と創業パートナーが共有した価値観は会社の「至るところくまなく」浸透していると信じている。正直さや公

正な取引に対する情熱を共有しない人は誰でもすぐに失職する。「わが社は人を裏切らないようにことさら努力しているのだ」とホーンは断言する。正直な回答を——すばやく——してくれるという評判を芸能人のエージェントたちの間で勝ち得ていることは，すなわちエージェントがキャッスルロック社を一緒に働けるすばらしい会社と見なしているということなのだ。そしてエージェントは，創造的プロジェクトへ一流の俳優やディレクターを引き寄せる際の鍵を握っていることが多い[11]。

「システムオンチップ（system on a chip）」開発者向けの総合的ソフトウェア／ハードウェア共同設計ツールを提供するサンタクララ（カリフォルニア州）の会社コーウェアでは，共同創立者で社長兼CEOのギード・アーノウトが同じように企業の価値に熱心に取り組んでいる。コミュニティの価値および敬意を擁護する創設時の態度は，この若い会社で既に伝説となっている。例えば，コーウェア社の主要な顧客が，ある従業員に向けた人種的差別な中傷ゆえに「お払い箱」にされそうになった。顧客の代表者が謝罪してはじめて（コーウェア社の存続にとって重大な）ビジネスが進展したのであった。この出来事によって，「個人への敬意」という価値に対する創立者のコミットメントは疑問の余地なく証明された[12]。ロザベス・モス・カンターが指摘するように，「価値は，すぐに消え去るような観念ではなく，息の長いコミットメントを反映していなければならない。」[13]

このような価値は収束を促進する，なぜなら提案された問題解決策がコミュニティの規範を侵す場合，その解は明らかに境界外にあり，それゆえ拒絶されるはずだからだ。グループメンバーが共通の価値——オープンなコミュニケーションやリスク受容を促進する帰属と信頼の意識，組織に対する情熱——を分かち合っている場合，強い文化に対する別の，無形の利点がいくつかある。このことは6章で議論されるが，新製品を作る際に特定の設計案の中から選択しなければならない場合を考えてみよう。口先ではなく心を込めて行動できるだろうか。

マテル社のフィッシャー・プライス部門での以下のようなジレンマを考えてみよう。小さな少年向けのアクションフィギュア市場は大きい——そして

フィッシャー・プライスはおもちゃ産業（他の企業とともに）に属している。しかし，子供だけでなく主要な購入者である母親の満足にも貢献するという会社の価値には，暴力的玩具の厳禁が含まれている。そうであるならば，アクション物のランボーフィギュアを生産せず，同社はどうやってこの重要な市場セグメントを確保できるのだろうか。マーケティング（フィッシャー・プライスの主要な部門）担当部長であるマリリン・ウィルソン－ハディッドと製品開発担当部長ピーター・プークは長く激しく論を交わした。プークはアクションフィギュアの市場セグメントは決定的に重要だと主張した。フィッシャー・プライスの玩具は暴力を良きものとして描くことはありえないとウィルソン－ハディッドは強く主張した。プークが提示した製品コンセプトすべてに対し，ウィルソン－ハディッドは次の言葉で反論した。「これをどうやって母親に話すつもり？」と。

オプションには特大の武器を手にしたアクションフィギュアと同じ闘争心に訴えかけるが「銃でない」超動力工具をもつ「エクイップマン（eqip-man）」というアイデアが含まれていた。最終のポジショニングはどうなったのか？「好青年でクールなやつ」である救助ヒーローたちだ：ビリー・ブレーゼズ，消防士；ロッキー・キャニオン，山岳警備隊；ギル・グリッパー，スキューバダイバー；ジャック・ハマー，「建設エキスパート」。各フィギュアは，引き金を引くか，押すか，離すと，劇的なことをする特別な機器を身に着けている。警官は騒々しいハンドマイクとサイレンを手にし，（女性）消防隊員は斧を携え，スキューバダイバーは留め金を持ち，建設エキスパートは携帯用削岩機を抱えている。このフィギュアは，小さな子供のアクションへの欲求と，他人への暴力よりもこちらの方が建設的とする母親の好みの両方を満足させたため大成功を収めた。実際（デザイナーにとっては多少驚きだったが），架空の大事件で他のフィギュアを「救出する」ために子供たちが玩具を使って「有益な活動」を行うのが観察されたのだ。したがって，その製品群はフィッシャー・プライスのチームが自社独自の優位性として評価すること，すなわち「母親の利益」を守ったのである[14]。

ミッションというもの

　まず，そこらじゅうにあるミッションステートメントについての悪い材料を挙げよう。大多数の組織が持ってはいるがその評判はよくない。うわべだけかあるいは一貫せずに用いられているものもあれば，あまりに一般的で不明瞭なためにほとんど無価値のものもある。（「当大学では，学生に人生と職業の準備をさせるために最高の教育を提供します」。なるほど，そのとおりだ。が実際には，これをしていない大学なんてあるのか？」）ミッションステートメントは苦境にある会社やグループを助け出しはしないし，ミッションステートメントに見せかけた願望リストは従業員の熱意を生み出しはしない。が，よい点は，十分に練られた共有ステートメントは人々をまとめ上げるのに間違いなく役に立つということだ。グループの目標は，公式化され，職場の壁という壁に掛けられた金縁の額の中のステートメントになる必要はない。それは，明白で共有されてさえいればいい。そうすれば次々と迫ってくる意思決定の判断基準をグループメンバーは持てるのだ。たとえば，なにが重要でなにがそうでないか？　どの種類のイノベーションがグループの目的に役に立ちそうで，またどんな種類がそうでないのか？

　ブリティシュ石油の CEO ジョン・ブラウンは次のように述べる，

> 　事業にははっきりとした目的が必要である。目的が明々白々でないなら，事業に携わる人たちはどんな知識が重要で，業績改善のために何を学ばなければならないのかが分からなくなる。……我が社の目的は，自社がどのような企業なのか，そしてどんな独自性があるのかを示している。それは，会社として存在して成し遂げるべきこと，それを達成するために進んでやるべきこと，およびやってはならないことを指し示している[15]。

　また，グループのミッションや目的は，組織の価値体系や文化の中にある。（ミッションと目標を厳格に区別している論者もいる；ここでの関心は同じ方向に向けての調整と収束である。その区別の探求は他の人たちに残しておく。）肝心なのは，共通目標がチームメンバーを団結させ，目的意識を

与えるということだ。グループや企業のミッションはこのような結束力として役立ちうる。

　グループは戦旗の下に結束するかもしれない。土木機器メーカーの巨人コマツ（小松製作所）のスローガンは一時「キャタピラー社を打倒せよ」だった。共通の競争相手や敵，脅威は，それがない時には協働を避ける人たちを団結させて創造性を駆り立てることができる。第二次世界大戦中，英国はヒトラーを打ち負かすという共通のミッションのもとで生み出された類いまれな協働で，レーダ・高速航空機・コンピュータを作り出した。「科学者と技術者の間，研究所とそこで発明されたものを生産する工場との間，設計者と新しい機器の軍事的利用者の間で，強い絆が築かれた。」[16]。ひとたび戦争に勝利した後，英国は科学者，政府，労働者の内輪の静い状態に戻り，イノベーションと経済は衰えた。

　「敵」は対立する国家や企業である必要はない。シカゴのはずれにあるノースウエスタン・メディカル・ホスピタルでは，院内から生じた感染症のために患者が死亡した。バクテリア*腸球菌*と特定された重荷と戦うためにタスクフォースが形成された。2人の感染症専門医によって始められたが，すぐに特別チームは拡大されて次の人たちが参加することになった。その病原菌が抗生物質のもとで実際に生存し続けることを発見した薬剤師；病原菌を持ち込む外来患者との関連性を見つけだしたコンピュータ技術者と入院窓口係；そしてメンテナンス部門の人も。彼らは洗面所が少ないことに気づき，頻繁に手を洗えるようにと噴水式水飲み場を改造した[17]。

　多くの人々にとって，目的のための戦いは目的に*刃向*かうような戦いよりもやる気が出るものだ。オフィス用品の最大手ステイプルズ社の創業者である，トーマス・G. スターンバーグは，会社のミッションを「コストとオフィス管理のごたごたの大幅削減！」と謳いあげ，全ての従業員にそのミッションが記された財布サイズのカードが配られた[18]。（財務計画ソフトのクイッケンの製造業者）イントゥイット社の非公式なミッションも同様にシンプルである；すなわち，「顧客がわが社の製品を買ったことを友人5人に話しに行くくらい顧客に満足を感じさせること」だ。また，スティーブ・ジョ

ブスとスティーブ・ウェズニアックがアップル・コンピュータ社を始めた時，その目標は手ごろなパーソナルコンピュータの設計と製造であった[19]。

ウェブ・TV ネットワーク社にも似たようなミッションがある。インターネットアクセスと一体化した拡張版 TV サービスを提供するために，1995 年にブルース・リーク，フィル・ゴールドマンと現在 CEO のスティーブ・パールマンによって創業されたが，同社のビジョンは「テレビで普通の人たちをつなぐこと」である。このビジョンは収束に絶大な力をもっていた。すなわち，製品化時間，コスト，製品の特徴では妥協しうるが，ビジョンは決して破らない。このことは，ビジョンは変えられないという意味ではない。進化は起こる。「あとから修正されるかもしれないが，現在のところ皆足並みをそろえている」とパールマンは語る[20]。

そこで，ミッションは意思決定のための境界を提供することで収束と選択を支援する。コマツであれば，現在検討中の新製品コンセプトがキャタピラ社の製品ラインと比べるとどの程度のものなのか。イントゥイット社であれば，どの改善提案が顧客に——勘定の支払いに関して——満足を感じさせるのか？　ウェブ TV ならば，コスト面できわめて安く，かつテレビと一体となって使えて，父親と 12 歳の子どもが *2 人*とも使いたいと思う（そして父親でさえ*使い方*が理解できる）ほど簡単な選択肢は何かだ。

優先事項

創造性は，優先事項や境界と共存できる——それどころか共存しなければならないと言う人もいるかもしれない——。ルイス・ガースナーがクレジットカードと消費財の企業から IBM 社の経営権を引き継ぐために移籍してきたとき，ノーベル賞を受賞した IBM の研究部門で行われている研究を削減し再編した。彼の優先事項は何か？　第一は，他社に IBM の研究を商業化させるのを止めさせることだ。この決定によって研究者は自身のプロジェクトにおいて実社会への応用可能性に関心を寄せ始めた。明確で全社規模の優先事項は，個々のプロジェクトの中に収束の指針を大量に与えてくれる。もっと重要なことは何か？——見本市を行うことであろうか，それともある

特定製品に関して見た目にかなりおもしろい紹介をすることであろうか。政治的支援者を喜ばせることであろうか，それともコストダウンを持続することであろうか。

ウェブ TV 社の CEO パールマンはチームに対してデザインの意思決定の指針となるリストを示した。優先事項は，重要度の順に，以下のようになる：

1．ビジョン（「テレビを介して普通の人たちをつなげよう」）
2．スケジュール（「製品投入時期は動かせない」）
3．コスト（「199 ドルを超えると，購入者の激しい抵抗がある」）
4．機能（「オプション機能は楽しい——技術者は大喜びだ」）[21]

いつでも創造的グループはオプション機能を他の優先順位よりも強調しがちである。なぜなら，新しい機能の開発は開発者の専門能力や想像力を働かせることになるからだ。しかし，すばらしい解決策も数週間遅れではほぼ価値ゼロとなるビジネスも多い。たとえば，おもちゃ，ゲーム，コンピュータ業界では，クリスマスやハヌカー祭の時期を逃せば，利益の半分を失う。イースターバニーは同じ種類のプレゼントを配りはしないのだ。また，ある製品がそれを超えると生産不可能となる周知の価格ポイントがあり，そこではコストが最優先となる。たとえば，1998 年のウェブ TV 社では，TV の 2 機種の接続機器にとって 199 ドルと 299 ドルが決定的に重要な価格ポイントであった。それを超えると平均的な米国家庭にとって高すぎる投資となる。コンピュータゲーム機製造会社のエレクトリック・アーツ社では，キャラクターが動き回る仮想環境を作るアーティストは，映画に匹敵するような現実の模倣物を創り出すことに喜びを感じるであろう。しかし，微細な表現には金がかかるが，ゲームは手頃な値段でなければならない。それゆえ，予算の範囲内に抑えるため，アーティストはできる限り少ないポリゴン数でイメージを作る必要がある。

ランディ・コミサーは，1995 年にルーカス・アーツ社を率いていた時に厳格な優先事項を設定していたことを述懐する。（1993 年にはやったゲー

ム)「反逆者の急襲」の続編は会社に絶対に必要だと彼は確信した。ゲーム開発者たちは，続編はあまり創造的でなく，かつ最初に大成功したゲームで作られた期待に応えられないだろうと主張した。彼らは，続編は平均して初編の70%の出来にしかならず，失敗のリスクは少ない一方で予期せぬチャンスもないということを指摘した。イノベーションか，スケジュールと計画かという優先事項に関する大論争が内部で続けられた。コミサーは，続編はかなりできが良いので逃すわけにはいかないと結論を下した。「報酬かリスクかということは考えるまでもない——しかしスケジュールは重要だ。クリスマスの時期を逃せば，ゲームが店の棚に届いた時の1日遅れが1年遅れとなることがある。」それゆえ，種々の資源がこのプロジェクトに割り当てられなければならず，その結果他のプロジェクトの進行は妨げられた。「好きにさせておくと」，コミサーが言うには，「チームは同じトレードオフを作りだすことは決してなかっただろう。代わりに，全プロジェクトにクリスマスという締め切り日を作ることを主張していたかもしれない——そして全て失敗に終わったはずだ。」[22]

これらの事例が示すように，優先事項は多くの場合，グループメンバーの合意による決定ではなく，収束へと駆り立てるためにグループリーダーによって課せられた条件なのである。

ハイレベルのコンセプト

新しいスポーツカーの製品コンセプトについて，次のようなものはどうだろうか：「シュワルツェネッガー——いかついが教養がある」。1994年，フォード社の「チームマスタング」はエンジン音，室内装飾，照明に関するデザイン決定の指針としてこれを使った[23]。文化とミッションという指針の中で仕事をしていても，グループメンバーはさらに，取り組んでいるイノベーションのデザインや実行に関する具体的な，多くの場合綿密な意思決定用の手引きを必要とする。全体は，部分の調和のとれた集合体でなくてはならない。製品コンセプト，すなわちハイレベルの仕様書は強力な収束メカニズムである。たとえば，小さい女の子用のおもちゃのキッチンに取り組んで

いるフィッシャー・プライス社のデザイナーは,「水遊びで*本物*のお台所遊び」を心に留めておくことが有益だと感じていた[24]。

エレクトリック・アーツ社では,電子スポーツゲームのビジョンは時とともに進化した。「元々のハイコンセプトは,スポーツシミュレーション——戦略と統計的精度を備えたアクションゲーム——であった。その時まではスポーツゲームとはフィギュアの背中にプレイヤーの番号を付けたアクションゲームとされてきた。われわれはもっとリアルなスポーツアクション,すなわちもっと本物らしいゲームを作ろうとした。その時『いいだろう,でもそれはどんな意味なんだ？』と自問した。そしてたどり着いたのだ：ほんとうのスポーツファンのための本物のスポーツゲーム」[25]。この考えは本当に効果があった！　かつてのアップルⅡ時代に,エレクトリック・アーツ社は,フットボールゲームで彼の名を使用するために前オークランド・レイダーズ・コーチ,ジョン・マッデンと契約を交わした。しかし,「ジョン・マッデン・フットボール」という製品がマッデンに提供されたとき,彼はそのゲームの出荷を認めようとしなかった。なぜなら,旧式アップルで利用できるメモリの関係上,1チーム7名のプレイヤーに制限されていたからだ！「ほんとうのスポーツファンのための本物のスポーツゲーム」に反しないジョン・マッデン・フットボールが売り出される前の構想段階でさらに2年要した[26]。

生き生きとしたハイレベルのコンセプトの利点は,自律性をかなり保った状態で,グループメンバーを同一の方向に導けることだ。行くべきところを理解し——そこに到達する方法を自らの手で決めることができる。権限委譲を望む（あるいは必要とする）のであればあるほど,目的はより明確でなければならないというのが,マネジメントの皮肉の1つである。ニューヨーク市の五番街と48番通りの角で,今日からきっかり1年後の午後4時に会うことに同意したとしたらどうであろうか。そこに着く方策が既にあるなら,正確な交通手段やルートを細かく指定しておく必要性はない。自分自身で決めることができるからだ。創造的チームは多様な制約の中で活動するため,この例は明らかに単純化されすぎている。が,原理は明らかだ。行き先やス

ケジュールが明白なら，行き方に関する意思決定をより多く委譲できるのだ。意思決定には制限があるがそれでもなお個々人の解釈から影響を被りやすく，そのためハイレベルなコンセプトはグループの創造性や解釈の余地を残す。グループメンバーに制約を課すよりもむしろ，明瞭さというものは，独自に行動できる権限をメンバーに与えるのだ[27]。

一貫した収束

　あるレベルの解がより上位レベルの仮定に反するなら，そこでの収束は完全ではない。すなわち，あるプロジェクトにあてがわれたハイレベルの製品コンセプトが優先事項や組織のミッションに適合しないならば，またはそれがコミュニティの文化にそむくなら——そして，より高い次元の指針的境界に立ち戻るつもりがないなら——おそらくどのような収束も一時的である。フィッシャー・プライス社のレスキューヒーローは次のような理由で始まった。人間の形をしたアクションフィギュアの製品コンセプトが，子供にとって価値があるものと「母親のためにもなる」ものの双方を供給するという組織の価値を——その結果，製品コンセプトを変えざるをえなくなったという理由である。もちろん，新しいビジネス全体が境界となる指針を踏みにじることで生まれることが時にあるが，マネージャーは細心の注意を払ってそのような手段を取る必要がある。

プロトタイピング（プロトタイプづくり）

　「計画策定とプロトタイピングのどちらかを自由に選べるなら，後者を選択せよ」と，IBM リサーチ社の上級副社長で取締役であるポール・ホーンは語る[28]。プロトタイプは収束を助ける有力なメカニズムだ。なぜならそれは皆で共有できるように形あるものとして具体化されたイノベーションの先

価値の一貫性

優先事項,および優先事項に対する難題への対処法という点で,組織は個人にきわめてよく似ている。社会心理学者のミルトン・ロキーチは,態度変化と行動変化を予測する際,中心性(重要性と同等のもの)の役割を調査した。個人にとって,自己意識,すなわち自分は何者なのかという(組織文化に相当する)概念がもっとも重要である。次に重要なのは,(組織のミッションと同種の)価値——生活の指導原理として必須と考えられる自由,平等,知恵のような信念——である。政治,人間,食べ物というものに向けられた態度——好き嫌い——の重要性が(組織の優先事項や製品コンセプト,仕様書のように)最も低い。

ロキーチは,自己意識,価値,態度,行動の間の矛盾を人が経験する状況に特に関心を抱いた。たとえば,ジョーという人が,自らを思いやりのある,慈悲深い人間(自己イメージ)と考え,平等を最も重要な社会的美徳と思っている(価値観)。しかし,女性はその仕事を処理できないだろうと考えて(態度),ある候補者に反対票を投じた(行動)ということに気づいたとすると,彼はある重大な矛盾を経験する可能性がある。ロキーチによると,自己概念と価値観は態度よりも重要なので,ジョーはすべてを首尾一貫させるために自身の態度や行動をおそらく変える。まさしく同様に,会社の方針(同性配偶者に対する手当の留保)が会社の文化(「HP Way」)と対立していることに気づいた経営者は方針を変える気になるだろう。

行的ビジョンだからである。手に取れ,見ることができ,経験でき,議論できるものだ。プロトタイプは,2次元の図面からフルスケールで完全に作動する物まで,あらゆるサイズや形状がある。

プロトタイプはハードウェアと考えられがちである。多くはそうだ。いずれの製品開発の現場に入り込んでみても,大量の試行デザインという形で発明品の歴史にお目にかかれる——そこにある物は,不思議なことに見慣れているのだが,同時に実際の最終製品は目にしているプロトタイプから進化したものだからどことなく違っても見える。カリフォルニアに本拠地をおくデザインとエンジニアリング会社のアイデオ社では,それぞれが手にぴったり合うような異なったサイズと形状のコンピュータ用マウスやビデオ/テレビのリモコン,フォーム・コアやチューブでできた医療機器の部品,子供用のおもちゃが置かれている。それぞれのプロトタイプはアイデアを具体化して

おり，サンゴの骨格のように，何も語らないが過去の有機的なプロセスをはっきりと思い出させてくれる。

　しかし，非公式の劇の中で演じられた行動のように，模擬演技やビデオもプロトタイプとして機能できる。おそらくイノベーションの機会は，必要な組織変革，行動様式の変化，新サービスである。それらは全てプロトタイプ化可能だ。第3章で述べた異質な観点を表面化する発散テクニックとしてのロールプレーは，収束に向かうための初期イノベーションを提供する目的にも使われる。インターバル・リサーチ社の従業員は，コンピュータを請求書発行のための自動ソロバンとして見なしている美容師がヘアケアに直結する他の作業にコンピュータやメディアをどうやって使うのかを理解するために，何日も費やして美容師を観察した。多くのアイデアが考え出された後，鏡がテレビスクリーン，予約台帳の拡大図，テレビ電話に変わるプロトタイプシステムが取り付けられた――それらはすべて，席に着いている顧客といすの背後にいる美容師の真正面に配置された。次に彼らは，何かに触れるために通常の作業を中断する必要がないように身振りによるインターフェースを使いながら，システムと美容師・顧客の相互作用をロールプレーした。その模擬実験は，美容院での作業の観察で学んだものの全てと，チームの意見としてまとめ上げられた技術的解決策とを総合化したものである。同時に，ほかの人たちにその概念を目に見えるようにして伝えるものでもあった。

コミュニケーションとしてのプロトタイピング

　プロトタイプは，異なるものの見方を持つ人たちの間で行われる議論に核となるものを提供するので，計り知れないほど価値のあるコミュニケーションツールである。思考スタイルの選好や専門的経歴がどのようなものであれ，イノベーションコンセプトを具体化した同じものを全員が扱える。プロトタイプをどのように*眺めよう*ともプロトタイプの有効性は損なわれない。実際，同一のアーティファクトについて人とは違う見解を口に出すことがコミュニケーションを大いに促進する。目の不自由な人たちがそれぞれ1頭の象について異なる説明をするということが意見対立にとって強力なメタ

ファーとなる理由は、全員が同じ動物について説明しているからだ。すぐれたプロトタイプは、たとえ素朴な形状であっても、その動物の全体を具体的に現すのである。

　たとえば、新型テレビ開発に従事しているエンジニアが TV の性能に焦点を当てている。同時に工業デザイナーもその制御装置がどれくらいユーザーに優しいのかを考える。2 人は対話しながら製品のさまざまな部分を指さすことで機能と形状の関連性に関する評価が可能となる。結成されたばかりで多少経験不足のチームを率いて、高度な対話型のインターネット向け製品の開発を任じられたマネージャーは*毎日*会議室で 1 台のコンピュータを立ち上げ、議論のためにスクリーンのまわりにチームを集めるのが効果的だと気づいた。彼は、次のように説明した。「こうすると、どれくらい自分たちの仕事が進んでいるのかを全員が正確に分かるんだ。プロトタイプは日々少しずつ微妙に変わるし、お互いに他の人が成し遂げたことを理解する必要があるからね。」

　プロトタイプは、収束を支援するために開発者間で行われるコミュニケーションだけではなく、創造チームと対象ユーザーとの間のコミュニケーションにも役立つ。一般の人が分かるようなイノベーションなら、どんな人の意見でも変化につなげられる。日産デザイン・インターナショナル社のジェリー・ハーシュバーグは社長秘書の意見がコクーンのデザインをどのようにして変えたのかを述懐する。キャッシー・ウーが少し遅れて外にぶらりと出て立ち止まりながらお茶を飲んでいると、会社の誰も彼もが中庭で新しい車のプロトタイプを賞賛していた。そんなわけで、わきあいあいとして温かな皆のお世辞に影響されず、彼女は、王様は裸だということに気づいた最初で唯一の人物であった。「まあ、それってずんぐりして鈍そうで見苦しくしか見えないわ！」と、彼女らしからぬ無愛想さで言った。その後の沈黙の中、デザイナーは自分たちには覆い隠され続けてきたその意見の本質を理解した──「今度こそためらわず外科用メスを取り出し、必要な（デザイン上の）大手術を施した」[29]。

　潜在的ユーザーにプロトタイプを提示することに関して警告を一言：プロ

トタイプがどういうものかを理解しておらず，早々と進捗状況を目の当たりにすると実際よりも解決策に近づいていると思ってしまう人は多い。デザイン会社であるアイディオ社のラリー・シューバートは次のように述べた。「いったんプロトタイプやモデルを開発し終えたすると，あまり開発経験の無い顧客は翌日には製品を出荷し始めたいと考えることがよくある。そのような顧客は，コンセプトを実際の製品にするのに必要な詳細設計全体に投入される時間，努力，エネルギーの量を理解していない」[30]。大手コンピュータ会社で新たな販売ツールの仕事に取り組んでいるソフトウェアエンジニアは，感謝祭（11月の第3週）の直前にプロトタイプのデモを行って販売担当部長の支援を求めた。喜ばしいことに，販売担当部長はこのアイデアを気に入ったのだ；愕然としたのは，クリスマスまで——あと1ヶ月後だ！——に全販売員のデスクに最終製品を届けることを彼が発表したことだ。プロジェクトリーダーがこの非現実的スケジュールを不承不承にも同意したことで，このプロジェクトには「クリスマスのガチョウ」という新しいニックネームがつけられた。エンジニアらは締め切り日に遅れ「ガチョウという名のプロジェクトは台なしになる」と確信した。

　加えて，プロトタイプは，イノベーションの中の，ユーザーにとってまさに必要不可欠な部分を具体的に示す必要がある。ホームバンキングという新しいサービスコンセプトを創造的グループが考え出した時，顧客経験の変化の有り様を現在そして将来の顧客にはっきりと説明する方法が見い出せなかった。顧客が使用するソフトウェアは示せたが，顧客と，銀行業務に精通したサービス担当者との接触がどれくらい簡単になるのかを提示できなかったのだ。そこで，彼らは，新コンセプトが実践されているビデオを作って顧客に見せた。ビデオは，顧客が次のように行動するのを映し出していた：まずソフトウェアを使って情報にアクセスする，その後，ある問題にぶつかり，銀行に電話し，プッシュフォンを使って「………が必要な場合には1番を押して」という（その当時の）最新のメニューを苦労して処理し，最も相応しい顧客サポート担当者に達する。このプロトタイプはうまく受け入れられた；ユーザーは小さな提案をし，収束プロセスを大いに助けた。しかし，

実際のサービスがプロトタイプとは少しだが重要な点で異なると分かると，ユーザーからかなり不満が出た。銀行に電話した人は，電話を切らないままでいるなら「次に応対可能な顧客サービス担当者」がお手伝いするということが録音メッセージによって保証されるが，「ひどい」音楽を聴かされながら待たされることになる。その間，メッセージは電話の受付順に接続されるとユーザーに伝えてユーザーを電話に縛りつけるのだ！　開発者が忘れていたことは，プロトタイプに関してユーザーから正確な情報を得るためには，ユーザーにとって最も重要ないくつかの特徴——このケースでは，待ち時間とサービスコンセプトの残りの部分——を描かなければならないということである。しかし，潜在的ユーザーが創造のプロセスを理解し，プロトタイプと完成間近の製品を区別してくれると期待できるなら，ユーザーは創造プロセスにきわめて重要なインプットを提供する。

実験としてのプロトタイピング

　知る必要があることを知らないとしたらどうなるのだろうか？　プロトタイプは，実験，すなわち全面的に物事を展開する前にどうすればうまくいくかということを発見すること，にも使える。組織イノベーションはプロトタイプを使った実験から特に恩恵を被る，なぜなら組織変革が展開すれば，直接狙ったところ以外の仕事のさまざまな面に影響が及ぶことがあるからだ。1980年代に紙面上での製図からコンピュータの製図に移行した製造業のマネージャーは，2つの選択肢があると思っていた；エンジニアを訓練して自力でコンピュータによる製図を行わせるか，あるいは製図係を訓練し技術援助者として従事させてこれまで通り技術者の走り書きを詳細な青写真に変換させるかである。コストからエンジニアがCAE（コンピュータ支援エンジニアリング）を学ぶ意欲まで，考慮すべき変数は数多くあった。今日ではエンジニアは学校でコンピュータの使い方を習うので答えは明白のようだが，当時答えはまったく分かっていなかった。それゆえ，その企業は2つの異なる部門で2つのやり方を試そうと決めた。コンピュータを扱う意欲と能力の点で人ははなはだしく違うとマネージャーはすぐに気づいたが，作業を遂行

するために熟練技術者たちを準備しておくというアイデアも満足のゆくものではなかった。非常に多くのミスが続けざまに変換プロセスで起きた。その上，現在の職務分類の正当性に疑いを抱かせるような報酬上の問題が生じた。組合が関わるようになった。技術者を中央に配置することの方がエンジニアを説得してCAEを学習させることよりも簡単に*見えただけ*だということがすぐに明らかとなった。エンジニアがCAEを学ぶための魅力的なインセンティブを作ることの方が，従業員の新しい階層を作り出すことよりも実際に安くついたのであった。

プロトタイプが社会的，行動的あるいは物理的であろうとも，「間に合わせの」代用品がきわめて役立つ情報を大量に生み出すことがある。きわめて革新的なミニミルのチャパレル・スチール社は低コストで多量の情報を得る能力で名高い。白熱した鉄鋼の流れる経路に沿って金属のはねよけボードを設置するのが妙案だと従業員たちは結論を下した。その際，ボードの最適な高さや角度を決めるため彼らは当初水をたっぷり含んだベニヤ板を使った。ベニヤ板を大量に使い果たしたが，特殊合金よりもはるかに安価だった！そのような実験からグループにきわめて大量の情報がもたらされたため，メンバーは最終デザインに即座に収束できたのであった。

収束のテクニック

文化，ミッション，優先事項，ハイレベルのコンセプトすべてが創造性の花開く境界を設定する。その境界内には，プロトタイピングの他にグループの収束を支援するテクニックが多数ある。以下では，数あるテクニックの中で最も重要なものの例をいくつか示す。

コアケイパビリティと推進力

水晶とウィジャボードは古い技術かもしれないが，今なお人は未来を見てみたいと思っている。環境変化によって，あるいは指針となる目標のもとに

ある新グループによって要求されるミッションの変化に既存のグループはどうやって収束できるのか？　また，どのようにして創造的グループは新事業や新製品ライン──戦略の厳しい見直しを伴うようなもの──に収束できるのか？　テクニックの中に２つの課題の連結というものがある。組織のコアケイパビリティの確立と，組織の操業環境に影響を及ぼす主要な推進力（ドライビングフォース）の識別が，それである。これらの課題を解くのに，表面的に考えれば数時間，深く考えれば数年が必要となる。以下に目を通せば課題の実践法について理解できる。ただし，「自分たちでやらない」ということが理に適った警告だ。この課題をもとに戦略計画を作る手助けをする経験豊富なファシリテーターが必要となるだろう。

　組織のコアケイパビリティは，競争優位をもたらす相互依存した知識資産のシステムである[31]。端的に言えば自分たちの最も優れているところだ。自組織のコアケイパビリティの識別は簡単そうに見えるが，実際には恐ろしく難しい。５つ以上思いつくなら，おそらくそれらはコアではない。業務単位（あるいは事業単位）レベルでの作業で，組織全階層からの代表が含まれているなら，次のような重要な問をいくつか発することでコアケイパビリティが決定できる。

* 自社で保有され，*時間をかけて築き上げられて*，すぐには*模倣されない*ような，クライアントや顧客によって*高く評価されている*知識とはどのようなものなのか？
* この知識は，同業の他組織の知識と比して（同等どころではなく）*優っているか*？
* *製品やサービスの多くがこの知識システムに基づいているか*？

　そして，全質問中最も答えるのが難しい質問：

* この知識は今後も*役に立ち続ける*だろうか？（推進力課題はこの質問に答えるのに役に立つ）

　コアケイパビリティは技術を基盤にしているかもしれない（例えば，３Ｍ社における摩擦とコーティングの知識）。もしくは，傑出した業務能力（例

えば，デル社やゲートウェイコンピュータ社の流通，あるいは世界中で多様な団体と連携できる世界銀行の能力）であるかもしれない。

　課題を解く方法の１つを次に示す。個々のグループメンバーがそれぞれのコアケイパビリティの案を書き出す——インデックスカードあるいは「付箋」１枚ごとに１つの案。次に，メンバーは交代で自分のアイデアを壁に貼ったり，既に壁に貼ってある他のアイデアと自分のものとをまとめたりする。（無言で，あるいは議論をしながら行われる）。次に，まとめられた一塊の案それぞれにコアケイパビリティの解説のラベルが付けられる。そしてグループメンバーは課題で使用する上位３位から５位までを決める。次に，このコアケイパビリティは，グループが注意を推進力の明確化に向けている時には，壁の一方の側に寄せられる。

　*推進力*とは，組織の目的と方向性に影響を与えうる環境変化——社会的，政治的，物理的，技術的——である。たとえば，インターネットの出現は先進国のほぼあらゆる組織——学校から銀行や花屋にいたるまで——の業務に影響を及ぼす。この課題の目標は，組織の業務に影響をもっとも与えそうだと思われる３つから５つの推進力を識別することである。収束のプロセスはコアケイパビリティで述べたことと同じである。すなわち，カードや付箋に個々の提案を書き留めることから始め，３つから５つほどの最重要な推進力にまとまるまでアイデアを固めていくことである。

　これからが本番だ。２つの課題を組み合わせ，推進力を左側の縦軸に，コアケイパビリティを上側に横向きに書く。２つを交差させるとセルの行列ができる（図4-2）。それぞれのセルは，コアケイパビリティと推進力の相互作用を表す。セルを議論する際に，自組織は推進力（機会）を活かす準備が整っているのか，あるいはその推進力は対処しなければならない脅威であるかが分かる。しかし，ほとんどの場合，セルの分析からは機会と脅威がともに明らかになる（図4-2参照）。

　推進力を考えると特定のコアケイパビリティがむしろコアリジディティ（硬直性）[32]のように見えることにも気づくかもしれない。たとえば，個々の学生への配慮に取り組んできた教員はコアケイパビリティと見なされていた

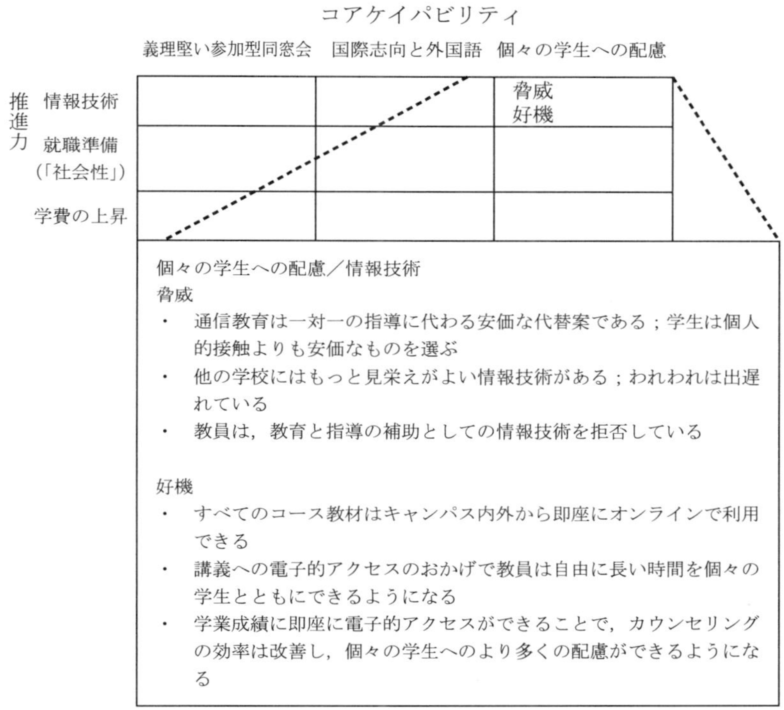

コアケイパビリティ

	義理堅い参加型同窓会	国際志向と外国語	個々の学生への配慮	
推進力 情報技術			脅威 好機	
就職準備（「社会性」）				
学費の上昇				

個々の学生への配慮／情報技術
脅威
- 通信教育は一対一の指導に代わる安価な代替案である；学生は個人的接触よりも安価なものを選ぶ
- 他の学校にはもっと見栄えがよい情報技術がある；われわれは出遅れている
- 教員は，教育と指導の補助としての情報技術を拒否している

好機
- すべてのコース教材はキャンパス内外から即座にオンラインで利用できる
- 講義への電子的アクセスのおかげで教員は自由に長い時間を個々の学生とともにできるようになる
- 学業成績に即座に電子的アクセスができることで，カウンセリングの効率は改善し，個々の学生へのより多くの配慮ができるようになる

図4-2　コアケイパビリティと推進力

が，遠隔学習をさらに推進するつもりなら利点ではなくなる。あるいは，医療診断企業を考えてみよう。その企業は，ある特定の病気に罹っている患者のその病気に対して迅速かつ正確な診断を行えるというコアケイパビリティをもつ。しかし今日，その企業はある強力な推進力——ヒトゲノムプロジェクトの完了——を予想する。ある疾病の高リスク者を識別できるようになれば，結果的にこの企業の能力は時代遅れになるかもしれないのだ。

　このような分析を通じて自組織のミッションや他の指針となる境界に疑問を抱くようになるというきわめて不安な経験をするなら，どうだろうか？本書で取り上げた直接教育に強みをもつ仮想大学は技術進歩に直面してミッションを再考し方向を設定し直さなければならなくなるかもしれない。市場

のグローバリゼーションの拡大という推進力についてはどうか。おそらく，現在の講義は，たとえば文化的感受性の実習を学生に提示することで，見直されなければならなくなる。

未来のシナリオと過去の再構成

我々は今まさに未来に向けて歩み始めた。さて今度は，過去の再構成（Backcasting）と呼ばれる技法を使って，未来から逆戻りしてみよう。可能なら，貴社の事業環境に関する将来（仮に5年後）のシナリオを2つ思い描いてみてください。第一のシナリオはきわめて好ましいものであり，もう1つは悲惨である。未来から現在へと逆向きに考えて，それぞれのシナリオにつながる一連の出来事とはどんなものとなるだろうか？　それらの出来事の中で，予想できたもの，変更可能なもの，見落としたもの，そして反応したものはどれなのだろうか？

一連の戦略計画を作り出すために集められたコージー（Cozy）大学の経営者グループを考えてみよう。その大学は，十分な寄付金と，新入生1人の募集人数に対し5人志願者があり，良好な経営状態にある。コージー大学には核となる価値観やコンピテンシーがある。すなわち，個々の学生への配慮，強烈な外国語と国際志向，義理堅い参加型同窓会。高等教育の傾向についての懸念もある。すなわち，インターネットによる遠隔教育，学費の上昇，卒業と同時に就職できる準備を学生にさせる必要性。経営者グループは，コアケイパビリティ―推進力課題（図4-2）を終え，その中で現在から未来のある時点を推測した。良好な経済環境が持続する限り，コージー大学はそのコアケイパビリティを発展させて競合大学に対する戦略的優位性へと変化させることができると結論づけた。もちろん，遠隔教育の脅威を頭に置いておかなければならないし，将来の学生が個別対応型教育の利点をしっかりと理解できるように適切な手段がとられなければならない。

さて，このグループは過去の再構成テクニックの採用を決め，5年から7年後の世界を想像しようとする。その時期には，遠隔教育は進化し「バーチャルクラス」は双方向機能やインターネット上で教授が「オフィスア

ワー」を持つようになった。ハイレベルの仕事に必要なスキルは劇的に変化し，英語はますますほぼ全世界の共通語となっていた。そして，技術費用，学資援助，給与は，平均的な家庭の収入の2倍の割合で上がり続けた。このような環境の中でコージー大学はどのような地位を占めたいと思っているか？　何を避けたいのか，あるいは何から逃れたいのか？

　シナリオを2つ考えてみよう；プラスの未来では，賢い投資，資源の戦略的利用，好意あふれる同窓会のおかげで，特定学部，とりわけ国際的研究に重点を置く学部を拡大できた。サテライトキャンパスは，ラテンアメリカ，南アジア，東アフリカに設置され，アドミッションオフィスは志願者10名に対し学生1人を入学させるという好ましい状況にあった。

　マイナスの未来では，多くの学生がバーチャルキャンパスに移る選択をした。そこでの卒業にかかる費用はコージー大学で必要となる費用のほんの一部に過ぎない。教員とマネージャーたちは解雇され，外国語登録者の激減によって関係するいくつかの学部は1つの小さな学部に再編されていった。今や募集人員1人に対し学生2人が応募する状況であり，大学は最も大切な価値を考え直さなければならなくなった。

　根本的に正反対の結果をどうすれば予想できるようになるのか？　実はそれが課題の要点でない。というよりは，過去の再構成によってグループが，それぞれの結果へとつながるステップを，コントロール可能なステップを，そしてプラスのシナリオを実現するためにどのようにしてこのステップを実行し，マイナスのシナリオを避けるためにそのステップをどう変えるのかを，逆向きに分析できることの方だ。たとえば，マイナスのシナリオでは，学生が大挙して移って行く。どうやればその流れを食い止められることができるのか？　お金の節約がコージー大学の提供する付加価値より大切だと分かって純粋に金銭的理由で離れていくのか？　もしそうだとしたら，学生と大学の利益となるように技術を教育に上手く組み込めるのか？　「バーチャル学位」はその構成画素数に見合うだけの価値はないという証拠を作り出せるのか？　コージー大学が高く評価する個別教育は，広告会社を通じ，入学希望者により強烈に売り込めるのか。

プラスのシナリオでは，どの行為がコージーの国際的な存在感を増すことにつながりそうか？　サテライトキャンパスは，教育上の強みとして，そして景気低迷時でさえも（おそらくその時には特に）金融資産として，見なしうるのか？　キャンパスを作るために，どのような資産が作り出される，あるいは転用される必要があるのだろうか？　他の，おそらく同様に資金的余裕のないプログラムにどんなインパクトがあるのか？　これらの問の一つひとつが遠い未来から現在にグループを連れ戻すのである。

シナリオ作成と過去の再構成にはきわめて多くの時間と労力が必要となる。しかし，推進力―コアケイパビリティ課題を組み合わせると，グループは，組織の強み，弱み，機会，難題に関するフォーカスが極度に絞り込まれた見解とともに，未来に対応する準備をグループがどうやって整えるのかという大局的な観点が得られる。問題点は，課題がプラスだけに向けられ，現実離れした収束のままでメンバーが解散するということだ。このような複雑な状況があるために，熟練したファシリテーターの参加を求めることが賢明であろう。

ファシリテーション

次のことを想像してみよう。それは重要な会合であり，おそらく創造的摩擦が生じる。フリップチャートとホワイトボードと16色のサインペンがある。カードは大量にあり，部屋を取り囲む壁にフリップチャートの用紙を貼り付けるマスキングテープはたっぷりとある。鉛筆と気持ちは研ぎすまされる。*準備万端だ！*　では，アイデアをまとめ，解決策に収束するのを助けてくれる人はどんな人だろうか？　部屋にいる上級マネージャーの内の１人か？　すぐれたファシリテーターが生み出される要素を考えてみよう：議論を組み立て，コメントをまとめ，文書や略図でアイデアを捕まえる能力。マネージャーはここまではよしとするかもしれない，私たちの中にすばらしい絵を創り出すピカソはいそうもないが。残りの適性についてはどうか？　客観性，忍耐，並はずれた傾聴能力，仮説を綿密に調べ疑問を提示する能力はどうか？　おそらく必要だろう――トップマネージャーになるのに資するま

さにその特性のいくつかは，決断力がその一例だが，その人がグループ創造力を促進する専門家になるのを困難にする。さらに，そのような人は，特定の成果ではなく合意の到達にだけに力を注ぐ人と比べて，完璧に公平無私でいるのは無理だと感じるかもしれない。

　この問題に関して組織間で興味深い文化的差異がある。ある組織では，物事を迅速に進め問題を個人的問題としないためにファシリテーターの存在をグループは当然だと受け止める。別の組織では，専門的なファシリテーターを巻き込むことは弱腰だと見なされる。

　決定が下されたとしよう。この会議にはファシリテーターが必要であると。次の決定は，外部者を取り込むか，組織内の人材を用いるかだ。皆さんの会社にはほぼ間違いなく専門家がいるし，おそらく人的資源の専門家もいる。もしいないのなら，外部のプロを招きいれてその人に自分たちの事業について教え込む時間を割かなければならないだろう。その努力は報われるのか？　多くの経営者はそう思うはずだ。たとえば，ディスクドライブメーカーのクワンタム社は新製品開発チームがコンセンサスに達するのを支援するためにそんな人物を日常的に用いてきた。

　しかし，きっと皆さんはファシリテーションを実行するために，組織のメンバー，すなわち組織の仕事に深く精通している人を考えに入れておきたいと思われるかもしれない。実際，「外部者を取り込む」か否かに関する議論は，まさにこの問題をめぐって展開する；会社について何も知らないが，会議の進め方に精通しているプロを取り込むべきか？　あるいは，社内の人間を使わないことでたいへんな無駄をしているのか？　社内の人材の場合，事実上中立の立場に立ち続けることができるのか？　そんな人を全員が信頼できるのか？　これらは，きちんと対処しておかなければならない重要な疑問である。しかし，組織は，2種類の，きわめて価値あるスキルをもつ人材を組織内で育てている可能性が高いのだ。

　1つ目がT型スキル[33]の保持者である。職能や職業の深い専門知識（T字の縦軸）と，業務の中の様々な場面で自らの専門知識を適用できる能力（T字の横棒）をもつ人である。そういう人は，様々な顧客セグメント，立地，

産業パートナーシップと，自身の特定の知識基盤とがどのように相互作用するかを明確に語ることができる。T型スキルをもった財務担当者は，財務上の懸案事項が特定の顧客グループや製造ラインにどのような影響を及ぼすかを示すことができる。T型のスキルをもつエンジニアは，ある特定の技術を様々な製品や市場セグメントでどのようにすれば利用できるのかを説明できる。さまざまな多機能チームでの経験を通じてT型スキルは育つ。が，専門的知識の更新をせずにチームの一員としてだけ働いていると，T型スキルの効力が大幅に減じてしまうことがある（すなわち，専門的知識基盤が浅くなりT字の縦棒が短くなる）。最新とはいえないが十分に新しい知識ベースを持っていれば人は貴重な通訳になりうるのだ。こういうわけで，チームでの作業と職能に基づく職務との間で複数スキルを持つ社員を意図的にローテーションさせる組織もある。自然に育ったファシリテーターの他のタイプは，多様な専門言語——例えば財務とマーケティングの双方あるいは技術サポートとデザインの両方——を話す境界架橋者である。「ジョーが言いたいことは……だと思う。」というように，異なる専門職や思考スタイルを翻訳して議論の進行を助ける人だ。たいがいは組織内で複数の職能に就いたことがある人か，あるいは複数の公式的な教育を受けてきた人である。その結果どんな問題でも複数のパースペクティブから見ることができるようになっている。グループがコンセンサスへと進むのを手助けする際に，そのような人はきわめて貴重である。そんな人たちを，あるマネージャーはチームをくっつける「接着剤（glue）」と呼ぶ。この役割を果たしたマネージャーは自らを「フェンス（fence）」と称する。「（ソフトウェア）開発部門にいたときは，マーケティング部門の人たちと話ができるのは自分だけだったし，マーケティング部門にいたときは開発部門の人たちと話ができる唯一の人間だった」[34]。しかし，大多数のアメリカ企業では取締役になるためには専門家でなければならず，複数の専門を経験するキャリアパスを奨励する企業はほとんど存在しない。

境界架橋者（BOUNDARY SPANNERS）

当時マイクロソフトの家庭用マルチメディア辞典のマネージャーだったトム・コードリーは，多彩な才能をもつ人たちに特に強く心を揺さぶられた。

> 私は，これまでに一度でも意識的に［キャリア］変更をしたことがある人を見つけると本当に興味がかき立てられる。キャリア変更とは境界を超えたことだ。つまり，芸術家でスタートしたが最後にはコンピュータサイエンティストに，当初音楽家であったが終いにはコンピュータサイエンティストに，あるいはコンピュータサイエンティストで最終的に画家になったということだ。私はそんな人のことをよく知っているし，そういう人がいるのも分かっている。実際にその人たちは求められている。最高最善の仕事をしてもらうためではなくて，そんな人たちが大勢いれば物事をいろいろとくっつけ合わさそうだからだ。互いに説明をすることになるから[35]。

共通語彙

外国旅行をすると誰でも分かるが，通訳を介してのコミュニケーションは共通語がある場合に比べ望ましいものではない。知的に多様なメンバーから成るグループは，共有語彙の開発に時間を費やすことに価値があることに気がつくだろう。ルーカス・ラーニング社のスーザン・シリングは，教育分野の出身者とゲームやエンターテイメント企業から来た者とで構成されている多様なグループゆえに，メンバーの共通語彙づくりの手助けをしなければならないということに気がついた。彼女は2時間の会議を4回続けて開催した。そこで，メンバーに直近の製品開発の経験——マイルストーンはどのようなものだったか，どうやってデザインを決定したのか，「アルファ」テストと「ベータ」テストはどんな内容だったのか——を語るように求めた。「協働方法に関するモデルを明らかにしようとしていたのです」と説明する。全員が自社の教育的な製品の心理学的基礎を理解し語れるように，彼女は学習理論の研究会も開催した。「そのセッションにアーティストは自由に参加して学習理論を学んでいます」と彼女は力説した。「会への参加は，気晴らしではなく，仕事の欠くべからざる部分なのです」[36]。

128　第4章　最善の選択肢への収束

動揺の正常化

　創設されたばかりのインターネット企業オンライブ！社のベツィ・ペイスは，完全に予測不能の環境にあるプロジェクトが予測可能な段階を経るということに気づいた。その過程が本質的に周期的だと気づく前までは，製品がほぼ完成しメンバーが「プロジェクトの総括」をし始めた直後，結束しうまが合っているように見えたグループが突如ばらばらになって彼女は愕然とした。すなわち，各部門が製品の不備でお互いを非難し始める。突然，マーケティング部門の人が同僚のエンジニアの能力に疑義を唱え始め，エンジニアはデザインに影響を与えたマーケティング情報の信頼性を（口に出して）疑い始めた。会議室には創造的摩擦というよりも，とげとげしさの方が満ちあふれ，彼女は何をしたらよいか思案を巡らした。解決策はきわめて単純で効果的だった。目視できるようにプロセスを配列する——しかしまったく工学的でない表現で（図4-3）——ことで，その過程の中にある動揺を（心理学

混乱	明確化	設計	実行	バグ段階	ベータテスト	出荷
「何かを構築できるはずだ。…」	「恐るべき真実についての同意」	「ケイティー，戸に桟をかけろ」	「知らぬが仏」	「地下にいるいかれたおばさん段階」	「知らない―これまでこんなの一つもなかった」	
＊混沌や混乱―まだ解答はない。	＊将来作るものに関する原則への同意はあるが，それが何かを誰も言えない。	＊（適切な熟練をもつ）メンバーの小集団が製造可能な設計をする。 ＊メンバーは，不評や変化への要求に対しドアを閉ざす。	＊混乱を最小限にし懸命に働く；規則の量を増やす。 ＊この事態が最終的にうまくいくかどうかについての不信の停止，すなわち知らぬが仏。	＊成功するかどうかと，致命的バグの修正に必要な時間についての重大な懸念。	＊販売部門やマーケティングへの初公開 ＊市場での位置づけに関する不確実性。	

図4-3　グループ・コンフリクトの平準化：オンライブ！社でのリリースプロセスの段階
出典：*Adapted from Betsy Pace, OnLive! Technologies*, 1997

者が名付けたように)「正常化」したのだ。「バグステップ」は，全員をかなりいらつかせた。「まるで地下室にいかれたおばさんがいて，自分の部屋の天井を箒の柄でドンドン叩き」，上の住人を騒音，困惑，怒りですっかり混乱させているような状態であった（いや，なぜそれがおばさんであるのかさえ定かではない——ちょっとした組織特有のユーモアの１つにすぎないのだが）

　幸いにも，プロセスを可視化することは大いに役立った。この段階では緊張と圧力が*どんな場合であっても*高いということに気づき，コンフリクトは個人的なものとされなくなった。さらに，グループメンバーは，これも一過性のもの—よちよち歩きの子供が「いや」という言葉を発見するように，それは１つの段階である—だということに気がついたのである[37]。

推論のはしごの利用[38]

　身の回りのことをすべて吸収できる能力は当然のごとく人間にはない。そのため（親なら皆知っているように）何かを選び出し焦点を当て他を無視することを人生の早い段階で人は学びとる。特に人間の特性の１つに，忍者のような機敏さで結論に飛びつくというものがある。そのような飛躍は効率的であり，たいていの場合必要不可欠である；人は立ち止まったり，決定につながる思考の全ての段階をゆっくりと進んだりすることはできない。しかし，人は自動的に結論を出すため往々にして推論と事実を混同する。章頭の事例に出てくる３人の参加者がバーに向かって歩を進めながら交わす会話の中でどんなことが生じているのかを見ていくことにしよう。

> 　　「*公的な事柄の処理は重要だと思うの*」とパトリシアは言った。「*でも，83％の人が州税申告書を提出しているのに，出すべき人の17％が提出してないということが印象に残ったわ。それについて私たちは何ができるのかしら。*」
> 　　「*ああ，考えるまでもないことだ*」とボリスは鼻息荒く答えた。「*より厳格な法律の執行が必要だ。もしそれでうまくいかないなら，もっと情け容赦のない法律をつくるべきだよ。思うに，法律を馬鹿にする人には，SWATのような特別な徴収機関がいい方法かもしれない。*」

「それはちょっと厳しいよ」とミンは応えた。「もし州議会が今より単純な法律を制定して，もっと簡単な納税書類を作れば遵守する人は今以上に増えると思うんだ。たぶん連邦税の3％，4％ぐらいを課すなら，みなこれまでよりもっと支払う気になるよ。」

生「データ」——パトリシアの納税者の法律遵守についての観察——から，まったく異なる結論にまでに至った経過に沿って，2つの提案をもう少し詳細に考察してみよう（図4-4）。

まず，ボリスだが，彼が注目したのは，法律を遵守しない17％の人のほうだ。彼の反射的な推論は，人は法律に従わず税金の支払いを意図的に避けようとするというものである。それが正しいなら，法律違反に対してありとあらゆる種類の罰則がその人たちに課せられるべきだ。そして，彼の頭に

推論はしご	ボリス	ミン
すべきことの決定	特別徴収機関を創設せよ	徴収プロセスを単純化せよ
発生していることの評価／理解	厳しく取り締まらない限り人は税金を支払わないであろう	簡単にすれば人は税を支払うであろう。
データへの名前付け	多くの人が不誠実な違反者である	ほとんどの人は誠実で法を遵守する
データのわかりやすい書き換え	大量の人が税金を払っていない	ほとんどの人が税金を払っている
データの選択	17％が提出していない	83％は提出している
「データ」	83％の人々が納税申告書を提出していて，17％の人が提出していない。	

図4-4　推論のはしご
出典：Chris Argyris, *Reasoning, Learning, and Action:Individual and Organizational* (San Francisco: Jossey-Bass1982) の研究に基づいている。

は，違反者を根絶するために，ある種の「特別」徴収機関を作るという選択肢が入り込むことになる。

　ミンは別の解釈をした。彼の理解は，故意に収税担当者を出し抜こうとする人はいるが大多数の人は法律を遵守するというものだ。応分の負担をしていない人の多くは，単に税法の複雑さに困惑し，書式を理解しておらず，またおそらく税務申告の代行を頼む余裕がないのではとミンは想定したのだ。人は基本的に善人で，正しいことをしたいがその方法がわからない。それゆえ，税金の支払いをもっと簡単にすれば——おそらく州税を連邦税に合わせてスライドさせるようなことで——税金は支払われるようになるだろう。

　この2人が到達した結論は自分自身にとって分かり切ったことのようだ；彼らは自分たちがデータから最終的な推論に至るまではしごをすばやく駆け上り，現実を*解釈した*ということに気づいていない。彼らのものの見方からすれば，それぞれが解釈したものが現実なのだ。グループの収束を促すために推論のはしごを使う方法には以下の2つがある。

はしごの構成　グループは同意の上で推論のはしごを明らかにし意識して登ることができる。そのようなはしごは存在し，人は一般的に決定の最終段階以外をすべて抑え込んではしごをたちまちのうちに駆け上るのだということを全員が理解すれば，自分たちの結論の出し方が以前よりも明らかになるという見解でグループはまとまることが可能だ。互いが異なるデータを持っていないか，あるいはデータを違ったふうに解釈していないかどうかをグループは議論し，互いに結論を説明するようにと求め合うことができる。ルーカス・ラーニング社のスーザン・シリングは推論のはしごを用いて，チーム内の他の人との外的な会話には常に内面的なダイアローグが伴うこと——そして，2つの会話の「同期化」が重要であり，その結果として収束が実現できること——をグループメンバーに理解させたのであった。

はしごの再構成　共通のデータで始まったのに，ある決定に関して最終的には争うことになってしまう場合には，グループメンバーははしごをリバースエ

ンジニアリングする——すなわち，ロジックを遡って調べ直す——ことになる。
 * できうるかぎり最も客観的な観点からみて，*何が*語られ，行われ，あるいは観察されたのか？
 * 各人が自分自身の言葉で*聞*いた（あるいは見た，観察した）ことはどのようなものか？（どのデータを各人が重要だとして選択したのか？）
 * 選択されたデータからどのような*一般化*がなされたのか？
 * 各人がデータにどのような*名*をつけたのか（すなわち，現象のカテゴリー化あるいはラベルづけをしたのか）？
 * どのような種類の*評価*や*結論*が下されたか？
 * 最後に，各人はその評価や結論に基づいて，どのようにして*行動を決*めたのか？

　グループがこれらのステップを辿れば決定に達した理由がはっきりする。しかし，もっと重要なことは，決定の根底にある根本的な理由が明らかになると，ほとんどの場合推論の違いが生じる部分に気づくということだ——そして最終決定の根拠だけよりも，解釈やロジックの根拠をいろいろと論じることが可能となる。
　推論のはしごはコンフリクトを減らすだけの道具ではない。上記の例のように，ボリスとミンが下した結論では，2つのまったく異なるイノベーションが示された——すなわち，1つはより適切な法の執行に，もう一方は政府機関の内部プロセスの改変に，焦点を当てている。両方のアプローチ——「法と秩序」と「簡素化」——を考慮に入れるなら，それぞれのアプローチにつながる推論，そしてアプローチから導き出される推論の全領域を辿りたいとグループは思うようになる。
　本章と前2章において，創造性のためのグループの構成方法，発散の促進法，収束をマネジメントする方途を考えてきた。創造的プロセスはあるコンテクスト，環境——物理的と心理的の両面——の中で生じる。次の2章では，*創造的エコノロジー*——経時的に創造的プロセスを支える相互依存システム——を構築するために，組織全体の物理的環境と文化の設計の仕方をとも

に考える。

10 日間経ち，ラリーはとてもご機嫌になってきた：
　最終的な提案を出すためにグループを翌週に再度集めることにしたのはよいアイデアであった。チャックは遅れに対し機嫌はあまりよくなかったが，粗悪品を予定通り手に入れるより，ちょっとばかり遅れてもチームから上質なものが渡される方がましではないかと私が言うと彼は納得してくれた。そして，私はそれまで信じていなかったのだが，人事部が連れてきたファシリテイターは非常に役に立った。体験したエクササイズに懐疑的だったが，われわれの心を動かすのに実際に役立った。ちょっとした絵心の助けを借りれば全体がどのように組み合わされるのか――納税者を顧客として扱うこと，書類を改訂すること，電子ファイル化すること――を全員が理解できるようになったのにも驚かされた。確かにわれわれは手続きをかなり簡素にしたので筋金入りの常習者だけに責任を負わせられる。次にボリスを彼らにけしかけよう！　重要なのは，チームが本当にその提案を自分たちのものとして感じ，自分たちのやり方で狙っていた変化に取り組めるということが分かったことだ。われわれがそれを首尾良く成し遂げられるとボリスは現在のところ心からは信じ切っていないと考えられるが，彼ですらこのプロセスはたいへん良かったとコメントした。したがって，彼は全力を尽くしてやると思う。さあ，チャックが政府機関に計画を売り込むのを手伝わなければならない。

キーポイント

＊グループが選択肢を生み出した後，メンバーが潜在意識下で連結や精緻化ができるように，あたための時間が必要である。
＊創造的な解は，組織やグループの境界の階層構造によって導き出される：
　➤　組織文化の課す制約がもっとも広い範囲に及ぶ。どんな解決も組織の基本的価値と一致していなければならない。

- ➢ 考え抜かれたミッションは，共通の脅威に抗しての団結か，共通目的に向けた努力のいずれかを通じて，グループを収束させる。
- ➢ 加えて，選択肢はグループの優先順位によっても制約を受ける。
- ➢ ハイレベルのコンセプトは，収束作業に対して明確で鮮明な焦点を提供する一方，収束の達成方法にはかなりの自由を与える。

* しかし，イノベーションの中にはまだ創造性の機会が残されている。このような境界の階層構造の中でマネージャーはさまざまなテクニックを使って収束を支援すべきである：

- ➢ プロトタイプはイノベーションの暫定バージョンである。それは，様々な背景を持つ人びとが製品やサービスを議論するための具体的な核を提供する。また，イノベーションが実際にどのように機能するのか――あるいは機能するか否か――についての情報をもたらす。
- ➢ コアケイパビリティと推進力の課題を組み合わせることで，機会や脅威，コアリジディティが明らかになる。
- ➢ 過去の再構成によってグループは想定した未来から過去に遡りながら作業を行うこと，およびグループがそこまでに至った段階をリバースエンジニアリングすることが可能となる。
- ➢ 強力なファシリテーションスキルはグループを収束させるのに不可欠である。ファシリテイターは組織の外部か内部のいずれかから採用される。社内のファシリテイターが*T型*のスキル（深い専門技術とともにそれを多種多様の状況に応用できる能力）を持つか，あるいは多様な専門語彙を話せる*境界架橋者*であるとしたら，そのような人はきわめて貴重である。

* 収束を妨害するようなコンフリクトを処理するには，進路の中にある標準的な動揺は予想通りであり，珍しくもなく，尋常なものだということをメンバーに示せばよい。

* 「推論のはしご」をメンバーが登ることによっても，データから最終的な解決策へと飛躍するやり方の違いから生じるコンフリクトは均され，収束が促進されうる。

第 5 章
物理的環境のデザイン

　製品開発グループが新しいビルに移るやいなや，製品開発部長のアマンダ・スターブリッジには苦情が届き始めた。ある人は銀行のようだと言った。壁が多すぎるしスペースは少ないからだ。トイレは隅に配置され，窓は幹部の部屋だけだった。キッチンはとても小さいし中で話をすることができない。「この場所は『チームワーク』のために作られたと思っていたんだが，いったい全体どういう理屈でこれをチームセンターと呼べるのか」と，あるエンジニアは言い放った。会話を邪魔するものについて不満を漏らす者もいると同時にプライバシーがないと言う人もいた。「こんなひどいキュービクル《訳注：パーティションで仕切られた小部屋》では考えることもできない。隣室の話し声一言一言が全部筒抜けだ」と，あるデザイナーはこう言い切った。カリフォルニア・シリコンバレーの新興企業から最近来たマーケティング担当者は，「ゲーム部屋がなくちゃ，創造性を期待しても無理だ。前の会社のホールにはテーブルサッカー，卓球台，ビデオ鑑賞室があった……ここではクールなことなど何も起こりそうもない。ともかく，いったい誰がこのビルを設計したんだ。どこかの官僚か？」

　当の官僚であるスタンは，施設管理部門で事務を執っており，まことにご親切にもアマンダが彼へ転送してきた不満たらたらの電子メールやボイスメールについて考え込んでいた。「ビルの建築中にこんな提案やアイデアはいったいどこにあったんだ」と彼は自問した。「アマンダにチームセンターの計画すべてを吟味しおいてと頼んだ。彼女は何も言わなかったし，今思い

出すと忙しすぎて私といる暇は全くなかった。そこで，以前に建てたビルとまったく同じように建築したんだ——だから前よりもコストダウンできた。数週間経てばおとなしくなり，落ち着くだろう」

物理的環境は，創造性とどのような関係があるのか？　直接的にはほとんどない——しかし間接的には大いにあるのだ。組織は，*創造性エコロジー*——人やプロセスだけではなく環境までも含む相互依存的，双方向的，自律的，強化的システム——を必要とする。建築様式，建物内部のスペースの利用，音響効果，家具などそれだけではグループを創造的にはしない——しかし，確かにこれらの特徴のすべてが創造性を*支援*したりあるいは*抑制*したりできるし実際そうなっている。グループと個人の重要な活動を妨げる物理的障害とグループが戦うはめになるので，不適切な環境はエネルギーを流出させる。適切な環境——グループメンバー間のオープンなコミュニケーションチャネル，ブレインストーミングやワイガヤ発散向けの使い勝手のよいスペース，思索や内省専用のスペース，収束に向けて利用しやすく設備の整った会議の場，創造的活動のためにグループメンバーの手で配置を変えられる柔軟なエリア，人とアイデアを結びつける利用しやすい情報技術——は創造的プロセスを可能にする。

また，オフィスの環境は組織が創造性に与えている価値を強烈に物語る。スペースに込められている象徴的意味が組織のミッションや価値を捉えている場合，その一致は従業員のやる気を高め，より大きな創造性へと姿を変える。「密集した中世の村落」あるいは「十九世紀，米国の町の広場」あるいは「キャンパスのシンクタンク」というメタファーが共同体的文化を示し，組織がそのうたい文句を実現する時，そこで働く人全員に一体感が作り出される[1]。他方，コミュニケーションや平等の重要性を大げさに騒ぎ立てるミッションステートメントは，全員が個室に閉じこもって働いている時に重いオーク製のドアが「ばたん」と閉まる音によって，事実上無に帰する。この章では，創造性エコロジーを育む*物理的*環境を探る；次章では創造性を育成する*文化的・心理的*環境を取り上げ，その環境を効果的に管理できる

方法を論じる。

　他の章とは違い，本章は科学的な研究よりも主に実務家によって行われている実験に基づいている。ここでは，物理的環境と*風水*のようなエネルギーの流れとの関係を扱う強力な実践ベースの哲学を取り上げるつもりはない。物理的スペースのデザインと創造性の直接的な関係は立証されていないので，読者はご注意願いたい。既存の信頼できる研究では，創造性を直接高めるよりもむしろコミュニケーションを増すことに焦点が当てられる傾向にある。しかし，発散，あたため，収束を妨げる障害物を減らすように物理的環境を配置するなら，どんなものでもおそらく役に立つはずだ。それゆえ，創造性を支援するとマネージャーが考える（あるいは期待する）組織内の実践をいくつか紹介してみたい。

　（建物を含む）物理的対象物は——言葉ではないが大声で——人に語りかける。居住者や訪問者の第一の，そしておそらくその後も続く印象はともにスペースと人の配置を基にしている。建築様式はエゴとアイデンティティの両方を表わしている。投資銀行や未改装の保険会社に最近行ったのならこのことは分かるはずだ。記事，ウェブページ，記者発表の文言よりも組織文化についてオフィスは多くを物語る。上司は眺めのよい角部屋を手に入れる。違うだろうか？　フロアの真ん中にいる平社員は窓を申し込まなくてもよい。20年待って部長に昇進したなら手に入れられる。ただし，*取締役副社長*と同じ大きさのオフィスではないが。そのような物理的なシンボルに具体化されている厳格な階層制は（少なくとも）3つの方法で創造性を失わせる。第一に，壁が固定されていればオフィスを変えることはむずかしい。上級レベルに誰かが雇用されたとしよう——これによって，部屋を空けるために階層の上位者がその下のものを押しのけるオフィスのドミノ倒しゲームが始まる。あるいは会議室が必要となったとしよう——どの部門が専用のオフィススペースをあきらめるのか？　変化は高くつく。第二に，角部屋症候群は不平等が重要だということを示している——そうではないと考えることの危険性を匂わせている。第三に，オフィスはコミュニケーションにとっての障害物コースを作り出す。コミュニケーションは，多くの場合，壁，階

段，ドアという物理的な障害を迂回する不自然な道筋の中を流れざるをえない。コミュニケーションが創造性の母である限り，そのようなスペースはイノベーションの孤児を生み出してしまう。

　他方，どれも代わり映えしない，ドアのないキュービクルといううるさいウサギ小屋は，創造性に欠けた，平等主義的な退屈さの現れである。加えて，ときおり我慢できないレベルの騒音がする。内省のため個人が逃げ込めるところはあるのか？　他の人の邪魔をせずにワイワイガヤガヤと相互作用をするためにチームが会議を行える場はあるのか？　それに，平等主義は創造性を促進するのであろうか？　CEOのアンディ・グローブはインテル社特有のウサギ小屋の真ん中にあるキュービクルから外に出て働いている。アルコア社のCEOポール・オニールもそうだった。そして，創意工夫の絶えることのないチャパレルスティール社のCEOゴードン・フォワードのオフィスは，従業員が製鉄所に向かう前にヘルメットをつかみ取るロッカーの隣にある。そのような組織では，階層制は破壊され，コミュニケーションはきわめて容易に行われている——しかし創造性を加速するにはそれで十分なのだろうか？

　物理的環境は経営層の態度がどのようなものなのかを伝えてくれる。皆さんは，次のどちらを信じるだろうか。*建物が物語ること*か，あるいは*上司が言うこと*か。本章の始めの挿話で，アマンダはチームを基にした創造的環境を確かに求めていた（そして，チーム自らにイノベーションの責任を持たせた）。が，彼女は「あまりに忙しすぎて」新しいビルの設計に関与できなかった。そして今この建物は「協働」を求めて叫び声を上げている。彼女は，創造性ではなくコストが優先される会社の設備管理部門に設計を任せたため，創造性促進的というよりむしろ抑制的なビルと将来に亘りともに過ごさなければならない。組織は，「形態は機能に従う」というデザイナーの考えをひっくり返す——形態が機能を規定する——ことがきわめて多い，なぜなら，人々は建築様式が命ずるほぼそのとおり行動しなければならないからだ。

　創造性はエネルギーを利用し，知識を巡らせるプロセスである。そのよう

な流れを可能にする物理的環境が求められている。知識は，水のように，もっとも抵抗の少ない道筋に沿って流れる。しかし，前章で強調したが，創造性は多様なタイプの相互作用や知識の流れを必要とするのである。それゆえ，創造プロセス――発散思考，あたため，収束――の中の諸活動を調整するだけでなく，それらを支援する物理的環境を設計することが望まれる。創造性のための環境を強化できる包括的で，比較的簡単な方法を示す前に，きわめて型破りな組織が利用する非常に強力なアプローチを見てみよう。極端な例を見ると，われわれが考えている限界を広げるのに役立つ。

創造的プロセスを促進する方法

　サンフランシスコのアイデアファクトリー社に入ると，倉庫にいるのか，改装された飛行機の格納庫か，映画のセットなのか，はたまた遊技場にいるのかよく分からない。大洞窟のような部屋の天井の下に，さまざまなエリアが配置されている。そこには，照明設備と，移動に便利な備え付けハンドルが付いた組立型ユニットの半円形木製観覧席からなる小さな劇場，ソフトウェアのプログラマーが席について画面に集中していられるように衝立で仕切られたコーナーキュービクル，図書閲覧室のような感じで本や雑誌が置いてある金属製ラックや，プラスチック製の小さなフィギュアとおもちゃの家具や備品のたぐいが置かれているラックがいくつかある。右手には壁のない会議室があり，そこには7分月の形で少し傾斜したデザイナー用のテーブルが何台もある。そのテーブルは，スケッチ用紙で覆われ，立ってあるいは座って使えるような高さのものや，全く邪魔にならない所に吊り上げられるものがある。上げ下げするための滑車がついた2つの大きなホワイトボードの前に，丸い形をした製図スペースがある。この円形の部屋の中心には，スツールで囲まれて防音性の生地とワイヤ構造物――尻に敷かれてしまった白いシルクハットを思い起こさせる――の下に置かれた，車輪の付いたアメーバ型のテーブルがある。CEOのジョン・カオの「オフィス」はスクリーン

で分けられた部屋の片隅にあり，大きなソファー一組とテーブルがある。巨大なスペース内のあらゆる設備や家具は今の場所を無断で占拠し，いつでも直ちに移し替えられるものと見なされている。

　目的は，アイデアファクトリー社の顧客が自らの組織の過去，現在，未来を——即興「劇」の指導と参加の双方あるいはいずれか一方によって，合板と絵で作り上げられビデオで彩りが添えられた小宇宙世界を訪問することで，あるいはミニチュアのフィギュアや小道具付きの砂のトレーでイメージを作るというグループ活動などを通じて——創造的に*体験*できる環境に，このスペースを自由自在に変えられるようにするということである。大部屋という緩やかな境界の中では，建築様式や構造的特性がアイデアの流れ，コミュニケーション，行動に制限を付けることはほとんどない。それはまるで，その場の必要に合わせて，毎日ではないとしても毎週，壊され，移され，作り直されるハリウッドのセットようだ。

　米国の反対側の海岸にあり，さほど意識的に考えられたわけではないが，ボストンのマサチューセッツ工科大学はほぼ同じくらいの柔軟性を持つビルをかつては誇っていた。「ビル20」はレーダー研究用の研究所として第二次大戦中に建造された「仮の」建物であった，そして1998年に取り壊された！　深い悲しみがこのビルの解体によって生じた。なぜなら，それは次のようなものだと言われてきたからである。「だれもが認めるが，米国の歴史の中で同規模のどんな建造物よりも多く——しかもきわめて多く——創造的な科学を生み出してきた。全て木造だったので自分専用にしたりカスタマイズしたりするのが容易であった——新しい器具類を取り付けるのに壁や床に穴をあけるだけでよいからだ」[2]。そしてたえず器具があった！　研究者は前の実験から辺りに残されているがらくたの山を楽しんだし，自分自身の研究のために奪い取った。「なわばり」自体が惨めなものだったのでなわばり争いはなかった。その結果，見た目には無価値のスペースを共有することで結びついた大学院生とノーベル賞受賞者の間で，しばしば協働という偉大な精神が広がったのである[3]。

　ここまではいいが，だからといって従業員に権限委譲をするために見捨て

距離とコミュニケーション

　トーマス・アレンは，7つの研究所において物理的レイアウトが相互作用の可能性に与える影響を研究した。数ヶ月に渡り，512人の回答者に定期的に質問がなされた。それは，技術的・科学的な課題で接触した組織内の同僚は誰かというものであった。2人の人間の接触可能性と物理的距離の間に強い負の関係があった（r=-。84）。しかし，最も印象的なのは，約25メートルで接触の確率がゼロに近づくというアレンの発見であった。この研究は電子メールの出現以前に行われたとはいえ，「対面」と呼ばれる最も豊かで多チャンネルなコミュニケーションを促進する際の距離の重要性は変わっていないだろう[4]。この発見はコーニングガラス社のデッカーエンジニアリングビルの設計に重大な影響を及ぼした；すべてのフロアーでの最適な視界，垂直方向への移動を促進するために戦略的に設置された傾斜路，階段，エスカレータ，そして気軽に集まれる場がある開放的建築様式。

られた倉庫に移動するとか，ガタガタのビルに居を構えるとかいうことは，新興企業でないならまったく実践的ではない。ビルのあるセクションを確保して，そこを占めるグループに設計させるというのはどうだろうか？　デザインとエンジニアリング企業であるアイディオ社の新製品開発チームは，あてがわれた部屋をアレンジできる権限という異例の特典を入手した。古い飛行機の翼が，その部署にあるコンピュータネットワークをつなぐワイヤ全体の理想的なバックボーンになるに違いないとそのチームは考えた。そして南カリフォルニアの砂の中に半分埋もれていた飛行機の位置を突き止めただけではなく，それを北にあるパロアルトオフィスまでやっとのことで運び込んできた。据え付けられると，その翼は環境の一部をいささか柔軟性に欠けるものとしたが，チームは自らの環境を作り出す自由を満喫した。

　デンマークの補聴器会社であるオティコン社は，柔軟性への別のアプローチをとった。建築様式とオフィス構成は組織の管理下にあった——が，共同でプロジェクトを遂行するグループには特殊なものでなければそれを使って自らの作業スペースを形作ることが許された。CEOのラーズ・コリンドが組織を引き継いだ際，同社は遠浅の海ような市場占有率の中に自己満足しながらはまり込んでいた。彼が組織に行った強烈な揺さぶりは物理的インフラの変更ではすまなかった。彼の行った数多くの過激な方策の1つが，人が隠

れすむ居心地のよいオフィスを取り上げ，移動可能なオフィスをデザインしたことであった。各人に，個人用ファイルを納めるキャスター付きの二段引き出しファイルキャビネットが与えられ，他の書類はすべてビルの最上階に送られた。そこで共有のためにスキャンされコンピュータに保存され——そして裁断された（ペーパーレス生活に専念することの象徴が，最上階から地下のダンプスター社製ゴミ箱へといたる透明な巨大チューブである。チューブを通って1日中裁断された紙吹雪が滝のように落ちていくのがカフェテリアにいる従業員からはっきりと見える）。あるプロジェクトで共同作業する従業員は自分のファイルをビルにあるテーブルのどこかへと転がしていく。そのテーブルの上にあるデスクトップ・ワークステーション——必要と考えられるデータベースの情報がすべて保存してある——の近くに一時的な仕事場を設置するのである[5]。

　創造的プロセスのステップをはっきりと反映する設計コンセプトはゾーンという概念である。1990年代初期，ロンドンにあるアンダーセンコンサルティング本社の6階の内部は壊されて完全に設計し直された。その階の外側をぐるりと取り囲んでいた個室と真ん中を占めていたキュービクルはなくなった。重役室も消えた。デスクトップコンピュータはなくなり——ラップトップだけとなった。対話式電子ホワイトボードが溢れ，ラップトップへのダウンロードが許された。その階には，創造的相互作用を促進するように設計された構造が用意されていた。接続線とケーブル製の鮮紅色の絵が飾られたパーティションで他の部分とは分けられた「混沌」ゾーンは発散思考を促進するようにと設計されている。すべてポータブルで，机と備品は会合が必要となる時に台車で運ばれてくる。赤のブレインストーミング室の目的は停滞している創造性を奮いたたせることだが，穏やかな青と緑の部屋はより瞑想的な活動のために使われる。その階の反対側には，「禅」ゾーンがあたため用にある。この部分を分けるパネルには自然の風景が描かれている。「会議禁止。電話禁止。妨害禁止」というサインがある。混沌と禅の間には「タッチダウンバー」と呼ばれている廊下が広がっており，従業員が座り，電話やコンピュータをつなぎ，しばらく仕事ができる作業場となる[6]。

創造的プロセスを促進する方法　143

色と刺激

　色が生理的・心理的反応に与える影響に関して行われた数少ない科学的研究のすべてが多少とも伝統的な知恵と一致する。色の付いた灯りを被験者の目に直接投影した研究がある一方，別の研究では被験者がある特定色で塗られた部屋の中に入れられた。2つのタイプの研究で分かったことは，赤は人を興奮させ，血圧，心拍，視覚皮質活動を増し頭痛が訴え出られた。ある被験者は，刺激過剰という感覚を訴え，赤の部屋で仕事をするのに苦労していた。青色の効果は逆であった。興奮レベルは低下し，血圧と脈拍が下がり，体全体がリラックスする[7]。もちろん，けばけばしい消防車の赤で部屋を塗るような人は少数だがいるし，主に青を基調とすると退屈になると感じる人もいるだろう。それゆえ，この結論の一般化は困難である。おそらく極端は避けるという結論がもっとも無難であるが，色を賢く使えば相互作用やあたために役立つ多様な興奮レベルが生み出せる。

　カリフォルニア州メロンパーク市にあるサンマイクロシステムズ社もまたコラボレーションや非公式の相互作用を増すようにスペースが大規模に変更された。エンジニアはオフィスの入り口やキッチンにちょっと集まっては立ち去る傾向があることにコンサルタントは気がついた。この観察から分かることは，非公式な相互作用を促進する一方分散を抑制するスペースが設計されるべきだということである。現在，「フォーラム」スペースは，非公式で，偶然の出会いを促進するよう設計されたオープンな領域として（たいていの人がほんとに気楽に会話をしそうな場の）キッチンから広がっている。そばにある会議室は予定外の会議に利用できる。サンマイクロシステムズは，屋外に総数50の木製ベンチ，テーブル，椅子を内省や静かな作業のために配置した。あたため用にかなり意識的に設計されたのが「サンルーム」である。どの部屋からも外が眺められ，卓球台のある部屋やステレオ設備があるところもある。すべてがリラックスするために設計されている（すべての部屋にホワイトボードがある——万一の場合に備えて）[8]。

　これらの例（いくつかは極端すぎるが）に共通している行為は，経営者が次の二次元に沿って創造的活動への支援を提供するということである。二次元とは，(1) グループメンバー間の計画外のコミュニケーション，(2) 望ましい認知的活動に適合するように物理的環境を形作るか，コントロールするメ

144　第5章　物理的環境のデザイン

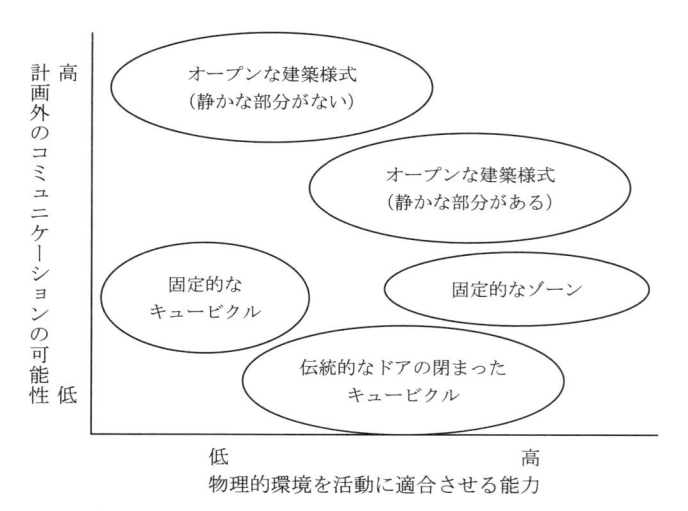

```
計画外のコミュニケーションの可能性
高
│         ┌─────────────┐
│         │オープンな建築様式│
│         │(静かな部分がない)│
│         └─────────────┘
│                    ┌─────────────┐
│                    │オープンな建築様式│
│                    │(静かな部分がある)│
│                    └─────────────┘
│      ┌────────┐
│      │固定的な │       ┌────────┐
│      │キュービクル│     │固定的なゾーン│
│      └────────┘       └────────┘
│           ┌──────────────┐
│           │伝統的なドアの閉まった│
低          │  キュービクル    │
│           └──────────────┘
└────────────────────────
 低                      高
   物理的環境を活動に適合させる能力
```

図 5-1　創造性のための物理的環境のデザイン

ンバーの能力，である（図 5-1）。その目的は，（建築様式や雰囲気という）形式の機能（心理的活動）への適合である。

スペース──最後のフロンティア

　多くの組織において，自由なスペース（フリースペース）は矛盾した表現である。スペースは，時間とほぼ同じくらいに貴重かつ希少である。しかし，目標が創造性なら，双方を少しでも見つけ保護する必要がある。創造的な目的のため一時的に占有でき，どの部署にも属していないスペースがなければ，どうやってグループメンバーは実験し，プロトタイプをつくり，物理的な環境で遊ぶことができるのか。オープンなスペースという存在そのものが実験をかなり刺激するようだ。広々としたスペースは広がりのある思考を生み出せる。長らく授業をしてきた狭苦しく天井の低い部屋から新しく天井が高いかなり大きなスタジオへと移動した時に，彫刻の講師は学生の作品の

ある科学者によるスペースの作り方

　ノーベル賞物理学者のフリーマン・ダイソンは，発散と収束に向けてそれぞれどのようにスペースを作るべきかについて明確な考えを持つ。すなわち，「科学はきわめて社交的だ。それは本質的にはドアを開けるか閉めるかの差である。科学の研究を行っている時にはドアは開け放たれている。…いつでも誰かと話したい。ある時点まで邪魔は歓迎される。他の人と対話することで初めて面白いことがなしえるからだ。…が，もちろん論文作成時は別だ。執筆中ドアは閉じられる」[9]。

変化に驚いた。新しいスタジオで受講生たちが作った彫刻は以前の2～3倍の大きさとなった[10]。同様に，柔軟で創造的なスペースは創造的活動を生み出せるのである。働く者が，発散やあたため，収束を促進するスペースに即座にアクセスでき，あるスペースから他のスペースへ移ることを主として自力で決められるなら，創造的プロセスの核となる自由や自律性という感覚を経験するであろう。実際，創造的環境とは，スペース，人，創造的行動が織り混ざる生態的システムなのである。

　それでは，これまでの章で説明してきた創造的プロセスの3つのステージそれぞれ——発散，あたため，収束——についてより体系的に眺め，各ステップをサポートする物理的インフラの強化方法を考えていくことにしよう。ここでもまた，われわれは理論よりも実践を利用する。

発散思考の強化

一般的な刺激

　脳内に五感と多様な能力が備え付けられて人間はデザインされているという事実にもかかわらず，一般に仕事をする時には2つの感覚と脳のわずかな部分しか使用していない。ほとんどの人が，音が雑音を意味し，香りが概して悪臭であるとする白・黒2色の文書を中心とした世界で働いている。人の周りには多くの刺激がある——けれどもすべてが1つの種類になりがちである。そのような場合に，従業員が脳のさまざまな部分を利用する可能性，あ

創造的な人々，創造的なスペース

1960年代，建築学のレオナルド・イートン教授は，シカゴに住んでいた駆け出しの頃——革命児とみなされ，広く受け入れられる以前の頃——のフランク・ロイド・ライトに住居を発注した人たちの人格特性を研究した。その人たちは，保守的な建築家（ハワード・バン・ドーレン・ショー）の顧客になった同時代同地域の人とどんな違いがあったのだろうか。インタビューや記録に基づいて，イートンは2つの男性顧客グループ間に2つの主要な違いがあるのを発見した。第一に，ライトの顧客には，芸術家がきわめて多く，特に音楽家が多かった。第二に，ライトの顧客の約30％が発明家であり，他方ショーの顧客は2％であった。ライトの革新的なスペースの使い方は，そのようなスペースに囲まれて生活をしたいという創造的な男性顧客の間で共感を呼んだ。その顧客の多くが，自らの発明品をデザインし，試作するための地下の仕事場を持っていた。したがって，スペースも創造的プロセスを促進したのである[11]。

るいは行為と感覚が識別するものとの間に普通ではありえない繋がりを作り出す可能性を高めるために，多様な刺激——視角や音，極端な例では匂いすら——を，創造性に意識を集中するマネージャーが作り込むということは驚くには当たらない。

文書にまみれた平均的なオフィスの雰囲気でも——比較的安価に——その質は高められる。オフィスにはたいてい視覚刺激がいくつもある。壁の芸術作品，彫刻，水槽はみな，刺激，静寂，ひらめきを促すようにデザインできる。Bupa（British United Provident Association）の人的資源サービスディレクターのロレイン・ウォーラーは，ロンドン本社用のモダンアート作品150点以上を選択するのに数ヶ月を費やした。その結果はどうか？「従業員はより創造性を刺激され，満足し，やる気になった」と彼女は思っている[12]。地方の小学校や高校から新進の芸術家を呼び，順番に彼らの作品を展示する組織もある。実際にヴィジュアルアートを入手するのはきわめて簡単である。

グループメンバーを取り囲む刺激の全般的なレベルを増加させる方法の1つが，人の集まるテーブルの上に放り出されている読み物の範囲を広げることである。よほど変わった応接室でないのなら，その読み物は組織の主要なものの見方を反映することになる。たいていのエコノミストなら？　きっと『エコノ

ミスト』がある。大学で勤務しているなら？『高等教育クロニクル』を購読している。組織内の誰もが仕事場に持ち込まないような風変わりな雑誌はどうか。歯科医院が国立研究所と触れあう，あるいは，メンサ《訳注：Mensa（知能テストで，全人口の上位２％に入る人の（国際）社交組織）［研究社リーダーズ＋プラス V2］》がハリウッドと触れる。『モダンドラミング』や『サザンリビング』。または『アリゾナハイウェイズ』や『アシモフの SF マガジン』。『タイムズリテラリーサプリメント』や『ダートウィールズ』は悪くない。このような雑誌がお気に入りの読者は通常従業員と言葉を交わすような人物ではないが，彼らの世界観は全く異なっており，そのため，いささか「奇妙」だが刺激に満ち満ちている。４週間のトライアル購読で「（購読継続の）義務なし」というオファーを決して断らない同僚がいる。その結果，そこのオフィスの応接室には非常に珍しい読み物が絶えず入れ替わりながら並べられている。

　ストックホルム北部のスカンディア社の未来センターの２階は焼きたてのパンの香りで満ちている。なぜなのか。インテレクチャル・キャピタル社副社長のリーフ・エドビンソンは，香りは，安らぎ，家庭，美味しい食べ物を人の心に思い起こさせると信じているからだ。多くの知識人が喫茶店を創造的思考と相性がいいと感じていたのとまさしく同じように，香りやその他の「アイコン」による安らぎの感覚もオフィスの「革新的な規則破りを育む」ことができる[13]。もちろん，これらはきわめて民族中心的な仮定である。タイのビーチを歩いてみれば，炭であぶった干しイカの匂いが鼻を突くであろう。その香りは東南アジア人の味蕾を心地よく刺激するかもしれないが，西洋人の鼻には不快ではないとしてもたいてい受けが良くない。香りは，民族特有あるいは国民特有の意味あいだけでなく，きわめて個人的な意味も持ち合わせている。料理はたいへんおいしいが厳格で平凡な家庭の中で育てられた人はパン焼きと創造的機会を結びつけられないかもしれない！

　しかし，仕事を楽しみ，気持ちをリラックスさせた状態にしてみようという気にヨーロッパ人の従業員がなれば，エドビンソンが意図する目的は達成される。心と香りの繋がりはわれわれが認識している以上に生き生きとして

多様な感覚刺激と創造性

　非常に聡明な（平均IQ158）青年のグループが，多様なタイプの感覚刺激が創造性に与える効果を測定する研究に参加した。5週間にわたり被験者は暗い部屋に座らされ，発振器からの高周波信号，回転ねじ歯車，お香，床振動器，騒々しい音楽で刺激を受けた。毎週，刺激を受ける前後ともに，鉛筆とクレヨンを使って，花瓶の花を描くようにと5分間与えられた。芸術家の審査員団は，一連の刺激の前に書かれたものより，その後の絵の方が創造的になったと判断した。もちろん，特に被験者がきわめて知的である（かつ若い）ので，この研究1つから一般化しすぎるのは危険であるが，この研究は感覚刺激が創造性において有益な効果を持っていることを示唆している[14]。

いると「アロマテラピー」の実践家は主張する。おそらく，香りは，その他の感覚と違って，脳でフィルターがかからず血流に直接つながっているからである。たとえば，東京の鹿島建設では，香りによる脳刺激法に関する理論に厳格に従いエアコンを通して様々な香りを送り出している。そのサイクルは，リフレッシュのための柑橘系から始まり，次に集中力を高める芳香，そしてまた次のサイクルが始まる前にリラックスのための松林（の香り）で終わる。創造的活動を刺激する香りの効用は，現時点では確実というよりむしろ推測である。しかし，他の形態の刺激が創造的思考を促すのであれば，さまざまな香りや音もおそらくそうなるという仮説は少なくとも筋は通っている[15]。

　触覚はどうであろうか。運動感覚の刺激によってオフィス環境の創造的潜在能力の質を高めようとする組織までも存在する。オランダのアムステルダム南部にある旧NMB銀行のビルは，知性の基礎として感情の発達があるということを推奨したロドルフ・シュタイナーの哲学に影響を受けている。通常の頑丈な手すりではなく水が流れる銅製の導水路があり，そのため建物の中を歩きながら指を水に浸すことができる[16]。

　また，スカンディアセンターにおいて，エドビンソンは室内ではクラシック音楽が，屋外では海の波の音がリズム感に資すると考えた──リズムは音楽以外のいろいろな形式の創造的表現と関連している。例えば，詩や絵画で

雑音と個人のコントロール

　環境心理学者は，予測できない大音量の騒音の物理的および認知的な有害効果についてかなり前から分かっていた。（大音量の雑音に）さらされ続けると，高血圧や潰瘍（かいよう），心臓病につながる恐れがある[17]。実験室での実験では，110デシベルの爆発音のホワイトノイズにさらされた人たちは，その後問題解決能力を失った。しかし，被験者が突発的な大騒音が発生する時刻を予測できるなら，または（たとえ使用しなかったとしても）「非常用ボタン」で騒音を止められる場合マイナスの効果は消えた[18]。もちろん，耐えている騒音のほとんどとまではいかないが，その多くは予測できないか制御できない。しかし，それから逃れたり，回避できると感じる場合，騒音は影響力を失うのである。

ある。しかし，この場合も個々人の嗜好は異なる。「ラップ」ミュージックはとてもリズミカルであるが，ラップで震動しているユーティリティヴィークルが隣にやってくると25歳以上の人は大急ぎで車の窓を閉めるのを見ると，誰もがそれに魅力を感じてはいないし，ましてや創造的な思考に貢献すると考えているわけではない。グループメンバーがただ1つの音楽の嗜好にまとまることはほとんどないだろうし——おそらく望ましいことでもない。その上，この場合にも，創造的プロセスの異なるステップには異なる種類の音楽的刺激が求められる。問題は，アクセスとコントロールだ。グループメンバーは望む時や場所で音楽的刺激にアクセスできるのか？　もし物理的スペースがゾーンごとに分割され，各ゾーンが特定種類の活動のためにデザインされているなら，各部屋のBGMは，家具，壁，床の敷物と同じように，デザイン可能である。

　しかし，どんなときに刺激が暴力的になるのか。騒音公害や有害ガス，よどんだ空気がない作業環境を享受できるような運の良い人ばかりではない。暑さや狭苦しさ，騒音のいずれであろうと，環境と戦わなければならないとすれば，創造的活動に充てられるはずのエネルギーは流れ去る。そして，環境をコントロールできなくなっていると感じられる時は，人は心配に駆られ低業績に陥りやすい。創造性が栄えるのは，主導権を握っていると感じるとき，騒々しいスペースからもっと静寂なスペースに移動できるとき，「あた

ため」スペースを自分のものにできる場合，あるいは吸い込んでいる空気が健康によいと分かっている場合である。

多様な個人やグループ間の相互作用の支援：水場とサファリトレイル

　発散思考のための最善の刺激は，多様な人々の間の直接的な，双方向のコミュニケーションである。可能であれば対面的接触。できなければ何かを介して。もちろん，第2章で述べたように，人によって思考スタイルの選好は異なり，だから仕事が何であれ，むしろ電子メールであるいはインターネットのチャットルームで「会話」をしたいと思う人もいる。しかし，大多数の人は複雑な仕事では面と向かってコミュニケーションをしたいと考えると研究では示されており，確かに創造的プロセスの発散ステップは複雑な仕事と見なせる[19]。

　さらに，第6章でより詳細に論じられるが，マネージャーに任命された際に契約を交わしたとは思っていない（多くの）仕事のうちの1つが，セレンディピティを実現可能にすることだ。定義によれば，セレンディピティとは，思いがけない——人の間，出来事の間，アイデアの間の——連結である。人との間の思いがけない連結の可能性を高めるには，より多くの予期しないコミュニケーションが必要となる。そのようなコミュニケーションは，(1) 誰が周りにいるのか（すなわち，第2章，第3章で述べたようにグループの注意深い構成と外部の人との接触の必要性），そして(2) そのようなコミュニケーションがどれくらい容易に生じるのか（すなわち，予期せぬコミュニケーションを押さえ込むのではなくむしろ促進することに注意を向ける必要性）ということに影響される。

　アフリカの水場では，近くにいるという理由以外に理由のない動物のグループ——たとえば，キリンと一緒のガゼルや，象と一緒にいるシマウマ——がある。その動物グループを1ヶ所に追い込むほど干ばつがきわめて厳しい場合，ワイルドビースト（ヌー）はライオンが池の向こう側にいるときでさえも水を飲む機会を窺う。組織の水場は，キッチンとコーヒーポット，メール室——建物の中心に配置された施設で，アドホックに，非公式

に，まったく偶然に人を引き寄せる場所——である。ハーバード大学ビジネススクール教員のオフィスビル本館1階のホールで非公式な議論が行われているのをたびたび見かけるのだが，そのホールは建物の中央に配置された手洗いの外側にある！

　アフリカへ脳内移動したので，もう少しそこに留まり，サファリトレイルについて考えてみよう——サファリトレイルとは，いろいろな動物に数多く出会え動物の活動を楽しめるチャンスを最大にするルートである。職場では定期的に人が通る小道に注意を払うことで思いがけない連結の可能性が高まる。オティコン社では，階段は必要以上に広い。そのため，他人の往来を妨げることなく立ち止まって語り合える。プロクター・アンド・ギャンブル社では，エスカレーターが，オープンなコミュニケーションの麻酔薬であるエレベーターに取って代わった。ある階を移動する間これまでよりも他の人を気にせずおしゃべりを続けることができる。いろいろな職場を経由する通路は，アメリカのデパートに作られた迂回ルートと（望むらくはあまりうるさくないとよいのであるが）ほぼ同じ目的に用いられる。もし下りのエスカレーターに乗るために遠回りをして男性用シャツ売り場を通らなければならないとしたら，おそらく父の日を思い出し立ち止まって買い物をすることになるはずだ。仕事場のサファリトレイルは同じような知的ジョギングという目的にかなう。アイデオ社では，通路からデザイナーの机までに至る真っ直ぐな道はなく，従業員は歩きながらちょっとした会議や同僚の仕事が目に入る。同僚の活動を結果的ではあるが目にすれば，並存する複数の目的の達成が可能となる。通常，新しいオフィスデザインには「メインストリート」——交通の妨げにならずに相互作用を促すため，一方の側に沿ってソファーやホワイトボードなどが置かれた大通り——がある。そのようなデザインはさほど新しくはない。スチールケース社が1989年に社内開発センターを建設した時，内部には人々の接触を促すようにデザインされた「ご近所」や「町の広場」がとり入れられた。「われわれはセレンディピティを最大にしようとした」というのがスチールケース社の組織心理学者の説明であった[20]。

仕掛かり品を，特にプロトタイプやスケッチの形で眺めることは，思考を刺激し，予期しない結合が心の中でピンとくるような不思議な「ああそうか（アハ）」の可能性——フィッシャー・プライス社のデザイナーであるピーター・ブックが「通りすがりのアイデアをさっと捕まえること」と呼ぶもの——を与えてくれる[21]。ジョーがデザインする医療機器コネクタが，あなたが苦心している自転車カゴの役に立つかもしれない。キッチン（給湯室）へぶらぶら歩けば，ここ2，3日間捕まえようとしていた人と話す機会が得られるかもしれないし，そこに置かれた電子ホワイトボードを使えばどのような創造的アイデアでも確実にすぐさまダウンロードできる。最後に，進行中の活動全体を眺められれば，組織活動の全体像に類するものを目にできることになる。複数の職能の新製品開発チームを同じ場所に配置することが近年はやっている理由の1つは，他職能の同僚が取り組んでいる問題を見ること（時には聞くこと）が新製品開発プロセス全体の教育となるからである。

同僚を観察できるには，少なくともドアが開いていなければならない。当然のことだが。国税庁のチャールズ・ロソッティ長官が最初にその職に就いたとき，オープンドアが組織の規範に全くなっていないことに気づいた。では，きわめて重要なので自腹を切って提供しようと彼が決めたインフラは何だと思われますか？　違いますよ，ハイテクのコンピュータ制御のコミュニケーション装置ではありません。買ったのは，…ドアストッパー！

あたための支援

発散思考の前，その間，そしてその後に，台風の目がやって来る——内省の瞬間とあたために専念する期間。あたためのステップは，創造的プロセスの不可欠な部分という理由だけでなく，静かな時間は他のいくつかの理由からも必須である。思考スタイルの議論で指摘したように，情報収集や評価への内向的アプローチを特に好む人は，1つの解決策にコミットする前，ある

いはたとえアイデアを出す前でも，問題のことを考え抜いてみたいと思う。そんな人の貢献は，静かに自問自答する機会が与えられるなら，最大となる。また，最後に，活気みなぎる外向的な人でさえ，時には絶え間ない相互作用の休止が必要となる——特に創造的プロセスがとげとげしかった場合には——。

　したがって，人は皆逃げ込める場所を必要とする時がある。コミュニケーションの自由な流れを与えよう（そして，正直に言うと，お金を節約しよう）と夢中になり，組織は「移動式」キュービクルに投資してきた。そこは実際中国の万里の長城と同じくらい頻繁に作り替えられている。従業員の要求に敏感なマネージャーは，気がつくと壁のあるオフィスを頻繁に改造している。フィッシャー・プライス社の従業員は，入ってほしくない時に入室を少しばかり遠慮してもらうために，本来なら開け放たれているキュービクル用のスクリーン状のドアを頼むことができる。アイディオ社のあるオフィスのキュービクルは，横にすべらせて壁を開くあるいはプライバシーのために閉じることができる「大きな引き戸」のついた馬小屋そっくりに作られている。カリフォルニア州メンローパークにあるラーニング研究所は，スチールケース社と協力して宇宙カプセルを少しばかり連想させるような，密閉式個人用キュービクルの実験を行った。そこには，コンピュータ，ファイル，静かに作業できるスペースがある。ドアは半円形のカーブした側面に沿って開閉でき，外部との接触度を自分の希望に合わせられる。先に述べたように，ロンドンのアーサー・アンダーセン社は「禅」エリア全体を瞑想や静かな仕事のために確保してある。そして，もちろん，多くの雇い主たちは，飛行し続けるためにベルヌーイの法則に全幅の信頼を置くオフィスの中で，高度3万5000フィートで密閉され小さな座席へ縛り付けられながら働くようにと従業員をし向けることで，無意識に（少なくとも創造的プロセスのステップを配慮することなしに）あたための時間を提供する。およそ飛行機というものは，動物園のような雰囲気を考えると，あたため用の理想的条件を全く与えてくれてはいない。しかし，少なくとも同僚との相互作用から数時間解放される。したがって，人は緊張が解け，地上の誰もが数時間自分に接触でき

ず，自分の考えをあたためられると分かって元気づくのである。

　あたためには，創造性に必要とされる神経を張りつめた仕事からの気分転換が欠かせない。しかし，気分転換用に作られた環境が，静かで，禅を行うような内省向け専用である必要はない。創造的環境には，あたためへの支援として——リフレッシュ，運動，社交のための——リクレーション施設が含まれることも多い。穏やかな気候の地では，その中に一年中使えるバレーボールやバドミントン・コートがあるかもしれない。カリフォルニア州バーバンクにあるニコロデオン社のアニメーションスタジオは，「ウォールト（ディズニー）ホール」のあるミニチュアゴルフコースを誇る[22]。しかし，日光が不足したり心地良い温度が得られない地（あるいはアウトドアスペースがない地域）では，リクレーション施設への十分に考え抜かれた配慮がもっともっと重要となる。グループは時々休憩を必要とするだけでなく，遊びの感覚は，従業員の心の中で，非公式性，エネルギー，危険負担，興奮，遊びと一体化された仕事と結びつく。

収束思考の増強

　収束思考は，発散思考と同じくビルのどんな場所にでも生じる。キッチンで話をしている2，3人によって新しいオプションが考え出されるのと同じように，実行に関する合意が成立する可能性がある。したがって，発散思考を可能にする同じ建築上の特徴が収束をも促進できるのである。また，情報技術があれば，グループメンバーはある解決策に収束するために直接会って協議する必要はない。しかし，もう一度言うと，物理的スペースのデザインが悪いと創造的プロセスの障害となりうる。グループメンバーを全員集合させるのに適しており使い勝手のよい場所がないなら，収束はかなりむずかしくなる。

　グループの規模にぴったりで壁紙付きの壁以外に書き込めるもののある部屋があればどんな場合でも助けにはなるが，その場所が昔ながらの会議室で

ある必要はない。分かり切ったこと？　では，重要な収束会議が意見の一致に水を差すように設計された部屋で予定される理由はどこにあるのだろうか。図書館は読書にはすばらしい場所だ。しかし，本が並べられた壁には書き込むスペースはない。狭く酸素の欠乏した部屋が不利なのは明白である。しかし，巨大な講堂はただ望遠鏡を逆さに覗いたような視点を促進するだけ，すなわち創造的活動ではなく孤立感を増すだけだ。会合の物理的な環境が手に入れられるコーヒーの質よりも重要でないとみなされがちだ。もちろん，会合の場所がきわめて不快であるならかえって収束は速くなりそうだと結論を下すマネージャーもいた。椅子のない部屋で会議を開くと，出席者は立っていなければならず推論は進み決定は速く下されることになるだろう。おそらく，そんなデザインは効率性を高める——が創造性の方ではない。前述したように時期尚早の収束はイノベーションの敵なのだ。

　物理的なスペースを設計する際に，職能横断チームのマネージャーは，基本的な両立不可能なジレンマに直面する。チームのメンバーは，選択肢の作成にとってきわめて重大である異質な視点への接触を可能にするためにコロケーション（colocation）を望むし必要とする。しかし，同時に，自らの専門分野そのものを強化する，あるいは挑戦するために同じ職能の同僚への接触を必要とする。「仲間のデザイナーからいろいろと意見を聞かせてもらえるほうがいい」と，フィッシャー・プライス社のデザイナーは説明した。「エンジニアとマーケティング担当者はまったく同じように感じている」。職能は深い専門知識の源である。実際，職能横断チームのメンバーがその背後にあるコミュニティとのつながりを失う場合，彼らはチームにとって弱点となる。同時に，4章で述べたように，コロケーションは迅速な意思決定と収束を大いに促進する。

　比較的小型の組織での解決策の1つは，専門分野を共用エリアのまわりに配置することである。そうすればその場で交流することができる。このエリアは発散／収束思考をともに支援する——特に後者をだが。というのは組織の交差路では公式的会合を催すのに都合がよいし，またその交差点はすべての関係者が互いのものの見方を進んで聞こうとすることのシンボルとなるか

らである。フィッシャー・プライス社の少女向け玩具に取り組む開発グループは，設計，エンジニアリング，マーケティングの各グループが接する場所にオープンなエリアを作ることを決め——椅子と会議室用テーブルの代わりにソファーをそこに置いた。（フリップ・チャートを備えているとはいえ）居間というくだけた雰囲気は，促進したかったチーム感覚や家族的感覚の象徴となった。日産デザイン・インターナショナル社はごく小規模であるため専門分野が織り込まれており，誰もが他のエンジニア，デザイナー，モデル製作者から歩いて数分の距離にいる。アイディオ社では，パロアルト中に散らばるオフィスはかなり小さく専門分野が混じり合わさっている。しかし，職能の中にはオフィスにわずか1，2名しかおらず，しかも同僚が他の建物にいるものがある。したがって，例えばヒューマン・ファクターの専門家は専門分野の知識を共有するために2週間に一度（対面）会議を開くことになる。

　ノーテル社ほどの大企業では，設計技術，生産，販売の部門は，何マイルも離れた別々の都市に設置されることが多い。コロケーションは容易ではない。そのような場合，マネージャーはヴァーチャルチームを作るための情報技術やメディア（テレビ会議を含む）の設計方法についてかなりの時間を費やし考えを巡らさなければならない。プロジェクトがきわめて重要であれば，コロケーションから利益を獲得するために会社は莫大な費用をかける。クライスラー社はたった31ヶ月でネオンを市場に出して自動車開発期間5年という業界平均の短縮が可能だということを証明した。もちろん，多くの変化が市場化期間の短縮に関わっていたのだが，役だった要因のひとつに，職能横断チーム（自動車開発の場合では何百もの人を含んでいる）が最先端技術センターの一つ屋根の下に収容されていたという事実があった。その当時，これほど集約された施設として世界中で唯一のものであった[23]。

物理的アイコン

　古いものであれ新しいものであれ，物理的なオブジェクトは知識の具体的表現である。それらは，創造的な生命体がかなり以前にこの世を去ったときに，後世の人の分析のために残した化石である。多くの場合，感情を包み込んでおり，個人の記憶，時代の感覚，文化の感触を思い起こさせてくれるものだ。あるいは，われわれが何者なのか（われわれの信念や強い願望）を象徴的に示している。そこで，物理的オブジェクトはその中で働く人に影響を与えるような雰囲気を作り出す。創造的グループは，面白いもの——変なものも，まじめのものもあるが，常に思考を刺激するオブジェクトの山——の中に身を置く傾向がある。便宜上，これらのオブジェクトは，知識アイコン，文化アイコン，そして遊び道具に分けることができると本書では考える。

知識アイコン　知識アイコンは，ある時点で固められた考えの断片である。デザイナーが優位な地位を占めるエリア——アイディオ社，GVO社，日産デザイン・センター——を歩き回るなら，ほぼどこでも，突飛なオブジェクト，その多くのものはプロトタイプ——最終製品となる途中で拒絶された初期のデザイン——であるが，その間を縫って歩まなければならない。壁にかけられた1ダースの不揃いの形状の受話器，医療サンプルの診断用器材，子供のエレキギター，未熟で弱い筋力しか備えていない就学前のコンピュータおたく予備軍のための8インチのトラックボール。4章で議論したように，プロトタイプはヒット商品の進化を明らかにする。なぜデザイナーはこんな未成熟な表現型を保存するのだろうか。それらは，解決されたジレンマと，特定の課題に対してはうまく機能しなかったのだが面白い考えをデザイナーに思い起こさせる歴史であり刺激でもあるからだ。それらは，目視物の図書館，可能性のリスト，特定の市場の思い出の品である。デザイナーは，3章

で述べたアイディオ社の技術箱を使うのと同様に，意識と無意識をともに刺激するため，このような目に何事かを訴えかけるものを利用する。例えば，オフィス用椅子の開発に従事している場合デザイナーはある特徴が拒絶された理由を思い起こすため，初期バージョンのプロトタイプにざっと目を通す。しかし，もしデザイナーがアイディオ社にいれば，映画 フリー・ウィリー向けに開発されたクジラ型ロボットに組み込まれた複雑な構造と同じく，すぐには応用できないような代物からもアイデアを借りられる。例えば，もともと人工心臓向けに設計されたバルブが，サイクリスト用水筒の栓の最良のメカニズムだとわかったように。

　競争相手の製品も同じ目的に役立つ。フィッシャー・プライス社では，共用の会議エリアのまわりにある棚には他社の玩具が並べられている。デザイナーが競合相手の調査をもとにアイデアを借りたり拒否したりするだけではなく，競争相手の知の具体物に囲まれれば，カスター将軍が同様に包囲された時の彼の運命を回避する――つまり前に進み続けようとする――健全な意欲を与えてくれる。

文化アイコン　組織のロビーはまるで家のようだ。住む人の文化や価値観をいろいろと伝えてくれるからだ。アイディオ社のパロアルトの主要なデザイン事務所のロビーには，地元で開催され激戦が展開される砂丘レース――ベンチャーキャピタリストと起業家が互いに競う年中行事――を勝ち抜いた明るいオレンジ色のソープボックスカーが誇らしげに展示されている。同社の多彩なデザインの才能を反映する他の製品――釣り用のリールと用具，噴水式飲料器，コンピュータ――もロビーで訪問者は目にする。もちろん，オブジェクトは建物の至る所に展示されており，その中には組織の歴史に直結しているものや，世界に対する態度を反映しているものもある。スカンディア社のセンターでは，船の舵や古いタイプライターのようなオブジェクトが過去の探検や発明を思い起こさせるものとしてあちこちに飾られている。これらの展示品は家庭の冷蔵庫のドアと同じように企業を象徴するものであり，組織とその業績の中に誇りを浸透させるのに役に立つ。また，創造性にとっ

てきわめて重要な心理学的環境（次章で議論される）を強化するものでもある。読者のロビーやグループエリアではどのような文化が表現されているのだろうか？

遊び道具　たわいもない飾り付けは，遊び，あまり深刻に考え込まないこと，楽しみのための余地を表す。チャパラル・スチール社副社長のオフィスでは，部屋の片隅に敷いてある緑の絨毯からワニが頭を浮かび上がらせているかのように見える。半分水中に沈んだ頭とビーズのような目は，すぐさま二度見してしまうほど本物ぽく見える。エレクトロニック・アーツ社では（さらに言えば，ゲームや娯楽を業務とする会社はどこでも），キュービクルは創意工夫に富み大騒ぎをしたハロウィーンパーティーの翌朝のようだ——たとえば，宇宙生物の写真，4本のタイヤが膨張したスポーツカー，奇怪な操り人形，プラスチック製の脳みそ，ゴリラのぬいぐるみがある。顧客の業界を模している会社もある——例えば，エレクトロニック・アーツ社には，ジョン・マッデン・フットボール製品チーム向けのバー用椅子やバーミラーを完備している本物のスポーツバーがある。コンフリクトを管理するマネジメントチームの能力を研究する研究者は，顧客から会社に送られたピンクのプラスチック製フラミンゴが「それ以外は完璧に装飾された本社」を美しく飾っているのに気がついた[24]。

情報技術インフラ

　創造性のために身体的一体感をこれほどまで強調するのはいったいなぜなのかと疑問を持たれることだろう。現在は，情報化時代，エレクトロニクス時代，世界での週7日24時間のオペレーションの時代だ。アメリカでソフトウェアを設計し，インドでコードをプログラミングし，韓国でチップを製造する。誰がコロケーションを必要とするのか？　人類は，ロータスノーツやテレビ会議，電子的共有ホワイトボード，海岸の砂粒やスハマトビムシよ

り多くのビット／バイトを運ぶことができるＴ３回線を手に入れている。重要情報を求めデータベース中を動き回る推進マシンと強力な検索エンジンがある。教師となるエキスパートシステムや学習する遺伝的アルゴリズムを獲得している。視覚と音とともに感覚も再生できるシミュレーションがある。自らを３次元かつ多彩色のアバターとして表現し合えるバーチャルリアリティモデリング言語を使用したウェブサイトがある。

　その通りなのだが，コンピュータと情報技術が創造的プロセスに影響しそうな状況をすべて調査するにはもう１冊本が必要となる。情報技術インフラはとてつもなく重要だ。ここで記述した創造的環境のほとんどが電子的接続とコンピュータ記憶装置にかなり依存している。また，以前述べたように，広範囲なオペレーションを接続するのに電子ネットワークに頼ること以外に取りうる方法をほとんどの組織はもっていない。

　しかし，ブレインストーミング，情熱の鼓舞，偶然の発見を実現する場合，世界の中のどんな技術も対面接触の代わりにはならない――少なくともまだない，そしておそらく決してないだろう。地理的に分散した新製品開発チームの研究から分かったことは，複雑なタスクを行うチームメンバーは実際に使用する以上の「豊かな」メディア（すなわち，より多くのチャンネルをサポートし，より双方向なもの）をどのような*場合*でも好んでいたということである[25]。ファックスは一方通行のコミュニケーションに適している。電子メールは双方向，非同期的，相対的に感情を表さないコミュニケーション（ここでは大文字は「叫び声」となるのでタブーである）に適している。電話は目視すべき資料を必要としないコミュニケーションに適する。そしてテレビ会議はボディーランゲージの中にある微妙な部分が不要な場合には適している。しかし，対面コミュニケーションは，すべての感覚を使え双方向かつ即時的であるため，最も豊かで多チャンネルのメディアである。

　創造的プロセスが増強できるかどうかは，できうる限り豊かなメディアの供給可能性によっている。物理的に分散したグループの場合，できるならばいつでもメンバーを集合させるべきだ。そうすれば，グループは，創造プロセスにつきものの回避不能な（が望ましい）知的な意見の相違を乗り切れる

ほど親密になれるだけでなく，凝集的グループの一員であることによって生み出される情熱やエネルギーをプロジェクトの中に構築できる。物理的に接近できない場合には，テレビ会議が使用できる。ブレインストーミングだけでなく，パーティーを開きマイルストーンを一緒に祝うグループを知っている——それもテレビ会議で。テレビ会議が予算オーバーなら，電話や共有電子ホワイトボードに頼らなければならないかもしれない。1つだけ確かなことがある——コミュニケーションはきわめて重要であるため技術専門家の手に委ねることはできないということだ。マネージャーは，グループのコミュニケーション構造をグループ構成と同じくらい注意深く設計する必要がある。

スタンとアマンダに戻ると…

アマンダは建物に関して行き詰まっていた。そして，腹痛が止まらなかった。彼女は気づいていなかったのだ。設計にとって自分の見解がどれほど重要だったかを。考えあぐねてゲームセンター用のゲーム機をいくつか運び込んだが，それを置ける場所がなかった——彼女が改革派に転じ会議室の1つを手に入れるまで。磨き上げられた長いテーブルを外に出し，ゲーム機を運び込み，加えてチームが「落書きボート」と呼び始めたホワイトボードを壁の至るところに取り付けた。そこには，非常に驚くべき落書きがいくつか描かれた。次に，彼女はキュービクル群の真ん中にくつろげる居間を作り出した。ビーンバッグチェアとたくさんのホワイトボードがあった！　彼女がなした最大の功績は，経営陣を説得して施設事務部門を外注化したことであった。その結果，以前は机や椅子，コンピュータの在庫でいっぱいだった2ヶ所の大きな倉庫を手に入れることができた。この処置は会社の資金の節約になり，創造的活動用の貴重なスペースを解放した。幸運にも1つにはキッチンが付いていたので軽食を食べながら非公式会議をするための「アイデアカフェ」に変えた。2つ目の部屋はグループ「インフォマンス」や他の実験的な作業に利用できた。「改造にしては上々の出来だ」と彼女は考えた。「でも，創造的な仕事用の建物の設計を手助けする機会がこの先再びあるのなら

それに関わる時間を見つけましょう！」。

キーポイント

* 適切に設計されたスペースは，発散思考，あたため，収束を促進して創造性を後押しする。設計がうまくされていないスペースは，コミュニケーションを阻み，あたためを妨げ，創造性を抑え込む。
* 作業スペースのデザインは，公式のミッションステートメントよりも，創造性の重要性を盛り込んだ組織の使命や価値観をうまく写し出す。
* 創造性を促進する設計を行う余裕のある組織は，創造的摩擦を後押しし，あたためを可能にし，効果的な収束を促進するためのスペースを作り込むことができる。
* スペースが入手しにくい場合でも，創造性向けに既存エリアを改造することは可能である。オープンで構造化されていないスペースを実験活動に利用できるようにしておくことはきわめて望ましい。
* 予想外の偶然の連結は，計画されていないコミュニケーションを促進することで，増進できる。
* 創造性は感覚の刺激によって増強されるようである。しかし，個人はその刺激をコントロールしていると，すなわちそれをアクセスできかつ終了できると感じていなければならない。
* 職能横断チームの交流場をデザインすることはきわめて望ましいことである。しかし，メンバーは自身の専門分野の人との接触も必要である。
* 創造的グループは，遊び，文化，古いプロジェクトの象徴となる面白いオブジェクト——物理的アイコン——で自分たちを囲い込むことがよくある。そのようなアイコンは，刺激的で，楽しく，創造的な環境を作り出すのに役立つことがある。
* 複雑なタスクには対面接触がもっとも望ましい。対面が困難なときは情報技術のリンクをできるだけ「豊か」になるように設計しよう。

＊対面の相互作用に代わりうるものはない。

第 6 章
心理的環境のデザイン

　のどを通るよりもほおを伝って流れ落ちるシャンパンの方が多かったにもかかわらず，テッドは上機嫌だった。ほんの先ほどまで頭に高価なシャンペンをかけ，騒々しくお祭り気分に浸っているグループを見回しながら，彼はフォックスチームの数多く試練と勝利を振り返っていた。頭上の横断幕上で波打つ，彼らのモットー「限界を超えろ」が，会社の中で最も軽量で全地形用ハイキングブーツの生産へと至った心意気を捉えていた。市場への第一弾に対する熱い反応を営業部隊が報告してきたことに加えて，心より望んでいた会社の「最優秀」賞をチームは今まさに手にしたところであった。

　「自分のことをリーダーだと思ったためし一度もなかった」と，テッドは心の中で思った。しかし，通常のマネジメントスキルは重要だが，このプロジェクトはそれを越えたものを必要としていた。第一に，チーム全員が既にストックオプションと十分な給料を貰っていた。そのため，彼らをやる気まんまんにさせるのにテッドは金銭を当てにはできなかった。外へ連れ出しハイキングクラブを訪れたのは妙案であった——というのも，顧客への訪問によって大いなる熱意が満ちあふれ，かなり過激なアイデアがいくつも出されたからだ。傑出したアイデアは，もちろん，薄くて衝撃吸収可能な靴底だった。それはとても危険すぎて製造できないとエンジニアは当初述べていたが，地形の実際の「感触」をハイカーに伝えながらも同時に足を保護するものであった。そして，彼が選んだチームメンバーたちは，確かに遊びでも仕事でも楽しい時間をともに過ごした——最初は荒れて始まったにもかかわら

ず。しかし，テッドが最も誇りに思ったのは，舌革の初期デザインで足がすりむけた——その結果，製図板まで戻らなければならなかったが——という悪いニュースが報じられた後のチームの立ち直り方だった。チームは間違いなく対処でき，そこから学習ができる課題としてその悪いニュースをチームに示すことで，彼らの積極的姿勢に貢献してきたと彼は思っていた。幸いにも彼は正しかった。舌革の再デザインに取り組むことで，かかとの変更もいくつか思い至った。

幸運もこのプロジェクトにはあった。もしジョーが週末に行われたキャンプに出向いていなかったとしたら，そしてもしテントの紐が動かなくなりその結果テントをたたむことができなくなった顛末をほかのチームの人たちに話していなかったなら，グループは靴紐が滑るのを防止する，現在特許を取得したはと目金《訳注：布などのひもを通す穴を補強する丸い金属製の輪》をまったく思いつけなかっただろう。「しかし，もしかしたら，そうなるように手助けもした」とテッドは考えていた。「もちろん，グループはまったくそのことに気づいていなかったかもしれない，しかし，もし私が月曜の朝に『発表』会を開いていなかったら…またはもし私があの金曜日に忌々しいはと目金の問題を月曜日までに解決すべきものとして残しておくように特に主張していなかったら…，実際には…」と，チーム名を思いつかせたちゃめっけたっぷりの笑みを浮かべながらテッドは思った。「このプロジェクトでの自分の役割についてうぬぼれがかなり強くなってきているが，今夜の『ロースト』《訳註：パーティ参会者が主賓をユーモラスにからかったりけなしたりして楽しむ食事会》で適切な大きさに削られるだろうね，きっと。」

創造的グループをリードする——何が違うのか？

「*創造的グループは作り出されるものであり，生まれるものではない。*」ベンチャーからソフトウェア最大手企業にまでなった後，創造性に対する自らの責任がどのように変化したかを問われて，オラクル社の CEO ラリー・

エリソンは現在の自分の仕事は創造性に資する環境を作り上げることだと答えた[1]。創造的環境の中の「普通の」知性のグループは、息が詰まるような環境にいる「創造的な」人たちのグループよりも革新的でありうる。リーダーシップが重要なのだ。だから、デッドは「天狗」になった。

　数値による管理（たとえば、組織の財務報告書）は規範やコミュニケーションを通じて人をリードするのに比べて容易である——特に、お気に入りの思考スタイルによって、細かな報告書、分析、詳細なデータをリーダーが体を丸めて読む気になるのなら。その上、創造性を管理する際、リーダーは情熱を奮い立たせたり、セレンディピティを可能にしたりする責任がある。職務記述書の中には書いていない？　重要なことはほとんどそうだ！

　本当に重大なことは説明が困難である。第5章では、創造性への*物理的*環境の影響を強調した。本章では、*心理的*または*社会的*環境の重要性について論じる。どのようにすれば、グループメンバーにとって創造性の表明が危険なことではなく、望ましく、もっと言えば容易に行えるのかを皆さんに考えてもらいたい。

リスク負担と前向きな失敗

　第3、4章での規範の議論を思い出してみよう。「ここでの仕事の流儀」と認められたものは、グループプロセスに対して——建設的にも破壊的にも——重大な影響を及ぼす。創造的グループは、個々人のエネルギーの邪魔にならずそれをある方向に向かわせる指針的な価値観や規範を必要とする。扱いにくそうだ？　さらに悪く、はっきりとしない？　グループが信奉する価値や規範はおおげさではなく何十もある。メンバーは無意識にそれらを取り入れていることが多い。（魚は泳いでいる水をあれこれ詮索しないものだ。）以下では、非創造的エコロジーと創造的エコロジーを分ける2つの行動規範に焦点を当てる：すなわち、リスク負担、そして前向きに失敗する能力である。

リスク負担

　MCI 社の執行副社長デック・リーブハーバーは次のように語る：「われわれはミスをした人を放り出したりはしないが，リスクを冒さないやつは別だ」[2]。リスク負担と創造性との間には関連があるということが，スカイダイバー全員が全員創造的であるとか，創造的個人はみな危険と隣り合わせで生きているのを好むということにはならない。スリルを求める人は，明らかに，身体を危険にさらすのを生まれながらにして好む気質を持っている――が，彼らが発揮する創造性は平均水準と大差はない。したがって，創造的活力を刺激する方法としてメンバーをバンジージャンプに連れ出すということはほとんど何の助けにもならない。しかし，定義上創造的なことをするということは日常からの脱却を意味するので，リスクへのある一定の寛容さは確かに必要となる。どのような創造的アイデアも，これまできわめて有効に機能したもの――コンセプト，方法，テクニック――と置き換わる。後者を「新しく改良された」ものと入れ替えることには必ずリスクが伴う。それゆえ，創造的個人やグループは，創造的目標を達成するために，あえて危険を冒し，危ない橋を渡り，卵を割り，そして高い建物を飛び超えなければならない。（トップマネジメントの行為の中で具体的に示された）リスク負担に関する組織規範は，過激なアイデアを奨励したり，アイデアを役に立つ分野に導いたりできる――あるいはその流れを完全に止めることもできる[3]。マサチューセッツ州にあるバイオテクノロジーのジェンザイム社のアリソン・ロートン規制問題担当副社長は，同社の入社時に新しい行動規範を学習したと述懐する。「システムに異議を唱えなかったり革新を行おうとしたりしなければ，自分のできることなど分からない」と[4]。

　リスクを負担したがらないマネージャーの話は誰もが耳にしたことはあるが，以下で述べる CEO は「新しい技術へのラッダイト反応」の中で勝利を収めることができた。彼は，経営陣に企業イメージを高めるアイデアを生み出すことを奨めた。上司を驚かせ喜ばせようと思い，ある積極的な取締役部長が直接行動に出て，会社のインターネットウェブサイトを立ち上げた。驚いたことに，CEO が取締役会を開いたとき，「一体誰がインターネット上に

会社のホームページを設置したのか。君は，セックス中毒の麻薬常用者以外にだれもそれを使用しないことを知らないのか」と大声で言った。問題を起こした部長は今にも「テーブルの下をすべり込み，ドアまで這って」行きたい心境だったと語った。責任を認め，ウェブサイトを世界に向けての正当な掲示板であると弁護した後，彼は報いとして外国のある現場への異動を命ぜられた――その地位はリスク負担に対する罰だと彼は認識した。本当だとしてもこれは明らかに極端な例である。読者の方々ならこの CEO のように振る舞うことはけっしてないだろう。が，たとえば「このような未経験の分野に資金を使うべきではなかった」という穏やかな非難であったとしても，ほぼ同じような減退効果がありえたはずだ。

　対照的に，次のような状況を考えてみよう。デーヴ・フォーニーがチャパラル・スチール社で中規模形鋼圧延部門の監督であった時，最終段階の鋼管をトリミングするために 150 万ドルもするアークソー（arc saw）の購入を支持した（同社のような比較的小さなミニミルには大規模な投資であった）。元々は販売業者の現場にあったプロトタイプだったが，そのソーは生産条件下の実地試験を行うためにテキサス州にあるチャパラル社の工場に持ち込まれた。そのアークソーは見事に失敗したのであった。

　　　磁場は，（腕時計やペンを含む）ばらばらの金属片をくっつけ，それらをプロジェクタイルに変えたが，エンジニアは実際に操業で使えるまでに設備の精度を高めることはまったくできなかった。1 年間失敗しながら修理を続けた後，（結局）ソーは元に戻された。後に，フォーニーは生産担当部長に昇進したが，外部の人たちが「そんな失敗をしでかして叱責されないなんておかしいと考えている」ことに気がつき少々おもしろがっていた[5]。

　彼はリスクがあると分かっているそのリスクを取ることが許されていた。加えて，彼の名誉のために言えば他では成功を収めていたし，もしそのアークソーがうまくいっていたなら会社にとって非常に価値のあることであった。

心理的安全

　エイミー・エドモンドソンは，オフィス家具製造会社の中にある多数のチームの「心理的安全」効果の研究を行った。心理的安全の「特徴とは，善意から出た行為は罰や拒絶につながらないという信念が共有されていることである」。それは，たとえば「このチームではリスクを冒しても心配ない」というような項目を含む調査手法を使って測定された。エドモンドソンは，チームメンバーが感じる心理的安全は学習行動に影響を及ぼし（すなわち，学習を促進するためにチームが前向きにグループ内外でコミュニケーションを行う程度），次いでその行動はチームのパフォーマンスに影響するということを確かめた。それと同じく重要なことだが，エドモンドソンは，パフォーマンス向上につながるリスク受容的風土を創り出す際に，チームのリーダーシップが不可欠であるということを見いだした[6]。

　この2つの組織のうちどちらで働くかによって，リスク負担に対する感覚にどれくらい違いが生じるのかを想像してみて下さい。

　リスク負担を奨励するマネージャーは，負のフィードバックの伝え方にも気を配る。「良くない状況に巻き込まれている」と言われても人は奮い立ちはしない（教育的でもない！）。しかし，負のフィードバックでさえも，慎重かつ前向きに提示されるなら，人をやる気にさせる。知的な旅に出かけた人は実際に自分がどんな活動をしているのかを絶対に知る必要がある。率直なフィードバックが情け容赦ないものである必要はない。キャッスル・ロック・エンターテイメント社の会長兼CEOのアラン・ホーンは，創造的アイデアを四六時中渡されている：映画脚本，映画の初回編集版，マーケティングのアイデア。彼曰く，「この人たちの行ったことに対して心からの内なる敬意」を払うことが重要なのだ。彼らが革新的なアイデアを提示するために訪ねてくるとき，「その時，彼らは本当に傷つきやすくなっていることを心に留めておきたい。わたしの仕事は彼らにダメージを与えるのではなく，その提案の中の有望で創造的で並はずれた部分を見つけてそこに最初に焦点を当てること，不安を軽くし，彼らに自分は傷つけられたと感じさせないことなのだ。」[7]。次に，持ち込まれたものの改善が必要な部分に品良く入り込む方法を見つけ出さねばならない。こんなふうに言われれば，悪いニュース

も，良いニュースと同様に創造的プロセスの促進にとって重要となる。

前向きな失敗

　トーマス・エジソンは，何千もの実験を行ったが失敗に終わった時は必ず失敗によって明らかにされたことは何だったかを問い，学んだことを熱心に記録した。彼は，数え切れないほど多くのノートに書き込んだ。その中には失敗に終わった念力に関する実験結果も含まれている。数多くの失敗の後も長寿命フィラメントの開発努力を続けていた理由をある時助手に尋ねられたが，伝えられるところによるとエジソンはこの質問を理解できないと答えたそうだ。彼の基準では，一度も失敗していなかった。むしろ，彼はうまく効果を発揮しない幾千もの事実を発見していたのだ。彼の粘り強さは白熱電球に関する特許番号 251,539 によって報いられた。

　現代のマネージャーは同様の姿勢を取る必要がある。スタンレー・ゴールトはラバーメイド社会長であった時こう述べた。「今の世の中，とてもじゃないが超保守的でいるわけにはいかない」[8]。彼の*保守的*とは，新製品で100％成功するという意味である。革新的企業やグループは必然的に失敗をしでかす。そうでなければ革新的であり続けられないし，リスクをとり続けていないことになる。リスク支持的な風土は，失敗を成長のための糧と見なすにちがいない。しかし，知的な失敗と愚かな間違いとがあるのだ。前向きな失敗はこの差に気がついていなければならない。

　たしかに，人はみな愚かな間違い——危険で，いいかげんで，深く考えられていないアイデアで，その結果が予測可能なもの——をしでかしてきた。誤りやすき人類は間違いを実際に犯すものだ。グループで十分な名声を得ているなら，脇に連れていかれ，きわめて寛大な励ましの言葉がかけられたかもしれない。激励の言葉に押されて同じ失敗を無邪気にも繰り返すということがなければ，学んだことになる。しかし，それは依然として愚かなものであり，そのような間違いをグループが吸収できる数には限りがある。

　前向きな失敗とは，愚かな間違いを賛美するということではない。愚かな間違いはさらに多数の失敗に結びつくだけだ。

知的な失敗 前向きな失敗とは知的な失敗のことである。*知的な失敗は*，既知の（あるいは予想された）リスクを取ることから生じる——間違いを繰り返すことからではない。おそらく，経営陣に承認され革新的な成果が上がる可能性のあるリスクである。もっとも知的な失敗とは，誠実な，必要ならば専門的人材の参加を依頼するための資金も含めて十分に資源を与えられた試みである。知的に失敗する人は公認されたゴールが達成できない場合に備えてコンティンジェンシープランも携えている。製品やサービスの市販化が許されないなら，ライセンス，売却，税免除のための寄贈——あるいは別の製品での再活用が可能だという知識もおそらく持ち合わせている。その例として，1980年代にIBMの研究担当の科学者であるバーナード・メイアーソンは，きわめて効率的な電気伝導性をもつ半導体チップを作り出すために，通常の珪素にゲルマニウムを混ぜた半導体の開発に携わっていた。より高性能のチップ技術が導入されたとき，この新製品をメインフレーム・コンピュータに組み込むという彼のプランは破棄された。しかし，何か他の開発テーマに移るようにとのアドバイスに従うよりも，彼はその製品を携帯電話や他の無線機器——この分野ではゲルマニウム技術は有用性を持つ——向けに再設計するチームを立ち上げた。1998年時点で，IBM社はその新事業の収益は今後5年で10億ドルと見積もった[9]。

経験からの学習 前向きな失敗において，（失敗した企てに関わった個人だけではなく）組織は，経験から学習する。大部分の組織は，実地検証を誰かが求める前に失敗をすばやく覆い隠す。失敗から学ぶためには，うまくいったこともそうでなかったことも誠実に調査することが必要だ。全てのプロジェクトの報告が実施されるべきであるが，「失敗した」プロジェクトでは必須である。申し分のないプロジェクト報告は簡単ではない。第一に，その日にたまたまオフィスにいた人だけではなく，全ての関係者が居合わせる必要がある。もちろん，大部分のメンバーは次のやりがいのある仕事に移ってしまっている。ある会社ではこの会議がきわめて重大だと捉えられていたため，米国在住のあるチームメンバーは日本での新プロジェクトから舞い戻り

出席したほどであった。第二に，グループ会合に向けられた同一のルールがここでも適用される；率直さ，客観的評価，非難の代わりに学習に焦点を当てること。*誰が何をしたか*ということよりもむしろ*何が起きたのか*に焦点を合わせれば，責任追及が避けられる。リスクを取った従業員に失敗という火葬用の薪の上に妻の殉死を託せと命じる組織では，次の異例のプロジェクトに進んで関わる従業員は少なくなる。チームのメンバーを第4章で述べた推論の階段を下に進ませることは，意思決定の根源を追い求めるのに役立つ。

　しかし，プロジェクト報告，特に失敗した仕事の報告は，望ましい変化を載せた長いリストとなりがちである。このうんざりするほど長い災いの種を見たチームメンバーは，たいがいの場合，変えるべきことが多すぎると結論を下し，意を決してダチョウのように砂の中に頭をつっこむ。計測器会社の従業員のあるグループは，直近の2つの新製品開発プロジェクト——2つとも期待された目標に到達しなかった——のレビューに2日間携わった。二日目の終わりには，検討を続けてきた狭い部屋に問題や問題らしきものが数多く書き込まれたフリップチャート用紙が貼り付けられた。チームメンバーはイスに深く座り，必要となる変化が多いことに茫然としていた。10分間誰も口を開かなかった。とうとう，ファシリテーターが「トップ20リスト」を見つけてはと奨めた。そこから，チームは「トップ10リスト」に進み，最終的に実行すべき5つの変化を少し細かく詰めてみた。もっとも重要なことは，それぞれ変化には，期限が決められ遂行責任者が任命されたことだ。グループは麻痺状態から活動状態へ移行した。選び出された達成すべき変化には，パフォーマンスの改善を目的とする変化（関連する専門領域の間で，よりよく，より素早いコミュニケーションを促進するためのチームメンバーのコロケーション）」と問題の未然防止のための変化（設備デザイン上の問題に対する防衛策を提供するためデザイングループの一員としての技術担当者を含めること）が含まれていた。組織は学習し，次の革新プロジェクトは改善された。知的な失敗には，将来における同種の失敗を避けるためにこのような能動的な道筋が含まれている。

コミュニケーション

　双方向のコミュニケーションは創造性の活力源である。コミュニケーションの流れを促進しようと考えるリーダーは，がれきを経路から取り除き，障壁を破壊し，組織の奥底から情報を引き上げるためのポンプも備え付けようとたえざる努力を続ける。リーダーには4つのスキルが必要となる。すなわち，傾聴，プレゼンテーション，アイデア創出のための他者との連結，率直なコミュニケーション。4つのうち教え込めるのは，プレゼンテーションスキルだけだ（たいがい不十分ではあるが）。

傾聴スキル

　音楽ビデオケーブルネットワーク のMTV社において，メリッサと呼ばれた2人の25歳の制作助手が組織を愕然とさせたメモを書いた。「感傷的な死のイメージをくしゃくしゃに丸め，笑いが何かってことを学び直して。MTVには，もっとクリーンで，明るく，おもしろくなってほしいの。」彼女たちにとって幸運なことに，MTVの社長であるジュディ・マクグラスとMTVネットワークのCEOトム・フレストンはそのメモを意義あるものと見なした[10]。

　創造的組織やグループのメンバーは自らのアイデアをためらうことなく公表する——必ずしも実行されるとは限らないとしても。意見の相違を喜んで受け入れること，および良い話や悪い話，特に悪い話を聴くことは，リスクと前向きな失敗を促進するエコロジー——それが創造性を養うのだが——の一部である。うつろな目が人の左肩越しに浮かび上がってくる人生という不可解なものへの解をじっと見つめているような，そんな人とコミュニケーションを取ろうとすることがどういうものなのかを皆さんはお分かりだろう。たいていの人はほとんどの場合心理的なウォークマンのイヤホーンを着けている。そして，積極的傾聴は，ただイヤホンを取り去ること——それは

初めの一歩ではあるけれども——だけではなくそれ以上の意味がある。「そんなことは聞きたくない」という言葉は，創造的グループでは禁句リストの上位に載せられるべきだ。その代わり「あなたはどう思う？——そうだよね」を使うべきだ。傾聴は軽い運動とは違うという事実，および創造性は完全な情報公開の風土の中でそして選択肢の探求を通じて栄えるという事実をリーダーは作り上げなければならない。ロータス・デベロップメント社部長のジェフリー・ベアは創造的グループについて，「チーム全員を巻き込まなくてはならない。でも，民主主義という意味ではないんだ——つまり決を取る必要はないが，聞く耳を持たねばならない。」と述懐する[11]。

傾聴には，意見を率直に表明するための公開討論の場を設けることも含まれる。ヒューレット・パッカード社研究所コーポレートラボラドリーズの長であるジョエル・バーンバウムは，「コーヒー談話」——ルーズベルト大統領の炉辺談話のような一方向的だが，形式張っていないコミュニケーション——を過去に実施していた。最近では，バーンバウムはより参加的な方法に移った。彼の「タウンミーティング」は，またブロードキャスト的情報をいくぶん含んでいたが，双方向会議の時間の大半は傾聴に費されていた[12]。

プレゼンテーションスキル

黄金律を忘れよ；グループメンバーとのコミュニケーションでは当てはまらないのだ。人とコミュニケーションをしたいなら，己の欲するようにではなく，むしろ人の方からコミュニケーションされたいと望むようにすることだ！　第2章で説明した思考スタイルの好みの違いのことを思い出そう。データ，それも大量のデータを寵愛する人がいるかもしれない。事実，図表，小数点第3位まで計算されたパーセンテージなどだ。しかし，むしろ以前の経験——ケーススタディ，歴史，細目から細目へと筋道だててつながっていく実証済みの解決策——を聞きたいと思う同僚もいるかもしれない。さらに，生活や家族への影響を伴う個人的な物語や経験を求める人もいるし，言語よりも画像を好む者もいる。

そこで，自分のグループに課題を提示したいとしてみよう——イノベー

ションの機会は，自分たちがコンサルタントだとすると，企業向け業務プロセスの再設計に対する支援の要請である。どうすればその課題をもっとも効果的に提示でき，その結果集合させる前に問題の本質をグループの個々人に把握させ，同時にそれについて考える気にさせられるのか？　課題の一般的なプレゼンテーションには，クライアント企業のデータや文章による記述，現在の操業状況，財務状態が含まれるだろう。左脳主義者にとっては十分だ。しかし全員を引き込みたいなら，顧客が直面する課題の例となるような具体的ストーリーを加えることを考えたらどうだろうか。グループにクライアント企業のことを目に焼き付けさせ熟知させるために事務所・工場の手狭さや混乱を写した写真数枚というのはいかがであろうか。おそらく，当該企業の代表者に行ったインタビューの要約を共有することもできるはずだ。第2章で示したように，グループの中で思考スタイルの差異があまりに小さいためにそのような異質なアプローチを必要としない場合，創造性を支える知の多様性をも欠くことになるかもしれない！　グループメンバーのプロジェクトに対する情熱を鼓舞するのはリーダーの役割であり，リーダーの経験マップをメンバーに理解させようとするよりも，むしろ個々のメンバーの頭の中にある経験のメンタルマップとリーダーがつながっていることの方が効果的だ。リーダーのコミュニケーションスタイルの調節がグループにとって重要なお手本である。メディアと個々人のお気に入りの思考スタイルとの微妙な相互作用をグループメンバー全員が理解し尊重する環境をリーダーが支持するなら，創造性の実現可能性はさらに高まるであろう。

連結

　ルイ11世は「蜘蛛王」だった。蜘蛛のような手足というわけではなく，彼はいたる所にきわめて太いパイプを持っていたのだ。彼のスパイ網はすべての重要な国家の中にノードを持つ当時のインターネットであった。ルイ11世のやり方を推奨はしないが，彼の連結力，アイデアや選択肢を求めて環境を精査する能力には感服する。人とアイデアとの結びつきは創造性にとって欠くべからざるものである。グローバル人事部マネージャーである

バーバラ・ウォーは彼女の周囲にある技術用語を使ってヒューレット・パッカード研究所での連結メカニズムを説明する。同社の新事業の方向を定めるために結びつけたり「増幅」したりしなければならない研究プロジェクト候補や，特定の技術あるいは製品候補の中にある情熱の小さな固まりを突き止めようと，「ジョエル・バーンバウムの友」と称された上級研究員らが彼の代わりに実験室の廊下を徘徊する。このようにして強化された製品アイデアが結果的に魅力的なHP製品となるなら，申し分ない——そうならないなら，そのアイデアはスピンアウトしHPが資本を投下するスタートアップ企業となる[13]。

　ボストンを本拠地とするテラダイン社では，設立者でもあるアレックス・ダルベロフ会長の広範囲な交友関係が会社のイノベーションにとって決定的だったことが何度かあった。たとえば，テラダイン社が自社製品の半導体テスト装置を動かすため純ユニックスベースのソフトウェアから移行する必要があったとき，ダルベロフ会長じきじきに自社の専門家たちに既製品のソフトウェアを紹介した。彼は専門家たちを自分が取締役をしている小さな地元の企業に連れて行った。この企業でテラダイン社の技術者は必要なパワーと柔軟性が利用可能だと分かって驚愕した——それもパソコン上で走るソフトウェアの販売カタログからだ。新しいコードを書くために数千ドル費やす代わりに，エンジニアはたった2〜300ドルの値段で数千のプログラムから選べるということに気づいたのであった[14]。

　連結の重要性は，もちろん経営トップに限ったことではない。創造性はコミュニケーション網の中のさまざまな交差の場で花開くが，経営トップは連結に対して資源とサポートを提供する。食品加工工場が全世界に点在するユニリーバ社では，「知識のネットワーク」が電子的につながっている。しかも，一定期間ごとにメンバーは物理的に招集される。その結果，問題，アイデア，最も重要なことに創造的解を共有できることになる。たとえば，多数のユニリーバ製加工食品に入るトマトの同社専門家たちは，ブラジルで働いていようと英国であろうと，その野菜の実践共同体（コミュニティ・オブ・プラクティス）の一員となる。本書執筆時点までに，ユニリーバ社内のトマトについての知識——種から消費者のソースの好みまで——の完全な知識

マップを作り上げるために，週5日稼働の24ワークショップが世界中で開かれていた。

率直なコミュニケーション：テーブル上のヘラジカの認識

　大きな食卓に着席して同僚らとディナーの席に着いていると想像してみよう。テーブルの大部分を巨大な死んだヘラジカが占めている。蹄が時々じゃまになるので食事ができるように脇に押しのけなければならないにもかかわらず，誰もヘラジカについて話さないか，またはその存在を認めない。その話題はタブーである。ばかげた話しに聞こえる？　同じような状況を考えてみよう。

　売上高10億ドルのある濾過設備メーカーの最高経営陣は，将来に向けて会社をどう再構築してイノベーションを遂行するのかを議論するために会議を開いている。重役たちとCEOに個別に話をしたコンサルタントも同じように部屋にいる。昨晩のディナーの時CEOは，彼が直接雇用した人にはイニシアチブが欠けているとそのコンサルタントにいらだちを表した。例を挙げるようにと強く求めると彼は説明した。「わが社が将来に向けて開発しなければならない能力についてあなた方とともに取り組むことになるということが分かっていたので，今ここにある5つの中核能力が記されたメモを送りコメントを求めました。誰1人もメモに応えてきません。しかし，分かっていることは，私が文句を言えば金輪際提案は手に入らないということです」と。

　昨日，コンサルタントは最高経営者たちから話を聞いた。グループとして，自社のリーダーシップに懸念を示した。「彼は本当のリーダーじゃありませんよ」とある人がCEOについて語った。「彼は，財務上の数値や完全に命令口調の電子メールで，少し距離を置きながらもすべてをコントロールしようとします。しかし，実際に，彼は誰にも何についても影響を与えてはいないのです。」

　ヘラジカが分かりますか？　CEOが重役陣を批評すれば，重役たちは革新的考えからさらに遠のくだけとCEOは思っている。そのため部下に直接

自らのフラストレーションを示すのがきわめてむずかしい。他方，重役たちは，CEOはよそよそしく命令をしすぎると感じていることをCEOに話せない。ヘラジカとは，最高経営者らとCEOの双方が感じているリーダーシップの欠如のことだ。そこで，CEOと彼の直属の部下が双方ともに意味ありげな視線でコンサルタントを引き入れようとしながらも，すべての議論をむしばみ，会合を麻痺させる雰囲気を生む問題をグループメンバーは避けることになるのである。CEOや他のマネージャーの仕草はともに内に秘めた見解を確認させようとしているふうに見えるので，そのまなざしは「お分かりでしょう？」と語っているかのようだ。

　タブーの問題によって議論が妨害され，かつグループメンバーがお互いと問題を率直に取り扱えないのなら，どんな収束もうわべだけになる。合意はあるかもしれない，確かに。しかし，それは浅く，メンバーは合意やその結果に当事者意識を持つことはなさそうだ。仮定とアジェンダは依然として隠されたままで，メンバーは慣れ親しんだ合意前の領域へと退くことになる。本物の収束に到達するためには，テーブルのヘラジカを認め――公然と議論しなければならない。

　この会社の場合，コンサルタントは，個別の会話では，ヘラジカを取り上げてタブーの主題を処理しなければならないということを関係者全員に認めさせることができた。次のステップは，全メンバーがリーダーシップの性質やお互いの考えをオープンに議論するファシリテーションされた会議であった。名誉のために言っておくと，CEOは自らの行動に関してむきになって弁護は決してしなかった。財務役員の経歴と思考スタイルの個人的好みのせいで自分では好ましいと感じたが他の人はそう思わないやり方で彼はコミュニケーションしてきたが，それを全員が理解するようになったからである。独裁者のような権威への執着というよりむしろ好みとスキルが彼の振る舞いに影響したということを認めることで，その状況を個人の問題とせずにすんだ。トップマネジメント側としては，発揮されていれば有益だったはずのイニシアチブ――すなわち，自分たちが独自の見解をもつ課題を議論するため対面会議を何度か開催しようと主張すること――を発揮しなかったことを認

めた。電子メールとメモを命令とみなす代わりに，見解の断片，すなわち彼ら自身の手で形作れて影響を与えられるプロトタイプと見なすことができると考えた。ヘラジカを認めることで，責任の大規模なリストラクチャリングを含む，さまざまなオプションを議論するための余地が生み出された。CEOは，未来に向けての創造的提案の深さや幅広さに唖然としながらも愉快そうであった。議論は残されてはいるが，グループが「大きく前に一歩進んだ」と彼はコメントした。

　そのようなタブートピックを「テーブルのヘラジカ」と呼ぶことでユーモアのもつ利点が使える；緊張緩和，気分と楽観主義の高揚，共同精神の創出。あるグループは妨害的規範の除去が重要だということを熱狂的に理解した。そのため，会議中に遠慮なく大声で「ヘラジカ！ヘラジカ！」と叫ぶほどだった。その考え方を取り入れた別の会社は，ヘラジカの小さなぬいぐるみが多数会議室に置かれ問題が蹴散らされそうになるとヘラジカが放り投げられることでよく知られている。この2つの組織では，テーブルのヘラジカという考えが深く理解されているので，タブーへの取り組みは深刻な問題だがその呪文で笑いが誘い出される。「主張する側は，メッセージは深刻であると同時に深刻でもないので他の場合なら相手の気分を害することを冗談めかして話すことができる。言われている側は，深刻なメッセージが送られてはいるがそう見えないことで体面が保たれる。結果的に，かなり巧みに，かつ個人攻撃にならないようにして，むずかしい情報が伝えられていることになる」[15]。

情熱の促進

　専門的職業としてのマネジメントの草創期（マネジメントが科学であり得るかもしれないという考えに人々が夢中だった頃）に，テイラー主義は仕事の標準化とタスクへの細分化を進めた。結果，本質的に頭は必要とされないものになった。効率性が王となり筋肉を利用するために人が雇われた。次

に，品質管理運動，知識労働，そして*頭脳*を求めて人を雇用するのは効率的だけでなく効果的なことも多いとする洞察が到来した。筋力から頭脳へ移り変わったのだ。次は何か。情熱だ。手，頭，かつ心を求め人々を雇うことになる。人をまるごと雇うことはその生活，すなわち 24 時間の囲い込みには必ずしもならない。というのは，人というものは働いている時でも遊べるからだ。そんな言い方はまったく観念論的で実際にありえないと思うなら，非常に優れた創造的グループを訪れ，頭と心をともに仕事に捧げてきたグループメンバーから流れ出るエネルギーを感じとる必要がある。そのエネルギーは，組織に，製品やブランドに，あるいは顧客経験に向けた情熱であるし，メンバーを朝目覚めさせる力である。

　何が人の心を引き付けるのか。それは，株価を上げようという衝動，株主への 15 パーセント配当を保証しようという衝動 *ではない*（これは心を完全に引き付けた，その結果かもしれないが）。次のような新聞の見出しを想像してみよう：「102 歳，アメリカ最高齢の会社員が仕事がいまだに楽しみだと話す。」 102 歳？　ミルトン・ガーランドは 78 年間，ペンシルバニア州ウェーンズボロのフリック社で働いてきた！　「今やっている仕事が大好きだ。」彼はベストつきの濃いピンストライプスーツを着て前屈みになりながら述べた。「私の助言は，何かに打ち込みそれが好きになるまで続けるということです。仕事の専門知識が得られてはじめて好きになれるのです。エキスパートになれば楽しくなります」[16]。彼の現在の任務は，国際的なパテントの調整と実務講習を行うことである。インタビューを受けた朝一番にも授業があった。78 年の間働くだってと仰るだろう？　もっと人生を楽しめ！　しかし，それが特徴なのだ，彼の。世代のほぼ反対側にいる 30 歳の男性の語ることを聞いてみよう。マイクロソフト・エクペディア——旅行のオンライン予約のウェブサイト——の責任者リチャード・バートンは言う：「今の仕事は仕事なんかじゃない。たまたま給料が払われている趣味なんだ。」[17]。以上の人は仕事に情熱を持ち非常にやる気のある人だ——そして情熱は創造性（図 6-1）を刺激する。情熱はさまざまな形で顕れるが，リーダーは従業員が個人的に夢中となるものと仕事との間につながりを作るのを支援しなけれ

ばならない。

仕事に対する情熱

　おそらくあまりきちんと仕事を選ばなかったのか，勝手に配属させられたからであろうか，皆が皆自らの仕事に情熱を持っているとは限らない。テレサ・アマバイルが書いたように，「創造性を刺激するためにマネージャーができることの中で，おそらく最も効果的なものは，人を適切な地位につけるという一見すると単純なタスクです。マネージャーは，創造的思考の専門知識やスキルに影響を及ぼしかつ内発的動機に火を付ける仕事と人とを結びつけなければなりません」[18]。

　どうやればすぐれた仲介役になれるのか。時に，それは組織の価値と一致する人を選ぶという問題である。7パーセントの離職率が1990年の航空産業で最低だったサウスウェスト航空は，同年6万2000人の申込者から1400人を採用した。CEOのハーブ・ケレハーは基本原則を示す：

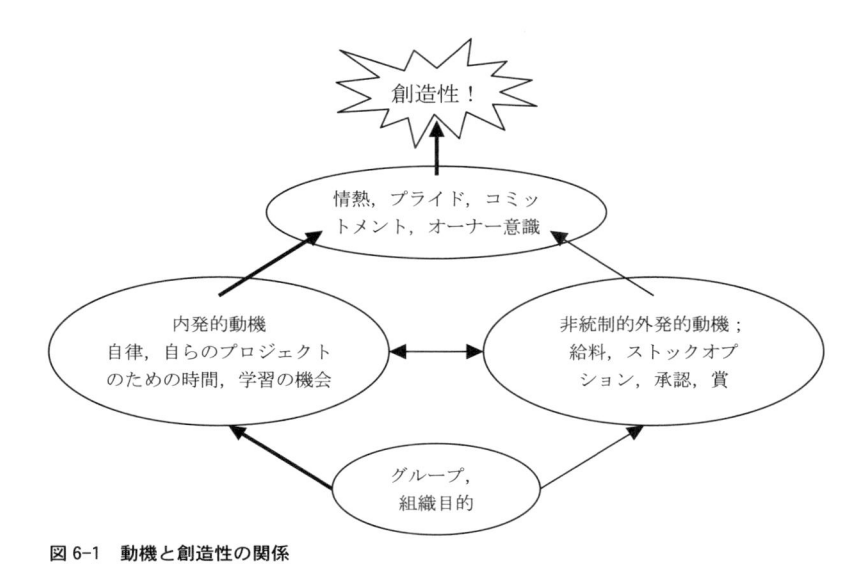

図 6-1　動機と創造性の関係

捜しているのはいの一番にユーモアのセンス。次に，自分を満足させるために人より優れていないと気が済まない人，全員が平等であるという環境の中でうまくやっていける人を捜している。教育と専門知識はあまり気にしていない。やらなければならないことはすべてやれるように訓練できるから。私たちが雇うのは態度です[19]。

またある時には，仲を取り持つのに，かなり巧妙な処理——たとえば同じ社内で，生来の長所や情熱と特定の仕事とをペアにするということ——が必要となる。文化的差異が仲介の方程式に入ると，2ヶ国にまたがる会社の運営には並外れた難題が作り出される。コーウェア社のグイード・アーノウトは，国／地域の強み——この場合危険への志向性——と会社のニーズとの間に適切な組み合わせを作るため，ベルギーのエンジニアとアメリカのマーケターを求めた。「アイデアを売るのにマーケティングが，現にあるものを売るためにセールスが，顧客が本当に望み必要とするものについて疑いを持つためにエンジニアリングがある。よい議論をするためこのような自然な緊張関係が必要なのだ。」アーノウトは，ベルギー人のエンジニアの強みをきわめて理路整然とした品質志向のシステム思考家であることだと考えている。アメリカ側では，セールスとマーケティングが，従業員の企業者的なリスクテイキング選好——および会社のニーズに，向けられている。

情熱を刺激するために仕事を独創的に定義し直したマネージャーもいた。ラッセル・ハーンドンがジェンザイム社のために新しい規制グループを作った時，規制手続きの中の小さなステップだけを監視するのではなく，製品とプロセスを開発初期から使用されるまで全面的に支援したいと思う人がほしいという広告を彼は組織の内外で出した。結果，多様な経歴を持ち，まったく並はずれた人たちを引き寄せた。その人たちは，通常の規制関連業務とはきわめて異なる刺激に満ちた機会に気がついたのであった。

（製品，サービスの）イノベーションに対する情熱

製品への情熱は人をやる気にさせるのか。ダヴ石鹸の強烈な広告を作り出したチームは，自分たちの製品を愛しておりプロモーションに好感を抱いて

創造的な人と仕事との組み合わせ

　仲介がうまいくには，創造的な人を本気にさせるものは何かということについて多少複雑な考え方をする必要がある。カミングズとオールダムは，2つの製造施設の従業員171人を調査した。従業員は，設計および生産エンジニア，専門技術者，製図技師を含む様々な部門から選ばれた。各人の創造性が（ゴフの創造的人格尺度を使用して）評価されたのと同様に，会社の公式提案プログラムへ各人がなした貢献も評価された。各提案の創造性は，新奇で有用なアイデアを受理した委員会によって決められた。創造性ありとされた従業員はどんなふうであったのか。さほど創造的でない同僚よりも彼らの提案の方が全体的に創造性ありと判断されたと考えるのなら間違いである。それどころか，かなり複雑な仕事に取り組み，支持的で非統制的な監督者によってその仕事を実行する自由が与えられた場合にだけ，創造的な人物は創造的な考えを生み出せたのである[20]。

いる。「ダヴには誠実という成分がいつでも入っています」とナンシー・フォンク（広告代理店オグリビー＆メイザー社のクリエイティブディレクター）は語る。彼女のチームメイトであるクリエイティブディレクターのジャネット・ケスティンは，「自分たちのしてきたことすべての中心に誠実さを作り込もうとしてきました」と付け加えた。2人のクライアントであるリーヴァ社から提供された多くの情報の中に興味をそそる事実があった。ダヴは，競合する化粧石鹸と異なりきわめてマイルドなのでリトマス試験紙に対して蒸留水とまったく同じように作用した，すなわちまったく変色させなかったのだ。一方，競合製品は試験紙を黒っぽく変色させ，高アルカリ性であることが示された（ダヴは，分子レベルでは，本当の石鹸ではない。むしろ，第二次世界大戦中に発明された石鹸の代用品である）。アートディレクターと作家という経歴であり，ともに技術的専門知識はなかったヴォンクとケスティンは，オフィスでリトマス試験を繰り返すために外に出て必要なものをすべて買い揃えた。目にしたことによって「［2人は］完全に打ちのめされた」。肌にやさしいと評判の石鹸でさえ実は皮膚への刺激が強い成分を含んでいたということに衝撃を受けた。ブランドロイヤリティは「腕洗浄テスト」——肌へのやさしさのテスト，他の被験者と同様に石けんで腕の内側を円を描くように1日に3回60秒間洗い，もう一方の腕の内側をダヴで洗

う——によって強められた。3日後，石鹸をつけた腕の内側にはうっすら赤い斑点がついたが，ダヴを付けた腕にはなかった。その製品は「夢の実現——証明可能な技術的利点を備えた製品——」であった。というのは，2人ともに「広告に関して多少懐疑的」で「うまい売り込み話ではなく長所に基づいて製品を売る」ことを望んでいたからである[21]。

　本物の情熱は伝染する。そしてフィッシャー・プライス社のリサ・マンキューソの情熱はきわめて強い感染力がある。「私は製品を愛している；自分がすることに熱い思いがある。……愛していないものを擁護することはできない。……自分で自分の行っていることを信じ，成功を収める時，他の人たちはそういう人のチームに入りたいと思う。私は自分のしていることが本当に好きで，だから人をわくわくさせられる，ごまかしたりしないから」[22]。

組織に対する情熱

　おそらく組織全体に対する——全体のミッションへの情熱がある。ルーカス・ラーニング社のスーザン・シリングは，熱狂的に働く従業員について「彼らが金銭を望むならどこかの別の会社にいるはずです。ここで働くのは，我が社が行っていること（子供向けの面白くかつ教育的な製品の制作）に燃える思いを感じるからなんです」[23]と語る。また，初期のアップル・コンピューター社のチームメンバーであるランディー・ウィギントンは発足当初のグループの熱意を語る；「そこで働いていた人は誰でも完全に仕事と一体化していた——皆が皆，神からの使命を負っていると信じていた」と[24]。

　以上の例は新興企業である。1903年に創業した会社はどうであろうか。ハーレー・ダビッドソン社の従業員は会社への忠誠心がきわめて強いので，15万人参加し4日間に及んだハーレー社95周年記念集会をたった1人の要員の追加と完全にボランティアの労力で実行できた。加えて，ボランティアらは大成功した90周年記念集会よりもこの大会を良いものとすべく懸命に働いたのだ。前CEOリチャード・ティアリンクは，従業員が熱烈でイノベイティブな理由を以下のよう説く。

仕事に来るだけの人は要らない。自分のすることに興奮し，会社に愛着心をもつ人材が欲しい。オートバイに必ずしも乗る必要はないんだが。ハーレーのTシャツを着てスーパーマーケットの列に並んでいて，誰かが「ハーレーで働いているの？　すごい！」と言われる時に感じる興奮だ。こんな会社で働きたいという人材，変化をもたらしたいという人材を獲得してきた。私はそれを「ハーレーエーテル」と呼ぶ。その環境のおかげで，自分の手で変化を生み出せる，つまり継続的に向上しようと［自分自身に］挑むようになったということを社員は理解している。

このような組織改革への熱意は重要なイノベーションにつながった。自己管理に近い作業チームが改善を絶え間なく実行しているため，ハーレー社の労使関係は他社の羨望の的である[25]。

皆さんは尋ねるだろう。どのようにすれば従業員やグループメンバーにそんなふうに感じさせられるのかと。おそらくはそれは不可能だ。しかし，創造的グループのリーダーは，グループメンバーが情熱，コミットメント，誇りを感じる可能性を確実に増やせるような管理手段を数多く見つけ出している。第1段階は，やる気を削がないような目標設定の方法を理解することだ。

内発的動機づけ要因：内側からの動機づけ

内発的動機づけは，「あなたは私に……十分支払ってくれなかった」と「私はこれをして*稼いでいる*ことが信じられない，ほんとうに楽しい」との差である。つまり，人の手と頭を雇用することと，心を雇うことの差である。GE社のジャック・ウェルチは「人間の精神から溢れ出るアイデアは絶対に無限だ。あなたがしなければならないのはその源泉を活用することだ……それは創造性であり，どんな人でも重要だとする信念である。」と考えている[26]。バイオジェン社の元CEOであるジェームズ・ビンセントは

「どんなときもやる気とミッションをどう組み合わせるかということが問題だ」[27]と語る。すなわち，従業員に組織目標に向けた仕事をいかに楽しんでもらうかということである。明らかなことだが，「楽しんでくれ」と従業員に言うだけで済む話ではない。だからといって皆さんが無力というわけではない。情熱を注入する創造的エコロジーを構築する方法がいくつもあるのだから。

自律性

J. C. ペニー社の大学交流マネージャーであるデビー・ヘルドは，「X世代の人間は自分自身の事業を持てば週90時間働くということに気がつきました。それで我が社が下した結論は，その人たちに自分たちは起業家だと思わせるようにし向けなければならないということでした」[28]と語る。この世代は何を望むのかという問に対するラインマーカー社のブルース・タルガンの解答──「簡単なことだ。彼らはリモコンを渡してもらいたいのだ」[29]──の中に，X世代の「非組織」人的文化が写し出されている。また，マサチューセッツ州ケンブリッジのミレニアムファーマシューティカルズ社のCEOかつ創業者のマーク・レビンは，「優れた人々を雇ったなら権限を与えなければ」[30]と述べる。要するに，（4章で述べたように）これは組織のミッション，目標に収束することである──が，目標の達成する*方法*についてはできるだけ自由にさせること；すなわち人のエネルギーが流れる水路を造るが，その流れを細かく管理しないということである。シアーズ社の当時の最高管理責任者であったアントニー・ルッチは「人は自らの手でことをなす機会があるなら自尊心が生み出される。まさに息を吹き返すんだ」と述べた[31]。

役員人材斡旋会社ウォード・ハウエル・インターナショナル社のCEOデビッド・ヴィッテは「自由と責任はまさに最良の特別待遇だ」と述べる。例えば石油産業では「アモコやエクソンのような官僚的な会社から人を得るのは簡単だ。が，ジョー・フォスターから人材を奪うことは到底できない」とヴィッテは語る。フォスターがテネコオイル社にいたとき，彼はエネルギー産業において自己管理チームの従業員に自由と権限をはじめて与えた人のう

ちの 1 人であった[32]。創造的グループによる目標設定を支援し，次に目標の達成方法にはできるだ多くの自律性を与え，学習と創造的副産物のための時間と資源を組み込むこと——これらは，創造的グループのメンバーをやる気にさせるだけでなく保持するための方法である。

個人的プロジェクトのための時間

3 M社は，従業員に個々人のプロジェクトのために仕事時間の 15 パーセントを与える。HP 社では 10 パーセントに加えて，実験室と機器の継続的な利用が許される[33]。近年では，従業員がそのような時間を*見つける*のがしだいに難しくなってきているが，両社には「スカンクワーク」——すなわち，グループが空き時間に未申告のプロジェクトに取り組むこと——から生まれた重要なイノベーションに関する物語が数多く存在する。小企業，特に創業企業は，個人や小グループがイノベーションに取り組むための時間枠を従業員に与える余裕はさらに少なくなるが，そうする必要性はあまりない。結局，そのような企業の従業員はたいてい会社に残る。なぜなら組織の関心を独占している特定のプロジェクトや製品に心を躍らせているからだ。

学習する機会

ある 1 つのインセンティブが大企業にも小企業にも同じように適用される。それはきわめて重要なのでしばしば新入社員の雇用契約にも書き加えられている。プライス・ウォーター・ハウス社のジョン・ウォーターマン（30歳）は「私がここにいるのは，学習が続くからだ。少々退屈になりかけるとほぼいつでも，新しいプロジェクトが学習の機会を引き連れて訪れてくる」と話す。トレーシー・アマバイル（33歳）はその見解と同様のことを述べる；「人と学習が基本です。私には，異なる産業で多くのチャンス，数多くの興味深い仕事が与えられきました」[35]。ヒューレット・パッカード社従業員の自発的退職は，属する産業の労働市場の半分であった。1990 年代にそれは 3 分の 1 までに低下した。「この点に関して当社は頻繁にベンチマークテストされています」と人的資源マネージャーであるサリー・ダッドレーが

> **自尊心と生産性**
>
> 労働者数千人に行った全国調査の研究では，教育と経験に加えて，自分自身を肯定的に捉えることが（賃金に反映される）生産性に強く影響することが示された。「研究者は，自尊心が人的資本の習得に影響することと，人的資本と高賃金の支払いが自尊心を強める傾向があることを発見した。……自尊心の 10 パーセント向上の方が，教育や実務経験の 10 パーセント拡大よりも，賃金を押し上げた」[34]。

語る。「特別のことは何もしていません。当社は給与では「トップ水準」にありますが，報酬体系全体は大企業のわりにはかなり古めかしいものです」。したがって，この点で独自の*外発的*な動機づけは作動していない。しかし次に，ヒューレット・パッカード社の並外れたところが明らかにされる。HP 社での 24 年間で彼女は 14 の異なる職務に就いたのである。「キャリアのほとんどを HP で過ごした人々――ほとんど皆そうですが――は同じことをし続けたりするのに共感なんかしていません。」[36]。同様に，カリフォルニア州シリコンバレーのオラクルコンピューター社で働く理由を尋ねられた時，従業員「全員が，やりがいのある仕事，最先端の面白い仕事を行う機会を語り始める」[37]。この態度は，イノベーション駆動型の地域――ソフトウェアエンジニアにとって転職はたかだが通りを横切るだけというところ――にはよくあることだ。興奮が消え去ることは最良の人材を失うことになるかもしれない。従業員は「クールな」プロジェクトで働く楽しさ，次の「クールな」ものを発見することへの期待を語る。マネージャーにとっての難問は，創造的グループがバラバラにならないようにその興奮を組織内に留め置くことである。

外発的動機づけ要因：外部からの動機づけ

目標を達成する挑戦以外に何が人をやる気にさせるのか？　経済的な理由だけならお金はよいものだと，ウディ・アレンは語る。お金と地位は人をや

る気にさせる。「6桁の給料」「CEOに直属」「ストックオプション」「社用車」「個人専用駐車場の社用車」。しかし，そのようなインセンティブは創造性を駆り立てる情熱，コミットメント，オーナー感覚につながるだろうか？

答えは次のようになるだろう（人生のほとんどがそうだが）：状況次第だ。このすばらしいインセンティブすべてが個人の利益と一致する，あるいは少なくとも後述する内的動機のうちのいくつかを支えるものなら——イエスである。他方，そのような明白なインセンティブが人々をコントロールする，あるいは自律性を奪うという働きをするなら——ノーである。

会社の株が上がると財布が分厚くなったと感じることで帰属意識とオーナー感覚が生まれる。合衆国で最も賞賛された会社の中で，持ち株制度，オプション，ボーナス有資格者である従業員の割合が高い会社がある。フェデラルエクスプレス社とインテル社では，例えば，全社員が有資格者だ。この変動的給与は全社員の総賃金平均値よりはるかに大きな割合を占めている[38]。

時には，金銭的動機づけ要因を全社の業績よりもむしろプロジェクトの成果に直結させることができる。ソルトレイクシティーにある会社，ビューポイント・データラボ・インターナショナル社——映画制作企業，ビデオゲーム企業，自動車会社向けの三次元モデルとテクスチャの製造——の生産部門長であるウォルター・ヌートは，創造的グループが6ヶ月毎の昇級を要求していることに気づいた時，そのグループに報酬を与える新しいやり方を思いついた。給与を与えるのではなく，契約社員であるかのように支払ったのだ。今まで通り，彼らは種々の手当が付与される常勤のビューポイント社の従業員であったが，同社が顧客から受け取ると考えられた金額の26パーセントを全プロジェクトチームで分けた。給料は60から70パーセント急上昇したが生産性はほぼ2倍となった。さらに，グループのメンバーは所定の労働時間はなく——好きな時に働いている[39]。

業績予想と結びつけられない予期しない報酬で，特別な努力を行った後に渡されるものも——おそらく特に——やる気を引き起こす。1997年のUPS社のストライキの間，フェデラルエクスプレス社は1日あたり80万の想定外の小包に対処しなければならなかった。

何千人もの従業員が，その余分の小包の山を数時間かけて仕分けるため深夜少し前に——平日の通常勤務の後で——自発的にハブに押し寄せてきた。彼らの骨身を惜しまない働きは，どんなスローガンをも超える献身を示した。ストライキが終了した後，（最高経営責任者のフレディリック）スミスは，11の新聞全面広告——「よくやった（Bravo Zulu）」という大絶賛で結ばれていた——で従業員を褒め称えた。その軍隊用語は，訓練期間中に従業員は最高の称賛——「いい仕事だ。予想以上の成果をあげたぞ」——だということを学んでいるので，重く見られている。スミスは特別ボーナスも指示した[40]。

 予算を預かってもいないし，ニューヨークタイムズの紙面1ページを買う余裕もないとしても，それでも顕彰という形で外発的動機づけを提供できる。「でかしたぞ」という簡単な言葉が人に活力を吹き込む。自部門のイノベーションと業績のすべてを表にした年次報告書を副社長に提出するが，その業績を作り出した部下の名前を1人としてあげないマネージャーは，創造性をいっそう推進する安価で一目瞭然の機会を逃している。

 次に，特別賞というものがある。人は成長しても勝つ喜びを失わない。エレクトロニックアーツ社では，四半期褒賞の半分はグループに与えられる。その会社の価値の1つに誠実さがあり，四半期の賞は，「個人的な面で多大な犠牲を払っても高潔さに基づいた行動を起こすように会社の方針を変えさせた」グループに与えられる。「彼らは危険を冒し，……自分のボスをよく調べて『私たちはどうも正しくないことをしようとしていると思う』と言う……組織の中心にいる従業員のように」[42]。高潔賞トロフィーは，プラスティックのクッキー（最後のクッキーを食べない！ということのシンボル）がひとかけら中に入っているクッキー瓶であり，勝者は皆が食べるために本物のクッキーを四半期の間ずっと瓶にいっぱいにしておかなければならない[43]。モトローラ社では総合顧客サービスチームコンテストがある。1994年は，弁護士とエンジニアのチームが金メダルを勝ち取った，このチームは15ページの発明公開書類を2ページにそぎ落とすことに成功した——1年間でエンジニアリング時間の44年相当分の節約をモトローラ社にもたらしたの

内発的および外発的動機づけ

　テレサ・アマバイルは，内発的動機づけは創造性にとってきわめて重要であるということを明らかにした。内発的動機づけは，「仕事そのものの質に対する個人のポジティブな反応から生じる。この反応は，興味，充足感，好奇心，満足，前向きな挑戦として体験される。」アマバイルは，外発的動機づけを「仕事自体ではなく，外部の源泉——その源泉には，評価の期待，報酬契約，外から与えられる指示，類似の他の源泉のいずれかが含まれる——から」生じるものとして定義した。内発的に動機づけられた人は仕事そのものに喜びを見つけ出し，自らの手で仕事に取りかかるための創造的な方法を探し求める。外発的に動機づけられた人は一生懸命働くかもしれないが，創造的な解を追い求めようとはしない。仕事に対する外的インセンティブのすべてが必ずしも創造性を妨げるわけではない。アマバイルによれば，「情報的」あるいは「シナジー的」な外発的動機づけ要因——たとえば，能力を認めるような顕彰やボーナス——は創造性を増強する。あるいは，将来のプロジェクトにおいてこれまで以上に刺激的な仕事ができるように支援してくれる外発的報酬——たとえば科学者向けの高性能の設備あるいは特別の旅行の機会——は，内発的動機づけと創造性の強力な実現要因となりうる。しかし，監視，非現実的な目標，批判や報酬の強調のような外発的動機づけは創造性を損なうだろう。従業員は，外的な期待を満たすために，しなければならないことをただ実行するだけになる[41]。

だ。11ヶ国から来た4300チームの競技者たちが競い合った。

　リーダー全員が公式の表彰を必要であるとは——あるいは望ましいとさえも——思っていない。ハーレーダビッドソン社の前CEOであるリチャード・ティアリンクは語る,

　　提案制度はないが，ただ単に事を正しくなす方法より，正しい事とは何かを常日頃考えるように従業員に働きかけている。……われわれは耐えざる改善という環境に取り組んでいる。……そのため，どうやれば従業員の前にルーティンに挑む機会を提示できるのだろうか？　が，そのことで大げさに騒ぎ立てたくはない，なぜなら表彰をたくさんすれば敗者が多く出るからだ。全員に「これは，会社の文化だし，自分の仕事の一部なんだ。それに楽しいし，変化の推進者になれるから仕事に刺激が加わるんだ」とただそれだけを言ってもらいたい[44]。

では，表彰は必要あるいは不要，どっちなのだろうか？　それは，賞の目的と受賞者がそれをどう見ているのかによって大きく影響を受ける。賞が能力を確認するもの，優秀さを尊ぶ風土を創造するものとして見なされるなら創造性に貢献する。しかし，賞が評価や昇進に必要な印と見なされるなら（「上級管理者になりたいと望むのなら四半期賞を少なくとも1つは獲得する方がよい！」），その場合賞は内的な動機づけを統制し阻害する。外的および内的褒賞の双方の根底にあるのは，組織目的——内容だけでなく設定の仕方も——である。

目標設定

グループに独自の目的を設定させてみよう。その目的がどれくらい意欲的なものになるかについて，どうお考えか？　「きわめて意欲的」と考えたのなら，正解だ。人は困難だが到達できそうな目的——「野心的」あるいは「拡張的（ストレッチ）」目標——を選ぶ傾向にある。目標がかなり低いなら，もちろん，リーダーはもっと高い目標を達成させるようとそのグループに迫ることができる。グループはもっとうまく事を運べるということをリーダーや外部のオブザーバーがメンバーに示すなら，グループは自力でより高く目標を設定するようになる[45]。人が拡張的目的を追い求め——ついに達成する時に体験する興奮状態から情熱の源泉のうちの1つが生まれるのだ。

しかし，従業員がこれくらいが妥当とする高い目標を設定した後でマネージャーが恣意的にそのバーを少しずつ上げていくなら，幻滅が入り込み，グループメンバーは制度を悪用しようと決めるかもしれない。チバ社とサンドズ社が合併して世界第2位の大製薬会社ノバルティス社ができた時，カントリー・マネージャーたちは，「最善の手」——すなわち，可能な限り意欲的な目的——を尽くすようにと求められた。「そうした後，原則的にさらにX％の積み増しを期待されていると告げられた。彼らは怒り狂った」[46]。「不可能な目標はやる気をなくさせる」と，ランディ・コミサー——深い経験を持つシリコンバレーの起業者の1人で，革新的なスタートアップ企業のCEOに対するメンタリング事業に参入した——は次のように述べる。

販売目標が達成できないなら皆悲惨だ。目標に届かなかった後に営業担当者に褒賞を与えるならどんなものでも——やる気を失わせる。達成感がないからだ。うまくいったと感じる，すなわち目標を達成して満足する必要がある。事業の勢いには，成功を続け，維持すること，つまり，時々ではなく，次から次へと得点することが重要なのだ[47]。

楽観主義

くまのプーさんの物語に出てくる陰気なロバのイーヨー——いつも事の否定的な面のみを見ている——を思い出せますか？ 彼の頭上の雲には銀色の裏地がない，すなわちどんな冒険からも良い結果は生じえないのだ。「明日ヒョウがたくさん降ったとしても驚かないよ。」とイーヨーは言う。「ブリザードでもなんでも。今日の晴天はどうでもいいことなんだ」[49]。イーヨーは創造的グループの良いメンバーではありえないし，ましてやリーダーでもない。彼が希望のない未来に向けてとぼとぼ歩く（そしてその未来を作り出すのだが）時，周りにいる人のエネルギーを吸い込む小さなブラックホールだ。

情熱と熱意は，楽観主義と未来への信頼という雰囲気の中で育まれる。スタートアップのソフトウェア企業に特化したベンチャーキャピタルであるウィンブラッドハマー社のアン・ウィンブラッドは，リーダーは失敗してしまいそうなやり方ではなく，集団が成功できそうな方法を探し出す必要がある，と述べる。リーダーはグループをその気にさせて，半分空のコップではなく半分満たされているコップを見るようにし向けることができる——そしてその楽観主義は，革新の中の回避不能な問題にグループが直面する際に重要となる[50]。ランディ・コミサー，創業直後の多数のスタートアップ企業を育成するシリコンバレーの「バーチャルCEO」は，楽天的で自信を持つマネジメントチームに関して同じことを語る。

達成欲求と目標設定

　成功を求める衝動（達成），管理衝動（パワー），他者との親密な関係を持ちたがる衝動（交友関係）の程度は人によって異なる。心理学者は，これらが人によって違うということに長い間関心を寄せており，達成，パワー，交友の動機が人々の行動を方向づける強さを測定する標準化された方法を開発してきた。特に，達成欲求の強い人たち（当然予想されるように，管理職ではそんな人が多い）は，中程度のリスクを好む傾向にある。低い目標が与えられるなら，成功は意味を失い失敗は破滅と受け取られるだろう；目標がきわめて高く設定されるなら，その場合成功はあり得ない。他方，中程度のリスクは，達成意欲を持つ人に成功の見込みが高く達成感のあるチャレンジを与える。この「起業家的」傾向の強い人はまたフィードバックを切望する。それによって自らの目標を調整できるようになるからである[48]。

　私は気づいたんだ，主として大きな夢でやる気を起こしているチームは，状況が厳しくなり本当のねばり強さが必要となったとき，夢をまったく当てにできないものと見なすということを。VC（ベンチャーキャピタル）企業に拒絶された時のチームの反応を眺めるのに優ることはないと思っている。もししっぽを巻いて安全な場所に避難するなら，チームはお似合いではないということだ。その代わり，「あのVCはわれわれを拒否した日を後悔するようになるぞ」と言うなら――そんなチームが私の手助けをしたいチームなのだ[51]。

　グイド・アーノウト（コーウェア社の最高経営責任者）は，この点に関して文化間での差異に気づいた。シリコンバレーのようなめまぐるしいゴールドラッシュ環境では，人はスイスチーズのチーズに目を向けるということを彼は分かっている。彼の言によれば，欧州の同僚の何人かはチーズを無視し，その穴――それを恐ろしいと感じる――に焦点を当てている。しかし，「穴はチャンスなのだ」と彼は語る[52]。

セレンディピティの促進

　実際，そのような穴の1つ——ほかの誰も分かっていない将来性——の中で遭遇する機会から始まった革新は数多くある。おとぎ話『セレンディプの3人の皇子』——そこから，ホレス・ウォルポールがセレンディピティという用語を発明した——の中で，殿下たちは「自らが追い求めていない物事を，偶然や適切な判断力を通じて，たえず見つけ出していた」[53]。偶然事象の巨大な（無数の思いがけない出来事の）カタログは3つのタイプに分けられる：1）プラス——正しく理解された驚くべき発見，2）マイナス——発見者によって利用されない驚くべき発見，3）擬似的セレンディピティ——探し続けたものを発見する，ただし驚くべきやり方で[54]。ここで関心を寄せるのは1番目と3番目のタイプのみである。

　しばしば創造的プロセスの第一ステップである機会の識別は，難問，あるいは少なくともパズルとして，偶然に現れる。そのような偶然事象を促進することなどは論理的に不可能と思われるかもしれないが，実際そうではない。たえず「運が良い」人や企業があるということに興味がそそられないか？　巡り合わせか？　あるいはセレンディピティを待ちかまえ，それが起こる普段とは異なる一瞬を認識し，セレンディピティを膨らませるこつを持っているからだろうか？　慌てふためく，あるいは怒鳴りつけられて好奇心を失うという理由で，おそらく多数の革新は消え去ってしまう。アレクサンダー・フレミングが，カビで汚染された細菌培養をのろい，投げ出したとしたら何が起こっただろうか？　ペニシリンは存在しえなかった。人々がランダムに出会える可能性を増加するように物理的スペースを設計できるのと同様，アイデアの偶然な衝突や「失敗」の見直しを後押しするような心理的環境を作ることは可能だ。マネージャーが，日常的なこと，ルーティン，立証済みの作業方法に従業員の視野を限定しようと訓練を行うなら，組織の中のいったい誰が面白い難問，予期しない結果を求めるのだろうか？

歴史は，偶然に——多くの場合は実験が「失敗した」という理由で——生じる科学的発見で満ちている。アレクサンダー・フレミングが書いたように，「時には人は追い求めないことを発見する」のだ[55]。

たとえば，フレオンに取り組んでいたデュポン社の科学者は偶然に何種類かのガスを重合化させて白い粉——テフロン——を生み出した。あるいはガラス製品を磨くためにダウケミカル社に雇われた大学生のラルフ・ウィリィが汚れを落とせなかった薬瓶はどうだろうか？　物質はやがてつるつるした濃緑色のフィルムになった。最初，腐食性のある波しぶきを防ぐため軍隊で戦闘機に使われていたが，車の室内装飾材にも使われた。ダウがそのフィルムから緑の色といやなにおいを取り去った後，それはサランラップとして販売されたのだ。

さらに，多くの創造的発見は，出来事，観察そして発見をした当の科学者以外の人との接触という思いがけない組み合わせを伴う。1929年，B. F. グッドリッチ社の有機化学者，ワルドー・シーモンはゴムを金属に付着させようとしていた。そのとき彼はポリビニールクロロイド（PVC）というポリマーに偶然出くわした。それは質の悪い接着剤だったが，セモンはそれをボールにしたとき，廊下を弾んでいった——合成ゴムでは見たことのないような動きで。「普通とは違うものを手に入れたと分かった」とシーモンはそう述べるが，それにどのように手をつけたらよいのかが分からなかった。彼の妻がシャワーカーテンをゴムの裏地の綿布で縫うのをたまたま見るまでは。PVCが防水被覆剤になると気づき，PVC被覆の布のサンプルを上司のオフィスに持ちこみ，既読未決箱の上にそれを置いて，デカンターの水をその上にかけた。「上司の度肝を抜いた」のをセモンは思い起こすが，書類は濡れていなかった。このようにして生み出されたビニールは，成形できるし，安いし，耐火性という別の利点も備えていた[56]。

自分独自のプロジェクトを追い求める時間が持てれば（前に動機づけとして述べたが），科学者は興味および組織へのコミットメントを持ち続けるとともに，偶然の発見を十分に利用することができる。好奇心，根気強い研究，ある分野での失敗は他の分野の成功に変わりうるという共通認識を環境

が後押ししなかったなら，どんな発明も市場に到達することはなかったはずだ．さらに，それぞれの発明が利益を出せるようになるには，ある人の最初の「ああ，なるほど」以上のものが間違いなく必要である．ここで取り上げた組織は，何かを探求し達成しようとするグループにさまざまな資源を与えていた．

　ときに，セレンディピティには自分のすぐ目の前にあることを他人に指摘してもらうということが含まれている．ハリバートン・エネルギー・サービス社の新製品開発チームが見つけたように．石油掘削機器業界では，ベンダーは色の違いでどの会社のドリルの刃かが分かる．シュルンバーガー社の製品は青，スミスインターナショナル社製は緑，ハリバートン・エネルギー・サービス社のドリルの刃は伝統的に消防車の赤である．1999年の1月に，ハリバートン社は新製品群を世に送り出した．製品は際だっており改良が施されていることを世間に知らせたいと考え，その任に当たった30人のチームは伝統を破り新しい色を選ぶことを決めた．生産ラインから送り出された最初の刃のデジタル写真を全社に回した．さらに全社員に評価してもらうように2つの異なる配色（赤―灰色，そし銅―銀色）が追加掲載された．チームが驚いたことに，社員たちは未塗装の刃先の天然鋼の色――選択肢として考えられてこなかった――を気に入ったのだ．そしてチームが産業のパラダイムを変えたと従業員は考えた！　また偶然にも，クリアー塗料は刃先職人の意識を弱めるよりもむしろ強め，自分たちの作品が掲示されているのを見たとき工場の従業員の志気は上がった．工場のパフォーマンスの60％上昇は，自尊心が十分に評価されたことの証である[57]．

　幸運の女神もハリウッドに家を持つ．創造性を明らかにビジネスにする会社，たとえば映画制作会社の中では，セレンディピティはインスピレーションの重要かつ継続的源泉として認められている．自発的な貢献はどんな方面から来ても最後には作品の一部となる．キャッスルロック・エンターテインメント社の会長兼CEO，アラン・ホーンは，「*ハリーがサリーに出会ったとき（邦題「恋人たちの予感」）*という映画の中である有名なせりふがどうやって生まれたかについて語っている．昼食の最中にサリー（メグ・ライアン）は

女性がオーガズムの振りをどのようにするのかをまことにもっともらしく演じてみせてハリー（ビリー・クリスタル）を驚かせ困らせる。その振りの後，そばにいた上品な女性がウエイターに昼食を注文する：「彼女が召し上がっているものをいただきたいのですが」。脚本にはないが，映画クルーがそのシーンの挿入場面を撮っているとき，せりふはクリスタルによってアドリブで加えられた。あまりに面白かったのでフィルムに組み入れられたのだ。シナリオは，ホーンが述懐するように，「撮り続けられるだけ撮るオープンプロセス」であり，最後の瞬間まで変化する。良いアイデアを持つ人が偶然に貢献するかもしれないという可能性に気を配り続けることが創造的プロセスの一部なのだ[58]。

セレンディピティには，既存の知識を認識して決定的な時にそれを利用することが必要な場合がある；厳密に言えば，*擬似的セレンディピティだ*──求めてきたことを発見する。ただし想定外の形で（たとえば目の前で発見する）。どう呼んだとしても，それは直接的に帳尻を黒にできる。データジェネラル社は，80年代後半パソコンがミニコンピュータに勝利した時に，総額5億ドル以上の10年間分の損失と破産の危機を経験した。ある製品開発プロジェクト──それは会社に利益をもたらす2つの製品ラインのうちの1つを後に生むことになるのだが──をCEOロナルド・スケーツは握りつぶした；がしかし，製品開発チームは最先端の対故障性ストレージシステムを既に開発していたのであった。1991年のニューヨークで開かれた製品発表会で，ある財務アナリストがそのシステムに気づき，スケーツ氏に「これは驚異的な製品だ」とコメントした時にはじめて，CEOは既にそこにあるものに気がついた。「データジェネラル社は機会を掴むまさに適切な時に適切な製品を持っていた」と，OEMパートナーとなったヒューレット・パッカード社のエンタープライズストレージソリューション事業のマーケティングマネージャーはコメントした[59]。

ラルス・コリンドがデンマークの補聴器会社オティコン社を引き継いだ時，データジェネラル社と同じような状況に直面した。1990年まで同社は危機にあった，マーケットシェアを失い，競争業者にまさる明確な優位性は

なかった。しかし，コリンドは未使用の潜在的製品——1979年から眠ったままのもの——を見いだした。（耳の中に入れる小さな製品に対して）大きな「耳の後ろに付ける」機器であるが音を快適な極狭帯域に圧縮するものであった。利用者は音量調整の必要がないことに気づいた。この「世界初の完全自動補聴器」がもたらした競争優位性を認めるや，コリンドは大々的な宣伝をして市場に供給し，自社を技術リーダーとして再建した。確かに会社に技術があったのはまさに「幸運」であった。しかし，機会を見いだし利用するには，リーダーシップ，楽観主義，意欲が必要となる。

パラドックス

　西洋的知性は，「だから，どっちなの？」という問いかけに慣れている。「双方とも」という解は好まれない。「二者択一」は，「時と場合による」よりもはるかに公平であり管理しやすい。創造性は本質的にパラドックスを伴う。創造性の管理に必要なことは，曖昧さに対して寛容であることと，予期せぬことを好むことだ。管理者はこのようなことに対するトレーニングを受けていない。ほんの小さい頃の教育から，矛盾を解決し，雄々しく毅然として意思決定するようにと励まされる。さらに，この本の初めにある神話は，それ相応の理由で，たいていの場合グループ創造性の管理という面倒なことを避ける努力——おそらく無意識であるが——の中で拡大してきた。次のような場合には革新はより容易になる。神話が示すように創造性を少数の際だった人に任せられる場合，およびきわめて巨大な少数のプロジェクト——その場合でも初期段階に限るが——以外に創造性を心配する必要がない場合。

　創造性は全体を思い浮かべなければならない多段階で複雑なプロセスであるということが今では明らかになった。選択肢を創造している最中でさえ，最終的な収束と実行を心に止めておかなければならない。そのプロセスは，グループメンバーの思考スタイル，文化，キャリアの差異によって，さらに

グループダイナミクスによって，いっそう複雑になる。個人のニーズとグループニーズを，グループニーズと組織ニーズのバランスをわれわれは絶えずとり続けている。しかし，もっとも重要なのは，創造性は本質的にパラドキシカルであるということに気づくことだ。この本を通じてずっとパラドックスを言外にほのめかしてきた。もっとも悩ましい――そしてわくわくする――パラドックスのいくつかをさらに綿密に見ることにしよう。

＊専門知識と初心
＊創造的摩擦の促進と凝集性の維持
＊自由と構造
＊専門性と遊び

専門知識と初心

創造性は，きわめて用意周到な知性と，新人の新鮮なものの見方の双方の力を活用する[60]。第2章では，多種多様の深い知識基盤――そこから創造的摩擦が生まれる――の必要性を強調した。専門知識を持つグループであっても，各メンバーは他の専門領域に入り込む時には初心者になる。第3章で，「部外者」――「愚かな」（すなわち予期せぬ）疑問を投げかける人――の来訪，そして部外者の環境への訪問――その結果，開発者が自らの中に初心を育むことができた――が重要だということを示した。専門知識と初心はマネージャーに難題をもたらす。マネージャーは双方をともに奨励すると同時に，両者から発せられる矛盾するメッセージに耳をじっと傾けなければならない。

本章で既に論じた「ダブチーム」を思い出してみよう。オグリビー＆メイザー社の広告チーム――科学的知識を持たない2人の女性――は，リーヴァ社のダブ石鹸を宣伝するために雇われたとき，2つのアプローチの価値を示す良い例となった。彼女らは，技術者と協力し，前代未聞の最高の広告――即座に，明らかに，劇的に売上を増加させ，バスタブから競争を吹き飛ばした広告――へとつながる道を歩み始めた。ダブのPHテストと腕洗浄テストの実行という個人的な経験に突き動かされ，客観的に見てダブの方が競合品

より優るという自分たちの確信を世間に伝えられるような詳細な専門知識を追い求めた。2人は「初心」でもって技術者に問い続けた。「私たちはこれを正しく理解しているのかしら？」「人を怖がらせたりうんざりさせたりせずに誠実でありたかった。本当に意味のある単純な科学的知識を世の人に示す必要があったんです」[61]。

創造的摩擦の促進と凝集性の維持

このパラドックスは創造的グループのリーダーの誰もが直面するもっとも難しい課題である。2章で議論したように，ある種の個人的差異は，革新の原材料である多様性の創出にとって必要不可欠である。しかし差異は，ステレオタイプ化に，グループ内の嫌悪と敵意——それが，創造的に協働しようとする意欲をくじく——につながることがある。さらに協働意欲が実現されるときでさえ凝集性はいくつかの好ましくない副作用を持つ，特に目立つのが，他の人と結びつけないメンバーの脱落と，固く結束した人達のエリート主義である。

チームワークと凝集性　現在のように個々人がまったくばらばらな世界では，人は自分と似た人を好むため，背景，信条，価値が異なる人を避けたり嫌たっりしがちになる。似通った人のグループは，グループ凝集性を促進する個人間の絆をますます拡大する；他方，互いに異なる人たちは他のメンバーやグループに魅力を感じなくなる——実際に組織内に差異が存続しているときでさえも。その結果は？　自分は他のグループメンバーとまったく「違う」と感じてしまう人は組織から立ち去る可能性が高い。そこで，リーダーは，自身や他のチームメンバーと異なる人の選抜と採用に懸命に取り組むだけではなく，慰留に努めることが必要となる。

グループ凝集性とエリート主義　もう1つの課題は，グループがまとまればまとまるほどメンバーは組織のエリートのように感じ行動するようになるということだ。特別なグループに属しているという感覚は，自尊心，オーナー

意識，その他諸々の利点を生み出す。が，鼻持ちならない集団（ウチ－ソト意識，すなわち自分たち対残りの人たち）をも作り出す。グループメンバーは，ルール破り（やはり，それは創造には不可欠な部分だ）が許されると考えるし，定常的なプロジェクトに従事するグループよりも十分な報償（金銭だけではなく，機会あるいは自由という面からも）をもらえると考えている。彼らは，おそらくトップマネジメントから注目されることを期待し，実際注目されることになる。彼らは興奮，友情等に恵まれる。リーダーの「ミッションインポシブル」は，組織内の他の誰もを疎んじることなく，このようなエリートグループを満足させることだ。まずはじめに，グループメンバーが以下のことを分かっているかどうかを確認する。それは，エリートグループの地位が組織内の他の人に及ぼす影響とはどのようなものかである。

　さらに，特別プロジェクトの終了後，エリートグループが「放牧から牧場に戻る」——より定常的な任務に帰る——ことが必要となる。職能横断チームは絶えずこの種の問題に直面する。その要領は，知識ベースを更新するために職能グループの職務に戻れるようにすることだ。それゆえ，管理者は，チームへの貢献とともに自らの専門知識の更新を行う人に報酬を与えるようなローテーションを考えなければならない。この2つの目標は両立不可能ではない。内的に動機づけられていれば，ある特別のプロジェクトに取り組む時間，自らの分野の専門家とともにサバティカルを過ごす時間，あるいは何か別の方法で自らの知識ベースを更新する時間を人に与えることが両目的を達成する最善の方法となる。

自由と構造

　価値あるイノベーションをもたらす創造性は，部分的に管理されたエコロジーの中で生長する——巨大な自然保護地区内の野生動物のように。アイデアはあてどなく放浪し，好き放題に生育し無制限に他と交わるという止めどない自由がある反面，境界や障壁も存在している。そのバランスは脆い。自由を許しすぎると，アイデアは新奇だが妥当性を失う。境界を厳しくしすぎ

るとインスピレーションが消えうせる。組織が大きくなればなるほど，このパラドックスは目につきやすくなる。「巨大な営利法人となった今どうやってゲリラ的な特徴を保つのか。本当に難問だ」と，ニコロデオン社の最高執行責任者であるジェフ・ダンは語る[62]。前章で示したように，適切な境界を定めるのがリーダーの責務となる。あるチームメンバーがリーダーに「あなたの管理で私が良かったと思っている点はお分かりですか」と尋ねた。「分かりませんね，でも話してくれるつもりだということは分かりますよ」とリーダーは笑った。「あなたの手を借りて自分たちのやるべきことが明らかになりました」とチームのメンバーは語った。「がその後，あなたはその場から離れたんです」。

　それは，そのマネージャーが記憶していたこととは実際は違っていた。「邪魔にならない所にいる」というのは，プロジェクトから実際に離れるではなく精神的に後ろに下がることである。彼はグループの個々のメンバーと，同時にグループとしても，プロジェクトについて長時間話しあった。グループ会議を主宰し，論を戦わせて疲労困憊したが，妥協案をとりまとめ，傷ついたプライドを癒し，チームメンバーに異質性の価値を思い起こさせた。資源と支持を与え，上位の管理者からメンバーを守り，進捗状況を目立たぬように調査した。しかし，リーダーはそのチームメンバーの言葉の意味を分かっていた。なすべきことを決定する際には構造を作り，仕事を成し遂げる方法について決定を行う場合には自由を推し進めた。

　同じような緊張は計画と即興の間にもある。マイルス・デービスは，今ならトランペットの代わりにマイクで生活できたはずだ，マネジメントについての講演で彼の名高い肺活量をジャズの即興の説明に使っていたなら。グループの即興がうまくいく重要な要因は最小限であるが一定のルールがある中で行われる双方向の柔軟なコミュニケーションだということをジャズ奏者は分かっている——そしてジャズはビジネスの創造性の良いメタファーだとしだいに認められてきている。ジャズ奏者は皆同じ基本となる曲を演奏するが，型どおりではない，すなわち一枚の譜面に独創性なく従うのではないのだ。むしろ，相互に応じ合い，新しいテーマを引き込み，他の奏者に支えら

れながら雄飛し，その後グループの演奏に自分のやったことを組み込むために立ち帰り，仲間の次の旅立ちへの舞台を設定する。ジョン・カオが述べたように，「管理者の（創造的な）役割は，ジャムセッションの核に据えられているパラドックス，すなわち緊張を利用することだ：つまり，システムや分析と個人の融通無碍な創造性との両極の間のどこかにあり，たえず動き続けるスイートスポット（芯）の位置を突き止めることなのだ」[63]。コンピュータ企業に関するブラウンとアイゼンハートの研究の中で，最も成功した企業は，「広範囲に及ぶわけでもなく……無秩序でもないような構造を利用していた」[64]。即興メタファーは有益である，「そのメタファーの中では，開発プロセスの途上の時ですらプロジェクトは環境変動に適合する」[65]。

戦争においても計画と即興の間の均衡が必要となる。1990年の湾岸戦争の間，司令官のシュワルツコフはコンピュータ予測を破り捨て戦術を作り直させることで部下たちを混乱させ続けた。彼がそうできた主たる理由は，ブッシュ米大統領とコリン・パウエル統合参謀本部長から彼にミッションが与えられ，その上比較的自由にミッションを実行できるように委ねられていたからである。「それは，業務的な戦術マネージャーに多くの権限を与える取締役会と同じだ」と，新兵採用責任者でありウエストポイントの卒業生であるデビット・フランシスは語る[66]。

専門性（プロフェッショナリズム）と遊び

第3章と第5章で示したように，創造的なグループは一般にいろいろと遊びを楽しむ。フェニックスにあるユーティリティーソフトウェア製造企業ネットプロ社の創設者であるジョアンヌ・カーゼイは4つのルールをもっている：「約束する，約束を守る，混乱の後片付けをする，そして楽しむ（斜字体は付け加えた）」[68]。時としてトップマネジメントは先頭に立つ。サウスウエスト航空のCEO，ハーブ・ケラハーは，会社のパーティでエルビス・プレスリーやロイ・オービソンの物まねをする。ハロウィンの日，整備員たちの残業に感謝するために，彼は（人気のあるテレビ番組 M*A*S*H から）コーポラル・クリンガーを真似た格好でサウスウエストの格納庫を訪れた[69]。

イノベーション，コミュニティと自律性

　ウィリアム・ジャッジ，ジェラルド・フリュクセル，ロバート・ドゥーリーは，アメリカの8つのバイオテクノロジー企業で大規模なインタビューを行った。イノベーションは，企業の特許の「サイクルタイム」——サイクルタイムが短いほど，新たなテクノロジーが市場に投入されるのも速くなる——の分析を通して評価された。この分析を基に，8社はイノベーティブな企業群とそうでない企業群に分けられた。2つのグループの文化の間には著しい違いが見られた。「職場でコミュニティ意識を創り出す管理者の能力が重要な識別要因であった。きわめてイノベーティブなグループは集中化したコミュニティとして振舞う一方，あまりイノベーティブでないグループは伝統的な官僚部門のように行動することが多かった」[67]。すなわち，イノベーティブな会社では，リーダーは包括的な目標の提示はするが，それを達成する際の自律性を科学者に許していた。イノベーティブでない企業では，自律性が過大か，過小かのいずれかであった。

　確かに，悪ふざけをするだけで勤務に就くのが楽しいと従業員たちが考えるようにはならない。我々が知っているある企業は，余興を徹底的に行うCEOによって率いられていた。毎年の会社のパーティーは手の込んだものだった。費用のかかる有名なエンターティナーが呼ばれ，悪ふざけ（おそろしく退屈な講演者——表面上は地方の一流大学から来た有名な教授——が，経営幹部によってステージから騒々しく追い出されるまで，だらだらとしゃべり続けるというもの）が聴衆に仕掛けられた。その会社が小さかった頃，遊び心は純粋だった。すなわち，CEOの気さくな性格と現場をぶらついて管理を行うという習慣が，平等主義の感覚と「家族」的気風を強めた。しかし，同社が急速に成長したとき，外部から呼び寄せられた経営陣は元の文化を共有しなかった。従業員たちは，この人たちをコーチよりむしろ警察官と考えた。従業員はしだいに高いものにつくようになってきたエンターテイメントや悪ふざけ——創業精神を広げようと意図したものだが——を皮肉な態度で見るようになった。「経験不足で，頼りにならない，それどころか愚かな監督者のせいで日々の仕事が救いがたいものであるときに，毎年のパーティーが盛大かどうかを誰が気にかけるもんか？」とある従業員が問いかけた。そのCEOは規範を変えなかった。しかし彼は組織の他の人々から完全

に切り離されていたため，おふざけが泥のケーキのうわべを覆う薄っぺらな糖衣になっていたことに気がつかなかった。

　しかし，おふざけがグループ全体に浸透するとメンバーが主導権を握る場合がある。それがどんなに苦痛を伴うものなのかをジェリー・ハーシュバーグにちょっと尋ねてみよう！　日産デザイン・インターナショナル社では，小規模地震がよく起こるサンディエゴ構内に大地震をシミュレートするための精巧な装置が従業員によって備え付けられた。それから，疑うことを知らないリーダーを「地震」の体験ができる建物へ誘い込んだ——そこでは，巨大な波形鉄板の倉庫のドアはガタガタ音を立て激しく揺れ動き，天井に据え付けられた暖房とエアコンのパイプは引きちぎれ，蒸気を吹き出し，20フィートのスチール管は床に崩れ落ちる。従業員たちはその一部始終をビデオに録画までして，自分の対応には思っていたほどの勇敢さはなかったということをハーシュバーグに忘れさせることはなかった。しかし，彼は潔く自らの逸話を物語る。多かれ少なかれ，それが創造性にとって重要だと彼が信じるジョークのよい例となるからだ[70]。

　創造的グループのメンバーは，仕事への真剣なコミットメントの中に遊びの要素を入れることに矛盾をほとんど感じていない。彼らは完璧にプロフェッショナルであるが，よく働きよく遊ぶことのバランスを保っている。上述したように，人生は仕事だけではないということを認める組織，それどころかそのことを高く評価する組織で働くことが，全人格—遊びの中に表現される創造性を含めた——を引きつけるのである。どんな時でも，雰囲気を整え，矛盾したエネルギーの間のバランスを取ることはリーダーの仕事なのだ。

テッドに戻ると……

　彼はこの本の草稿を読んでいたに違いない。なぜなら，私たちが提起したことすべてを実行したからだ！（確かに，彼はそのいくつかを自力で学んだかもしれないが）。皆さんがきわめてうまくやり遂げられますようにとお祈りいたします。

キーポイント

* 物理的環境を管理すれば創造性を促進できるが，心理的風土もまた同様である。
* 前向きな失敗とは，賢明な失敗やグループ学習のことである。試行が，既知のリスクから生じ，マネジメントに支えられ，コンティンジェンシープランを備えている場合，組織は失敗からの利益を見込むことができる。
* 創造性は，オープンなコミュニケーションの風土の中で栄える。有能な創造性の管理者は，意見の衝突や良い知らせと悪い知らせ双方を喜んで受け入れ，メンバーの要求に反応し，アイデアを求めてより広い環境をスキャンし，率直かつオープンなコミュニケーションをするための手段を開発すべきである。
* グループの創造性を開発するための最も重要な方法は，メンバー間の情熱——組織のため，仕事のため，製品のための情熱——を促進することである。情熱は以下の方法で促進できる：
  ➢ 困難だが達成可能な目標の設定によって。
  ➢ 外的動機づけ要因がコンピテンスを強化し，優秀さを尊重する風土を作り出せるように，その要因を管理することによって。
  ➢ 人々に自律性，個人的なプロジェクトに割ける時間，より深い学習のための機会を認めることによって。
  ➢ 人と，その情熱を燃え上がらせる公算の高い組織内の仕事とを組み合わせることによって。
  ➢ 楽観主義の風土と将来に対する信頼を創造することによって。
* イノベーションの多くは，創造的な機会を認識し，それに影響を及ぼした結果である。セレンディピティは，偶然の相互作用が起こる機会を提供すること，さらに相互作用が生じた時にそれを後押しすることで，管理可能となる。

＊グループ内の創造的プロセスが複雑なのは，数多くの矛盾を反映しているからだ。その矛盾は，マネージャーが創造的に解を出するための機会である。

> グループは，深い知識の源泉に頼らざるをえないが，新鮮なパースペクティブから物事を見る素朴な眼も必要である。
> 創造的摩擦はグループ内の差異から生じる。が，異質性は個人間のコンフリクトや分裂にもなりうる。リーダーは創造的摩擦と凝集性を両方ともに促進しなければならない。
> グループが創造的に事をなすためには自由と自律性が必要であるが，大規模組織には満たさなければならない明確な，構造化されたニーズがある。
> 創造性は真剣な作業である——が，遊びとバランスが取られなければならない。

結論

　創造性はプロセスである——そして，それを促進すること，影響を与えることが可能だと本書では述べてきた。しかし，誰もが勤務時間内でやれる以上のことを抱えているため，新たな職務や仕事を付加することは不可能ではないが難しい。しかし，誰もがこれまでしてきたことを以前とは違ったやり方で管理することができる。週の間何度も何度もそしていろいろな場面で，グループの潜在的創造性に影響を及ぼす決定を誰もが下している。そのいくつかを，創造性の障害を取り去るためにちょっと違った方向に動かすことは可能だ；例えば，逸脱を奨励するため所定のミーティングへ招待する人のリストを作り変えることや，あたためを許すために「小休止」を何度か予定に入れること，収束を進めるためにファシリテイターを参加させることなど。組織への波及効果全体を真剣に考えることが必要となる重要な決定もある：例えば，採用方法の変更やインセンティブシステムの見直し，自らのリーダーシップスタイルを疑ってみることなど。

創造性をプロセスとして考えると，謎のいくつか——加えて挑戦から後ずさりしたい衝動——を取り除ける。皆さんはご自身のグループの創造性に影響を及ぼすことが必ずやできる。実践は完全ではないかもしれないが絶対に助けになる。継続的に改善を行っているマネージャーは，混乱し，ダイナミックで非線形のイノベーションプロセスの段階やステップが見分けられ，その結果かなり高レベルの創造性にグループを前に導いた時よりも，もっと的確にその段階やステップを管理できるようになる。そのようなマネージャーは上向きのスパイラルを目指し，そのプロセスの中で理解と精緻化のレベルをたえず上げて問題や要点に立ち帰る。小グループか，あるいは何千ものの人びとの管理かによらず，より創造的なグループを構築するためにあらゆる機会をとらえてプロトタイプ作りと実験を行う。マネージャーが本書の提案のすべてに従うなどということはありそうにないが，まったく従わないということも同様にないだろう。

学習と同じく，創造性はプロセスだけでなく態度でもある。創造性を促進する態度は，イノベーション機会へのある種の敏感さ——ルーティンに対する不断の知的な挑戦と変化の積極的な受容——である。創造性を増す機会は明確な意思決定の瞬間に整然とまとめられて顕れるわけではなく，時間の流れの中でごく小さな行為や不作為の中にちりばめられている。何気ないコメント。ボディーランゲージ。吟味されていない仮定。感情——表に出されないものもあれば明らかにされるものもある。周りにいる人や状況の創造力についてマネージャーとして実際に*信じて*いることで多くの事柄が決まる。創造性の管理で一番重要なのは私たちの作り出す価値なのである。

不断の変化や改善という挑戦を生きがいにしている人もいるが絶対的なカオスにひるむ人もいる。皆さんは前者と思う。というのも本書を読むことを決めたからだ。実際には，現代では創造性を発揮できる余地は少ないと考えられる。社会が直面する問題が大きすぎるので最高レベルの革新性だけしか問題を打ち破れないからだ。しかし，大きな火を燃え上がらせるのに必要なのは小さな火花だ。火花を解き放て！

注

1章　グループの創造性とは何か

1. Hal Lancaster, "Getting Yourself in a Frame of Mind to Be Creative," *Wall Street Journal* 16 September 1997, B1. から引用。
2. Warren Bennis and Patricia Biederman. Organizing Genius: *The Secrets of Creative Collaboration* (Reading, Mass.: Addison-Wesley, 1997), p.199.
3. Sharon Begley, "The Transistor," *Newsweek* (special issue on "2000: The Power of Invention") (winter 1997) pp.25-26.
4. Frank Barron, *Creativity and Psychological Health: Origins of Personality and Creative Freedom* (Princeton, N.J.: Van Nostrand, 1963).
5. Walter Swap, ed., *Group Decision Making* (Beverly Hills, Calif.: Sage, 1984), pp.16-17.
6. M. I. Stein, "Creativity and Culture," *Journal of Psychology* Vol.36 (1953) pp.311-322.
7. Teresa M. Amabile, *Creativity in Context* (Boulder, Colo.: Westview, 1996), p.35.
8. Alan G. Robinson and Sam Stern, *Corporate Creativity* (San Francisco: Berrett-Koehler, 1997), p.11.（アラン G ロビンソン・サム スターン著『コーポレート・クリエイティビティ』一世出版, 1998）。
9. Robert Rothenberg, *Creativity and Madness* (Baltimore: Johns Hopkins Press, 1990), p.5.
10. Donald W. MacKinnon, "IPAR's Contribution to the Conceptualization and Study of Creativity," in *Perspectives in Creativity*, ed. Irving A. Taylor and J. W. Getzels (Chicago: Aldine, 1975), p.68.
11. Henry Petroski, "Form Follows Failure," *Invention & Technology* (Fall 1992) pp.54-61, passim. Petroski の 1992 年の本, *The Evolution of Useful Things* (New York: Alfred A. Knopf).（忠平美幸訳『フォークの歯はなぜ四本になったか：実用品の進化論』平凡社, 1995）も参照。
12. John Seely Brown, "Introduction: Rethinking Innovation in a Changing World," in *Seeing Differently: Insights on Innovation*, ed. John Seely Brown (Boston: Harvard Business School Press, 1997), xii.
13. Mihaly Csikszentmihalyi and Keith Sawyer, "Creative Insight: The Social Dimension of a Solitary Moment," in *The Nature of Insight*, ed. Robert Sternberg and Janet Davidson (Cambridge, Mass.: MIT Press, 1995), p.348.
14. Steven C. Wheelwright and Kim B. Clark. *Revolutionizing Product Development: Quantum Leaps in Speedy Efficiency, and Quality* (New York: Free Press, 1992) を参照。
15. Dorothy Leonard-Barton, *Wellsprings of Knowledge* (Boston: Harvard Business School Press, 1995), 特に第 4 章, pp.104 以下を見よ。（阿部孝太郎・田畑暁生訳『知識の源泉：イノベーションの構築と持続』ダイヤモンド社, 2001）を参照。

2章　創造的摩擦

1. Jerry Hirshberg, *The Creative Priority: Driving Innovative Business in the Real World* (New York: Harper Business, 1998).
2. Kathleen M. Eisenhardt, Jean L. Kahwajy, and L. J. Bourgeois III, "How Management Teams Can Have a Good Fight," *Harvard Business Review* 75 (July-August 1997) p.84. (「成功するマネジメント・チーム 六つの戦術（知識イノベーション未来企業の条件―イノベーション組織の未来）」『Diamond ハーバード・ビジネス』Vol.23, No.1, 1998, ダイヤモンド社, pp.64-73).
3. Kathleen M. Eisenhardt, Jean L. Kahwajy, and L. J. Bourgeois III, "Conflict and Strategic Choice: How Top Management Teams Disagree," *California Management Review* Vol.39 (Winter 1997) pp.42-62 も参照。
4. R. J. Berg, インタビュー, 20 May 1998.
5. Joseph Haggin, "Illinois' Beckman Institute Targets Disciplinary Barriers to Collaboration," *Chemical & Engineering News* (6 March 1995) pp.32-39.
6. Sharon Begley, with B. J. Sigesmund, "The Houses of Invention," *Newsweek* (special issue on "2000: The Power of Invention") (winter 1997) p.26 から引用。
7. Dorothy Leonard, *Wellsprings of Knowledge* (1995), p.81 (阿部孝太郎・田畑暁生訳『知識の源泉：イノベーションの構築と持続』ダイヤモンド社, 2001) から引用した David Liddle のインタビュー。
8. Marilyn Wilson-Hadid and Peter Pook, インタビュー, 2 June 1998.
9. M. E. Shaw, *Group Dynamics: The Psychology of Small Group Behavior* (New York: McGraw-Hill, 1976). (原岡一馬訳『小グループ行動の心理』誠信書房, 1981)。
10. Susan E. Jackson, "Team Composition in Organizational Settings: Issues in Managing an Increasingly Diverse Work Force," in *Group Process and Productivity*, ed. Stephen Worchel, Wendy Wood, and Jeffry Simpson (Beverly Hills, Calif.: Sage, 1992).
11. Jackson, "Team Composition in Organizational Settings," p.150.
12. Genzyme Corporation の副社長, Russell Herndon, インタビュー, 18 January 1998.
13. Donn Byrne, *The Attraction Paradigm* (New York: Academic Press, 1971).
14. Wendy Wood, "Meta-analytic Review of Sex Differences in Group Performance," *Psychological Bulletin* Vol.102, No.1 (1987) pp.53-71.
15. Katherine Y. Williams and Charles A. O'Reilly III, "Demography and Diversity in Organizations: A Review of 40 Years of Research," *Research in Organizational Behavior* Vol.20 (1998) pp.77-140.
16. J. F. O. McAllister, "Civil Science Policy in British Industrial Reconstruction, 1942-51" (Ph.D. diss., Oxford University, 1986), p.27.
17. G. Hofstede, *Culture's Consequences: International Differences in Work- Related Values* (Newbury Park, Calif.: Sage, 1980). (万成博・安藤文四郎監訳『経営文化の国際比較：多国籍企業の中の国民性』産業能率大学出版会, 1984)。
18. Fons Trompenaars and Charles Hampden-Turner, *Riding the Waves of Culture*, 2d. ed. (New York: McGraw-Hill, 1998). (須貝栄訳『異文化の波：グローバル社会』白桃書房, 2001)。
19. Mihaly Csikszentmihalyi, *Creativity* (New York: Harper Collins, 1966), pp.8-9.
20. Jerry Hirshberg, *The Creative Priority: Driving Innovative Business in the Real World* (New York: HarperBusiness, 1998).
21. Guido Arnout, インタビュー, 18 June 1998.

22. Malcom Gladwell, "Annals of Style: The Coolhunt," *The New Yorker*, 17 March 1997, p.78 から引用。
23. Kevin Curran, インタビュー, 2 June 1998.
24. 創造的グループの構成の問題に2タイプの思考スタイル診断を適用したことを記述した論文に関しては、Dorothy Leonard and Susaan Straus, "Putting Your Company's Whole Brain to Work," *Harvard Business Review* 75 (July-August 1997) pp.110-121 (「「創造的摩擦」を活用するマネジメント（知識イノベーション未来企業の条件─イノベーション組織の未来）」『Diamond ハーバード・ビジネス』Vol.23, No.1, 1998, ダイヤモンド社, pp.50-63) を参照。
25. Jerry Hirshberg, Leonard-Barton, *Wellsprings of Knowledge* (『知識の源泉』), p.79 から引用。
26. Jerry Hirshberg, インタビュー, 25 February 1994.
27. Jerry Hirshberg, インタビュー, 10 December 1993.
28. Hirshberg, *The Creative Priority* を参照。
29. Lisa Mancuso, インタビュー, 2 June 1998.
30. Robert Sternberg, *Successful Intelligence* (New York, Simon & Schuster, 1996), pp.191-192. (小此木啓吾・遠藤公美恵訳『知脳革命：サクセスフル・インテリジェンス』潮出版社, 1998)。
31. Paul Horn, "Creativity and the Bottom Line," *Financial Times*, 17 November 1997, p.12.
32. Williams and O'Reilly, "Demography and Diversity in Organizations," pp.77-140 での報告。
33. Carol Snyder, インタビュー, 2 June 1998.
34. Rosabeth Moss Kanter は、イメージの中で人を選抜した結果生じる組織的バイアスを「社会的相互作用の再生産」と呼んでいる.Rosabeth Moss Kanter, *Men and Women of the Corporation* (New York: Basic Books, 1993). (高井葉子訳『企業のなかの男と女：女性が増えれば職場が変わる』生産性出版, 1995) を参照。
35. Anne Fisher, "Key to Success: People, People, People" *Fortune*, 27 October 1997, "The World's Most Admired Companies" section, 232.
36. Kenneth Labich, "Is Herb Kelleher America's Best CEO?" *Fortune*, 2 May 1994, p.50.
37. Kevin Curran, インタビュー, 2 June 1998.
38. Marco Thompson, インタビュー, 11 August 1998.
39. *Fortune*, 16 February 1998, p.118 の宣伝広告。
40. Solomon E. Asch, "Opinions and Social Pressure," *Scientific American* 193 (1955) pp.31-35.
41. Stuart Valins and Richard Nisbett. "Attribution Processes in the Development and Treatment of Emotional Disorders," in *Attribution: Perceiving the Causes of Behavior*, ed. Edward E. Jones, David Kanouse, Harold Kelley, Richard Nisbett, Stuart Valins, and Bernard Weiner (Morristown, N.J.: General Learning Press, 1971), p.139.

3章　創造的な選択肢の生成

1. Gregory Moorhead, Richard Ference, and Chris Neck, "Group Decision Fiascoes Continue," *Human Relations* Vol.44, No.6, (1991) pp.539-549.
2. David Halberstam, *The Reckoning* (New York: William Morrow & Co., 1986), p.610. (高橋伯夫訳『覇者の驕り：自動車・男たちの産業史（上・下）』日本放送出版協会, 1987)。
3. Matie L. Flowers, "A Laboratory Test of Some Implications of Janis's Groupthink

注　213

　　Hypothesis," *Journal of Personality and Social Psychology* Vol.35, (1997) pp.888-896.
4. Donald Pelz and Frank Andrews, *Scientists in Organizations* (New York: John Wiley, 1966).
5. Daniel Gigone and Reid Hastie, "The Common Knowledge Effect: Information Sharing and Group Judgment," *Journal of Personality and Social Psychology* Vol.65, No.5, (1993) pp.959-974.
6. Donn Byrne, *The Attraction Paradigm* (New York: Academic Press, 1971).
7. Susan Saegert, Walter Swap, and Robert B. Zajonc, "Exposure, Context, and Interpersonal Attraction," *Journal of Personality and Social Psychology* Vol.25, No.2, (1973) pp.234-242.
8. Irving Janis, *Groupthink*, 2d. ed. (Boston: Houghton Mifflin, 1982).
9. Janis, *Groupthink*, p.9.
10. Janis, *Groupthink*, 14.
11. Arthur Schlesinger, Janis, *Groupthink*, p.39 から引用。
12. Oscar Wilde, *The Remarkable Rocket* (1888; reprint, Charlottesville, Va.: Graham-Johnston, 1978).
13. Les Vadasz, インタビュー, 7 July 1998.
14. S. Moscovici and E. Lage, "Studies in Social Influence IV: Minority Influence in a Context of Original Judgments," *European Journal of Social Psychology* Vol.8, No.3, (1976) pp.349-365.
15. Charlan Nemeth and Pamela Owens, "Making Work Groups More Effective: The Value of Minority Dissent," in *Handbook of Work Group Psychology*, ed. M. A. West (New York: John Wiley, 1996).
16. Charlan Jeanne Nemeth and Joel Wachtler, "Creative Problem Solving as a Result of Majority vs. Minority Influence," *European Journal of Social Psychology* Vol.13, No.1, (1983) pp.45-55.
17. Susan Schilling, インタビュー, 12 December 1997.
18. Hal Lancaster, "Learning Some Ways to Make Meetings Slightly Less Awful," *Wall Street Journal*, 26 May 1998, B1.
19. J. Hall and W. Watson, "The Effects of a Normative Intervention on Group Decision-Making Performance," *Human Relations* Vol.23, No.4, (1970) p.304.
20. Hall and Watson, "The Effects of a Normative Intervention," p.312.
21. P. C. Wason, "On the Failure to Eliminate Hypotheses in a Conceptual Task," *Quarterly Journal of Experimental Psychology* Vol.12, No.3 (1960) pp.129-140.
22. たとえば、Eugene Borgida and Richard Nisbett, "The Differential Impact of Abstract vs. Concrete Information on Decisions," *Journal of Applied Social Psychology* Vol.7, No.3 (1977) pp.258-271 を参照。
23. Brian Mullen, Craig Johnson, and Eduardo Salas, "Productivity Loss in Brainstorming Groups: A Meta-analytic Integration," *Basic and Applied Social Psychology* Vol.12, No.1, (1991) pp.3-23.
24. Joseph Valacich, Alan Dennis, and Terry Connolly, "Idea Generation in Computer-Based Groups: A New Ending to an Old Story," *Organizational Behavior and Human Decision Processes* Vol.57, No.3, (1994) pp.448-467.
25. W. M. Williams, and R. J. Sternberg, "Group Intelligence: Why Some Groups Are

Better Than Others," *Intelligence* Vol.12, No.4, (1988) pp.351-377.
26. Marc Gunther, "This Gang Controls Your Kids' Brains," *Fortune*, 27 October 1997, pp.172-182 の諸所に。
27. Interval Research video.
28. カリフォルニア州パロアルト，アイデオ社でのインタビュー, 21 April 1998.
29. Gene Bylinsky, "Mutant Materials," *Fortune*, 13 October 1997, p.144.
30. Stephanie Forrest, Gautam Naik, "Back to Darwin: In Sunlight and Cells, Science Seeks Answers to High-Tech Puzzles," *Wall Street Journal*, 16 January 1996, A1 から引用。
31. Thinking Tools, Inc. 社長, John Hiles, Naik, "Back to Darwin."から引用。
32. Paul Kantor, *EXEC* (summer 1998), p.4 から引用。
33. Deborah Ancona and David Caldwell, "Bridging the Boundary: External Activity and Performance in Organizational Teams," *Administrative Science Quarterly* Vol.37, No.4, (1992) pp.634-665.
34. Paul Horn, "Creativity and the Bottom Line," *Financial Times*, 17 November 1997, p.12.
35. Hal Lancaster, "Getting Yourself in a Frame of Mind to Be Creative," *Wall Street Journal*, 16 September 1997, B1.
36. Shona L. Brown and Kathleen M. Eisenhardt, "The Art of Continuous Change: Linking Complexity Theory and Time-Paced Evolution in Relentlessly Shifting Organizations," *Administrative Science Quarterly* Vol.42, No.1, (1997) p.9 から引用。
37. William Taylor "The Business of Innovation: An Interview with Paul Cook," *Harvard Business Review* 68, (March-April 1990) p.102.
38. Richard Nisbett and Timothy Wilson, "Telling More than We Can Know: Verbal Reports on Mental Processes," *Psychological Review* Vol.84 No.4, (1977) p.231-259.
39. Dorothy Leonard-Barton, *Wellsprings of Knowledge* (Boston, Harvard Business School Press, 1995)（阿部孝太郎・田畑暁生訳『知識の源泉：イノベーションの構築と持続』ダイヤモンド社, 2001）を参照。また, Dorothy Leonard and Jeffrey Rayport, "Sparking Innovation through Empathic Design," *Harvard Business Review* 75 (November-December 1997) pp.103-113 も参照。
40. Eugene Webb, Donald Campbell, Richard Schwartz, and Lee Sechrest, *Unobtrusive Measures: Non-Reactive Research in the Social Sciences* (Chicago: Rand-McNally, 1972).
41. ミシガン州ウォールド・レイク, Sundberg-Ferar 社長 Curt Bailey との個人的コミュニケーション, 26 August 1998.
42. Gerald Zaltman, "Rethinking Market Research: Putting People Back In," *Journal of Marketing Research* Vol.34（November 1997) pp.424-437 を参照。
43. Dorothy Leonard and Jeffrey Rayport, "Sparking Innovation through Empathic Design," *Harvard Business Review* 75 (November-December 1997) pp.103-113.
44. Gunther, "This Gang Controls Your Kids' Brains," p.176.
45. Malcom Gladwell, "Annals of Style: The Coolhunt," The New Yorker, 17 March 1997, p.78 から引用。
46. Roy Furchgott, "For Cool Hunters, Tomorrow's Trend Is the Trophy," *New York Times*, 28 June 1998, p.10.
47. Gladwell, "The Coolhunt," p.86.

48. Clayton Christensen and Dorothy Leonard-Barton, "Ceramics Process Systems Corporation," Case 9-691-028 (Boston: Harvard Business School, 1990).

4章 最善の選択肢への収束

1. Mihalyi Csikszentmihalyi, *Creativity: flow and the Psychology of Discovery and Invention* (New York: Harper Collins, 1996), p.99 から引用。
2. Sandra Weintraub, "Cultivate Your Dreams to Find New Solutions," *R&D Innovator* Vol.4, No.10, (1995) pp.1-3.
3. Weintraub, "Cultivate Your Dreams."
4. Colleen Seifert, David Meyer, Natalie Davidson, Andrea Patalano, and Ilan Yaniv, "Demystification of Cognitive Insight: Opportunistic Assimilation and the Prepared-Mind Perspective," in *The Nature of Insight*, ed. Robert Sternberg and Janet Davidson (Cambridge, Mass.: MIT Press, 1995), pp.66-124.
5. Randy Komisar, インタビュー, 15 June 1998.
6. Yvonne Daley, "Writer Relies on Memory as Sight Fails," *Boston Sunday Globe*, 28 June 1998, A8.
7. Jerry Hirshberg, *The Creative Priority: Driving Innovative Business in the Real World* (New York: HarperBusiness, 1998), pp.88-89.
8. Hirshberg, *The Creative Priority*, p.88.
9. Hirshberg, *The Creative Priority*, p.82.
10. Sharon Arad, Mary Ann Hanson, and Robert Schneider, "A Framework for the Study of Relationships between Organizational Characteristics and Organizational Innovation," *Journal of Creative Behavior* Vol.31, No.1, (1997) pp.42-58.
11. Alan Horn, インタビュー, 27 July 1998.
12. Guido Arnout, インタビュー, 18 June 1998.
13. Rosabeth Ross Kanter, *On the Frontiers of Management* (Boston: Harvard Business School Press, 1997), p.275.
14. Marilyn Wilson-Hadid and Peter Pook, インタビュー, 2 June 1998.
15. Steven E. Prokesch, "Unleashing the Power of Learning: An Interview with British Petroleum's John Browne," *Harvard Business Review* 75 (September-October 1997) p.150.
16. J. F. O. McAllister, "Civil Science Policy in British Industrial Reconstruction 1942-51." (Ph.D. thesis, Oxford Univerdry, 1986), p.27.
17. Thomas Petzinger, Jr., "A Hospital Applies Teamwork to Thwart an Insidious Enemy," *Wall Street Journal*, 8 May 1998, B1.
18. Ghana R. Schoenberger, "Mission Statements Are Job 1—For Some," *Boston Globe*, 14 July 1998, D1, D7.
19. Jim Billington, "The Three Essentials of an Effective Team." *Management Update* Vol.2, No.1, (1997) p.4.
20. Steve Perlman, インタビュー, 19 June 1998.
21. Steve Perlman, インタビュー, 19 June 1998.
22. Randy Komisar, インタビュー, 15 June 1998.
23. Dorothy Leonard-Barton, *Wellsprings of Knowledge* (Boston: Harvard Business School Press, 1995), pp.86-87.(阿部孝太郎・田畑暁生訳『知識の源泉:イノベーションの構築と持

続』ダイヤモンド社, 2001)。
24. Lisa Mancuso, インタビュー, 3 June 1998.
25. 最高創造性責任者, Bing Gordon, インタビュー, 19 May 1998.
26. Bing Gordon, インタビュー, 19 May 1998.
27. J. Richard Hackman, "Why Teams Don't Work," in *Applications of Theory and Research on Groups to Social Issues*, ed. R. S. Tindale, J. Edwards, and E. J. Posavac (New York: Plenum, 1998) を参照。
28. Paul Horn, "Creativity and the Bottom Line," *Financial Times*, 17 November 1997, p.12.
29. Hirshberg, *The Creative Priority*, p.58.
30. アイデオ社製品開発部長 Larry Shubert, インタビュー, 21 April 1998.
31. コアケイパビリティに関するより詳しい情報は, Leonard-Barton, *Wellsprings of Knowledge*. (『知識の源泉』) を参照. Gary Hamel and C. K. Prahalad, *Competing for the Future* (Boston: Harvard Business School Press, 1994). (『コア・コンピタンス経営：大競争時代を勝ち抜く戦略』) も参照。
32. Leonard-Barton, *Wellsprings of Knowledge*. (『知識の源泉』)。
33. Marco Iansiti, "Real-world R&D: Jumping the Product Generation Gap," *Harvard Business Review* 71 (May-June 1993) pp.138-147 を参照。
34. Susan Schilling, インタビュー, 12 December 1997.
35. Tom Corddry, Microsoft 社でインタビュー, 28 February 1994.
36. Susan Schilling, インタビュー, 12 December 1997.
37. Betsy Pace, インタビュー, 5 February 1998.
38. Chris Argyris の研究業績に基づく。 Chris Argyris, *Reasoning, Learning, and Action: Individual and Organizational* (San Francisco: Jossey-Bass, 1982) を参照。

5章 物理的環境のデザイン
1. Fritz Steel, *Making and Managing High-Quality Workplaces: An Organizational Ecology* (New York: Teachers College Press, 1986), p.55.
2. Robert Campbell, "End of the 'Magic Incubator,'" *Boston Globe*, 5 June 1998, D1.
3. Campbell, "End of the 'Magic Incubator,'" D1.
4. Thomas J. Allen, *Managing the Flow of Technology* (Cambridge, Mass.: MIT Press, 1977), p.235-240.
5. John Kao, "Oticon (A)," Case 9-395-144 (Boston: Harvard Business School), 1995.
6. Meg Carter, "Design: The Office-It's a Place to Relax; Arthur Andersen's Sixth Floor Offers a Glimpse of How Tomorrow's Workspaces Will Be Designed," *The Independent* (London), 26 March 1998.
7. Frank H. Mahnke, *Color, Environment and Human Response: An Interdisciplinary Understanding of Color and Its Use as a Beneficial Element in the Design of the Architectural Environment* (New York: Van Nostrand Reinhold, 1996).
8. Michael A. Veresej, "Welcome to the New Workspace," *Industry Week*, 15 April 1996, pp.24-27.
9. Mihalyi Csikszentmihalyi, *Creativity* (New York: Harper Collins, 1966), p.66 から引用。
10. Franklin Becker, *The Successful Office: How to Create a Workspace That's Right for You* (Reading, Mass.: Addison-Wesley, 1982), p.115 に記述。

11. Leonard K. Eaton, *Two Chicago Architects and Their Clients* (Cambridge, Mass.: MIT Press, 1969).
12. Jilly Welch, "Creature Comforts: Innovations in Office Design," *People Management*, 19 December 1996, p.42.
13. Georg von Krogh, and Philipp Kaser, "Knowledge Navigation for Future Earnings Capabilities" (unpublished paper), p.4.
14. Irving A. Taylor, "Creative Production in Gifted Young (Almost) Adults Through Simultaneous Sensory Stimulation," *Gifted Child Quarterly* Vol.14, No.1, (1970) pp.46-55.
15. Welch, "Creature Comforts," p.20.
16. Franklin Becker and Fritz Steele, *Workplace by Design* (San Francisco: Jossey-Bass Publishers, 1995). (鈴木信治訳『ワークプレイス戦略：オフィス変革による生産性の向上』日経BP社, 1996)。
17. S. Cohen and N. Weinstein, "Nonauditory Effects of Noise on Behavior and Health," *Journal of Social Issues* Vol.37 (1981) pp.36-70.
18. David Glass and Jerome Singer, "Experimental Studies of Uncontrollable and Unpredictable Noise," *Representative Research in Social Psychology* Vol.4, No.1 (1973) pp.165-183.
19. Dorothy A. Leonard, Paul A. Brands, Amy Edmondson, and Justine Fenwick, "Virtual Teams: Using Communications Technology to Manage Geographically Dispersed Development Groups," in *Sense and Respond*, ed. Stephen P. Bradley and Richard L. Nolan (Boston: Harvard Business School Press, 1998), pp.285-298.
20. Gregory Witcher, "Steelcase Hopes Innovation Flourishes Under Pyramid," *Wall Street Journal* 26 May 1989, B1 から引用。
21. Peter Pook, インタビュー, 3 June 1998.
22. Marc Gunther, "This Gang Controls Your Kids' Brains," *Fortune*, 27 October 1997, pp.172-182, passim.
23. Becker, and Steele, *Workplace by Design*. (『ワークプレイス戦略』)。
24. Kathleen M. Eisenhardt, Jean L. Kahwajy, and L. J. Bourgeois III, "How Management Teams Can Have a Good Fight," *Harvard Business Review* 75 (July-August 1997) p.81. (「成功するマネジメント・チーム 六つの戦術（知識イノベーション未来企業の条件—イノベーション組織の未来）」『Diamond ハーバード・ビジネス』Vol.23, No.1, 1998, ダイヤモンド社, pp.64-73)。
25. Leonard, et al, "Virtual Teams."

6章 心理的環境のデザイン

1. Larry Ellison, インタビュー, 26 May 1998.
2. Tom Peters, "Prometheus Barely Unbound," *Academy of Management Executive* Vol.4, No.4 (1990) p.79 から引用。
3. 創造的企業と非創造的企業の両方の詳細な事例に関しては、Rosabeth Moss Kanter, *The Change Masters* (New York: Simon and Schuster, 1983) (長谷川慶太郎監訳『ザ・チェンジ・マスターズ：21世紀への企業変革者たち』二見書房, 1984) を参照。特に"Rules for Stifling Innovation." p.4 の節を参照。 Alison Lawton, インタビュー, 5 August 1998.
5. Dorothy Leonard-Barton, *Wellsprings of Knowledge* (『知識の源泉』), p.119 から引用。

6. Amy Edmondson, "Psychological Safety and Learning Behavior in Work Teams," *Administrative Science Quarterly* (forthcoming, 1999).
7. Alan Horn, インタビュー, 27 July 1998.
8. William L. Shanklin, *Six Timeless Marketing Blunders* (Lexington, Mass.: Lexington Books, 1989), p.111 から引用。
9. Steve Lohr, "IBM Opens the Doors of Its Research Labs to Surprising Results," *New York Times*, 13 July 1998, D1, D3.
10. Marc Gunther, "This Gang Controls Your Kids' Brains," *Fortune*, 27 October 1997, p.172.
11. Jeffrey R. Beir, "Managing Creatives," speech given on 13 March 1995 at "Managing for Innovation" Conference sponsored by *Industry Week*. In *Vital Speeches* Vol.61, No.16 (1995) pp.501-507.
12. Hewlett-Packard 社の人事部長, Barbara Waugh, インタビュー, 15 June 1998.
13. Barbara Waugh, インタビュー, 15 June 1998.
14. Joseph Bower, with Dorothy Leonard and Sonja Ellingson Hout, "Teradyne: Corporate Management of Disruptive Change," Case 9-398-121 (Boston: Harvard Business School, 1998).
15. Kathleen M. Eisenhardt, Jean L. Kahwajy, and L. J. Bourgeois III, "How Management Teams Can Have a Good Fight," *Harvard Business Review* 75 (July-August 1997) p.81. (「成功するマネジメント・チーム 六つの戦術(知識イノベーション未来企業の条件―イノベーション組織の未来)」『Diamond ハーバード・ビジネス』Vol.23, No.1, 1998, ダイヤモンド社, pp.64-73).
16. Lawrence L Knutson, "Oldest U.S. Worker, at 102, Says His Job Still a 'Pleasure,'" *Boston Globe*, 13 March 1998.
17. Nina Munk, "The New Organization Man," *Fortune*, 16 March 1998, p.65 から引用。
18. Teresa A. Amabile, "How to Kill Creativity," *Harvard Business Review* 76 (September-October 1998) p.81. (須田敏子訳「あなたは創造性を殺していないか」『Diamond ハーバード・ビジネス』Vol.24, No.3, 1999, ダイヤモンド社, pp.130-143).
19. Kenneth Labich "Is Herb Kelleher America's Best CEO?" *Fortune*, 2 May 1994, p.50.
20. Anne Cummings and Greg R. Oldham, "Enhancing Creativity: Managing Work Contexts for the High Potential Employee," *California Management Review* Vol.40, (fall 1997) pp.22-38.
21. Nancy Vonk and Janet Kestin, インタビュー, 5 August 1998.
22. Lisa Mancuso, インタビュー, 3 June 1998.
23. Susan Schilling, インタビュー, 12 December 1997.
24. Warren Bennis and Patricia Biederman, *Organizing Genius: The Secrets of Creative Collaboration* (Reading, Mass.: Addison-Wesley, 1997), p.83 から引用。
25. Richard Teerlink, インタビュー, 2 September 1998.
26. John A. Byrne, "Jack: A Close-up Look at How America's #1 Manager Runs GE," *Business Week*, 8 June 1998, p.102.
27. Edward Prewitt, "What You Can Learn from Managers in Biotech," *Management Update*, 2 May 1997, p.3.
28. Munk, "The New Organization Man," p.74 から引用。
29. コネチカット州ニューヘブンにあるコンサルティング会社 Rainmaker, Inc.の創業者, Bruce

Tulgan. Munk, "The New Organization Man," p.74 から引用。
30. Prewitt, "What You Can Learn from Managers in Biotech," p.3.
31. Anthony Rucci, Interview, "Bringing Sears into the New World," in "From the Front," *Fortune*, 13 October 1997, p.184.
32. Thomas A. Stewart, "Gray Flannel Suit? Moi?" *Fortune*, 16 March 1998, p.82.
33. Ashok K. Gupta and Arvind Singhal, "Managing Human Resources for Innovation and Creativity," *Research Technology Management* Vol.36, No.3 (1993) p.44.
34. Gene Koretz, "The Vital Role of Self-Esteem," *Business Week*, 2 February 1998, p.26.
35. Stewart, "Gray Flannel Suit?" p.79 から引用。
36. Stewart, "Gray Flannel Suit?" p.82 から引用。
37. Stewart, "Gray Flannel Suit?" p.79 から引用。
38. Anne Fisher, "Key to Success: People, People, People," *Fortune*, 27 October 1997, p.232.
39. Munk, "The New Organization Man," pp.62-82.
40. Linda Grant, "Why FedEx Is Flying High," *Fortune*, 10 November 1997, p.160.
41. Teresa M. Amabile, *Creativity in Context* (Boulder, Colo.: Westview Press, 1996).
42. Bing Gordon, インタビュー, 19 May 1998.
43. Bing Gordon, インタビュー, 19 May 1998.
44. Richard Teerlink, インタビュー, 2 September 1998.
45. Alvin Zander, *Groups at Work* (San Francisco: Jossey-Bass, 1977).
46. Carin Knoop and Srikant Datar, "*Novartis (A): Being a Global Leader*," Case 9-198-041 (Boston: Harvard Business School, 1998) p.1.
47. Randy Komisar, インタビュー, 15 June 1998.
48. David McClelland, *The Achieving Society* (Princeton, N.J.: Van Nostrand, 1961). (林保監訳『達成動機：企業と経済発展におよぼす影響』産業能率短期大学出版部, 1971)。
49. A. A. Milne, *The House at Pooh Corner* (New York: E.P. Dutton and Co., 1928). (石井桃子訳『プー横丁にたった家』岩波書店, 1958)。
50. Ann Winblad, インタビュー, 16 June 1998.
51. Randy Komisar, Michael Roberts and Nicole Tempest, "Randy Komisar: Virtual CEO," Case N9-898-078 (Boston: Harvard Business School, 1998) から引用。
52. Guido Arnout, インタビュー, 18 June 1998.
53. Theodore Remer, *Serendipity and the Three Princes* (Norman: University of Oklahoma Press, 1965) に再録されている Horace Walpole による手紙。
54. Pek Van Andel, "Serendipity: 'Expect also the unexpected,'" *Creativity and Innovation Management* 1 (March 1992): pp.20-32.
55. Ira Flatow, *They All Laughed: From Light Bulbs to Lasers, the Fascinating Stories Behind the Great Inventions that Have Changed Our Lives* (New York: HarperCollins, 1992), p.57. に引用されている *People's Almanac 2* (1978).
56. これらの事例（ビニールとサランラップ）は Debra Rosenberg, "Plastics," *Newsweek* (special issue on "2000: The Power of Invention") (winter 1997) p.45 からのものである。
57. Lee Smith, インタビュー, 25 February 1999.
58. Alan Horn, インタビュー, 27 July 1998.
59. Glenn Rifkin, "Data General Comeback Built on Cost-Cutting and Innovation," *New York Times*, 17 March 1997, D5.
60. 「初心」に関する議論は, John Kao, *Jamming: The Art and Discipline of Business*

Creativity (New York: HarperBusiness, 1996) (本田理恵訳『知識創造の経営法則：ジャミング理論が企業を元気にする』徳間書店, 1998) を参照。
61. Nancy Vonk and Janet Kestin, インタビュー, 5 August 1998.
62. Gunther, "This Gang Controls Your Kids' Brains," p.174.
63. Kao, *Jamming* (『知識創造の経営法則』), p.41.
64. Shona Brown and Kathleen Eisenhardt, "The Art of Continuous Change," *Administrative Science Quarterly* Vol.42, (1997) p.16.
65. Brown and Eisenhardt, "The Art of Continuous Change."
66. Larry Reibstein with Dody Triantar, Marcus Mabry, Michael Mason, Carolyn Friday, and Bill Powell, "The Gulf School of Management," *Newsweek* 1 April 1991, p.35.
67. William Q. Judge, Gerald E. Fryxell, and Robert S. Dooley, "The New Task of R and D Management," *California Management Review* Vol.39, No.3, (1997) pp.72-85.
68. Joanne Carthey, quoted in Lila Booth, "The Change Audit: A New Tool to Monitor Your Biggest Organizational Challenge," *Harvard Management Update* Vol.3, No.3, (1998) p.3
69. Edward O. Welles, "Captain Marvel," *INC*, January, 1992, p.2.
70. Jerry Hirshberg, *The Creative Priority: Driving Innovative Business in the Real World* (New York: HarperBusiness, 1998) pp.117-118.

参考文献

Allen, Thomas J. (1977) *Managing the Flow of Technology.* Cambridge, Mass.: MIT Press.
Amabile, Teresa M. (1996) *Creativity in Context.* Boulder, Colo.: Westview.
——. (1998) "How to Kill Creativity." *Harvard Business Review* 76 (September-October) pp.76-87.（須田敏子訳「あなたは創造性を殺していないか」『Diamond ハーバード・ビジネス』Vol.24, No.3, 1999, ダイヤモンド社, pp.130-143）.
Ancona, Deborah, and David Caldwell. (1992) "Bridging the Boundary: External Activity and Performance in Organizational Teams." *Administrative Science Quarterly* Vol.37, No.4, pp.634-665.
Arad, Sharon, Mary Ann Hanson, and Robert Schneider. (1997) "A Framework for the Study of Relationships between Organizational Characteristics and Organizational Innovation." *Journal of Creative Behavior* Vol.31, No.1, pp.42-58.
Argyris, Chris. (1982) *Reasoning, Learning, and Action: Individual and Organizational.* San Francisco: Jossey-Bass.
Asch, Solomon E. (1955) "Opinions and Social Pressure." *Scientific American*, Vol.193, pp.31–35.
Barren, Frank. (1963) *Creativity and Psychological Health: Origins of Personality and Creative Freedom.* Princeton, N.J.: Van Nostrand.
Becker, Franklin. (1982) *The Successful Office: How to Create a Workspace That's Right for You.* Reading, Mass.: Addison-Wesley.
Becker, Franklin, and Fritz Steele. (1995) *Workplace by Design.* San Francisco: Jossey-Bass.（鈴木信治訳『ワークプレイス戦略：オフィス変革による生産性の向上』日経BP社, 1996）.
Begley, Sharon. (1997) "The Transistor." *Newsweek* (special issue on "2000: The Power of Invention" (winter) pp.25-26.
Begley, Sharon, with B. J. Sigesmund. (1997) "The Houses of Invention." *Newsweek* (special issue on "2000: The Power of Invention") (winter) p.26.
Bennis, Warren, and Patricia Biederman. (1997) *Organizing Genius: The Secrets of Creative Collaboration.* Reading, Mass.: Addison-Wesley.（佐々木直彦他訳『天才組織をつくる—グレートグループを創造する15の原則』日本能率協会マネジメントセンター, 1998）.
Billington, Jim. (1997) "The Three Essentials of an Effective Team." *Management Update* Vol.2, No.1, p.4.
Booth, Lila. (1998) "The Change Audit: A New Tool to Monitor Your Biggest Organizational Challenge." *Harvard Management Update* Vol.3, No.3, p.3.
Borgida, Eugene, and Richard Nisbett. (1977) "The Differential Impact of Abstract vs. Concrete Information on Decisions." *Journal of Applied Social Psychology* Vol.7, No.3, pp.258-271.
Bower, Joseph, with Dorothy Leonard and Sonja Ellingson Hout. (1998) "Teradyne: Corporate Management of Disruptive Change." Case 9-398-121. Boston: Harvard Business School.

Brown, John Seely. (1997) "Introduction: Rethinking Innovation in a Changing World." In *Seeing Differently: Insights on Innovation*, edited by John Seely Brown, Boston: Harvard Business School Press.

Brown, Shona L, and Kathleen M. Eisenhardt. (1997) "The Art of Continuous Change: Linking Complexity Theory and Time-Paced Evolution in Relentlessly Shifting Organizations." *Administrative Science Quarterly* Vol.42, No.1, pp.1-34.

Bylinsky, Gene. (1997) "Mutant Materials." *Fortune*, 13 October, p.144.

Byrne, Donn. (1971) *The Attraction Paradigm*. New York: Academic Press.

Byrne, John A. (1998) "Jack: A Close-up Look at How America's #1 Manager Runs GE." *Business Week*, 8 June, p.102.

Campbell, Robert. (1998) "End of the 'Magic Incubator'." *Boston Globe*, 5 June, D1.

Carter, Meg. (1998) "Design: The Office-It's a Place to Relax; Arthur Andersen's Sixth Floor Offers a Glimpse of How Tomorrow's Workspaces Will Be Designed." *The Independent* (London), 26 March.

Christensen, Clayton, and Dorothy Leonard-Barton. (1990) "Ceramics Process Systems Corporation." Case 9-691-028. Boston: Harvard Business School.

Cohen, Sheldon, and Neil Weinstein. (1981) "Nonauditory Effects of Noise on Behavior and Health." *Journal of Social Issues* Vol.37, pp.36-70.

Cummings, Anne, and Greg R. Oldham. (1997) "Enhancing Creativity: Managing Work Contexts for the High Potential Employee." *California Management Review* Vol.40 (Fall) pp.22-38.

Csikszentmihalyi, Mihalyi. (1996) *Creativity: Flow and the Psychology of Discovery and Invention*. New York: Harper Collins.

Csikszentmihalyi, Mihaly, and Keith Sawyer. (1995) "Creative Insight: The Social Dimension of a Solitary Moment." In *The Nature of Insight*, edited by Robert Sternberg and Janet Davidson. Cambridge, Mass.: MIT Press.

Daley, Yvonne. (1998) "Writer Relies on Memory as Sight Fails." *Boston Sunday Globe*, 28 June, A8.

Eaton, Leonard K. (1969) *Two Chicago Architects and Their Clients*. Cambridge, Mass.: MIT Press.

Edmondson, Amy. (1998) "Psychological Safety and Learning Behavior in Work Teams." Working Paper 98-093. Harvard Business School, Division of Research.

Eisenhardt, Kathleen M., Jean L. Kahwajy, and L. J. Bourgeois III. (1997) "Conflict and Strategic Choice: How Top Management Teams Disagree." *California Management Review* Vol.39 (Winter) pp.42-62.

——. (1997) "How Management Teams Can Have a Good Fight." *Harvard Business Review* 75 (July-August) pp.77-85.(「成功するマネジメント・チーム 六つの戦術(知識イノベーション未来企業の条件—イノベーション組織の未来)」『Diamond ハーバード・ビジネス』Vol.23, No.1, 1998, ダイヤモンド社, pp.64-73).

Fisher, Anne. (1997) "Key to Success: People, People, People." *Fortune*, 27 October, The World's Most Admired Companies, p.232.

Flowers, Made L. (1977) "A Laboratory Test of Some Implications of Janis's Groupthink Hypothesis." *Journal of Personality and Social Psychology* Vol.35, pp.888-896.

Furchgott, Roy. (1998) "For Cool Hunters, Tomorrow's Trend Is the Trophy." *New York*

Times, 28 June, p.10
Gigone, Daniel, and Reid Hastie. (1993) "The Common Knowledge Effect-Information Sharing and Group Judgment." *Journal of Personality and Social Psychology* Vol.65, No.5, pp.959-974.
Gladwell, Malcom. (1997) "Annals of Style: The Coolhunt." *New Yorker* 72, 17 March, pp. 78-88.
Glass, David, and Jerome Singer. (1973) "Experimental Studies of Uncontrollable and Unpredictable Noise." *Representative Research in Social Psychology* Vol.4, No.1, pp.165-183.
Grant, Linda. (1997) "Why FedEx Is Flying High." *Fortune*, 10 November, p.160.
Gunther, Marc. (1997) "This Gang Controls Your Kids' Brains." *Fortune*, 27 October, pp.172-182, passim.
Gupta, Ashok. K., and Arvind Singhal. (1993) "Managing Human Resources for Innovation and Creativity." *Research Technology Management* Vol.36, No.3, pp.41-48.
Hackman, J. Richard. (1998) "Why Teams Don't Work." In *Applications of Theory and Research on Groups to Social Issues*, edited by R. S. Tindale, J. Edwards, and E. J. Posavac. New York: Plenum.
Haggin, Joseph. (1995) "Illinois' Beckman Institute Targets Disciplinary Barriers to Collaboration." *Chemical & Engineering News*, 6 March, pp.32-39.
Halberstam, David. (1986) *The Reckoning*. New York: William Morrow & Co.（高橋伯夫訳『覇者の驕り：自動車・男たちの産業史（上・下）』日本放送出版協会, 1987）.
Hall, Jay, and W. H. Watson. (1970) "The Effects of a Normative Intervention on Group Decision-Making Performance." *Human Relations* Vol.23, No.4, pp.299-317.
Hamel, Gary, and C. K. Prahalad. (1994) *Competing for the Future*. Boston: Harvard Business School Press.（一条和生訳『コア・コンピタンス経営：大競争時代を勝ち抜く戦略』日本経済新聞社, 1995）.
Hirshberg, Jerry. (1998) *The Creative Priority: Driving Innovative Business in the Real World*. New York: HarperBusiness.
Hofstede, Greert. (1980) *Culture's Consequences: International Differences in Work-Related Values*. Newbury Park, Calif.: Sage.（万成博・安藤文四郎監訳『経営文化の国際比較：多国籍企業の中の国民性』産業能率大学出版会, 1984）.
Horn, Paul. (1997) "Creativity and the Bottom Line." *Financial Times*, 17 November, p.12.
Iansiti, Marco. (1993) "Real-world R&D: Jumping the Product Generation Gap." *Harvard Business Review* 71 (May-June) pp.138-147.
Jackson, Susan E. (1992) "Team Composition in Organizational Settings: Issues in Managing an Increasingly Diverse Work Force." In *Group Process and Productivity*, edited by Stephen Worchel, Wendy Wood, and Jeffry Simpson. Beverly Hills, Calif.: Sage.
Janis, Irving. (1982) *Groupthink*. 2d ed. Boston: Houghton Mifflin.
Judge, William Q., Gerald E. Fryxell, and Robert S. Dooley. (1997) "The New Task of R and D Management," *California Management Review* Vol.39, No.3, pp.72-85.
Kanter, Rosabeth Moss. (1983) *The Change Masters*. New York: Simon and Schuster.（長谷川慶太郎監訳『ザ・チェンジ・マスターズ：21世紀への企業変革者たち』二見書房, 1984）.

———. (1993) *Men and Women of the Corporation*. New York: Basic Books.（高井葉子訳『企業のなかの男と女：女性が増えれば職場が変わる』生産性出版, 1995）.

———. 1997. *On the Frontiers of Management*. Boston: Harvard Business School Press.

Kantor, Paul. Quoted in *EXEC*, Summer, 1998.

Kao, John. (1995) "Oticon (A)." Case 9-395-144. Boston: Harvard Business School.

———. (1996) *Jamming: The Art and Discipline of Business Creativity*. New York: HarperBusiness.（本田理恵訳『知識創造の経営法則：ジャミング理論が企業を元気にする』徳間書店, 1998）.

Knoop, Carin, and Srikant Datar. (1998) "Novartis (A): Being a Global Leader." Case 9-198-041. Boston: Harvard Business School.

Knutson, Lawrence L. (1998) "Oldest US Worker, at 102, Says His Job Still a 'Pleasure.'" *Boston Globe*, 13 March.

Koretz, Gene. (1998) "The Vital Role of Self-Esteem." *Business Week*, 2 February, p.26.

Labich, Kenneth. (1994) "Is Herb Kelleher America's Best CEO?" *Fortune*, 2 May, p.50.

Lancaster, Hal. (1997) "Getting Yourself in a Frame of Mind to Be Creative." *Wall Street Journal*, 16 September, B1.

———. (1998) "Learning Some Ways to Make Meetings Slightly Less Awful." *Wall Street Journal*, 26 May, B1.

Leonard, Dorothy A., Paul A. Brands, Amy Edmondson, and Justine Fenwick. (1998) "Virtual Teams: Using Communications Technology to Manage Geographically Dispersed Development Groups," In *Sense and Respond*, edited by Stephen P. Bradley and Richard L. Nolan, pp.285-298. Boston: Harvard Business School Press.

Leonard, Dorothy, and Jeffrey Rayport. (1997) "Sparking Innovation through Empathic Design." *Harvard Business Review* 75 (November-December) pp.103-113.

Leonard-Barton, Dorothy. (1995) *Wellsprings of Knowledge*. Boston: Harvard Business School Press.（阿部孝太郎・田畑暁生訳『知識の源泉：イノベーションの構築と持続』ダイヤモンド社, 2001）.

Lohr, Steve. (1998) "IBM Opens the Doors of Its Research Labs to Surprising Results." *New York Times*, 13 July, D1, D3.

MacKinnon, Donald W. (1975) "IPAR's Contribution to the Conceptualization and Study of Creativity." In *Perspectives in Creativity*, edited by Irving A. Taylor and J. W. Getzels. Chicago: Aldine.

Mahnke, Frank H. (1996) *Color, Environment and Human Response: An Interdisciplinary Understanding of Color and Its Use as a Beneficial Element in the Design of the Architectural Environment*. New York: Van Nostrand Reinhold.

McAllister, J. F. O. (1986) "Civil Science Policy in British Industrial Reconstruction, 1942-51." Ph.D. diss., Oxford University.

McClelland, David. (1961) *The Achieving Society*. Princeton, N.J.: Van Nostrand.（林保監訳『達成動機：企業と経済発展におよぼす影響』産業能率短期大学出版部, 1971）.

Milne. A. A. (1928) *The House at Pooh Corner*. New York: E. P. Dutton and Co.（石井桃子訳『プー横丁にたった家』岩波書店, 1958）.

Moorhead, Gregory, Richard Ference, and Chris Neck. (1991) "Group Decision Fiascoes Continue." *Human Relations*, Vol.44, No.6, pp.539-549.

Moscovici, Serge and Elizabeth Lage. (1976) "Studies in Social Influence IV: Minority

Influence in a Context of Original Judgments." *European Journal of Social Psychology* Vol.8, No.3, pp.349-365.

Mullen, Brian, Craig Johnson, and Eduardo Salas. (1991) "Productivity Loss in Brainstorming Groups: A Meta-analytic Integration." *Basic and Applied Social Psychology* Vol.12, No.1, pp.3-23.

Munk, Nina. (1998) "The New Organization Man." *Fortune*, 16 March, p.65.

Naik, Gautam. (1996) "Back to Darwin: In Sunlight and Cells, Science Seeks Answers to High-Tech Puzzles." *Wall Street Journal*, 16 January, A1.

Nemeth, Charlan Jeanne, and Joel Wachtler. (1983) "Creative Problem Solving as a Result of Majority vs. Minority Influence." *European Journal of Social Psychology* Vol.13, No.1, pp.45-55.

Nemeth, Charlan, and Pamela Owens. (1996) "Making Work Groups More Effective: The Value of Minority Dissent." In *Handbook of Work Group Psychology*, edited by M. A. West. New York: John Wiley.

Nisbett, Richard, and Timothy Wilson. (1977) "Telling More Than We Can Know: Verbal Reports on Mental Processes." *Psychological Review* Vol.84, No.4, pp.231-259.

Pelz, Donald, and Frank Andrews. (1966) *Scientists in Organizations*. New York: John Wiley.

People's Almanac. (1978) Vol. 2.

Peters, Tom. (1990) "Prometheus Barely Unbound." *Academy of Management Executive* Vol.4, No.4, pp.70-84.

Petroski, Henry. (1992) *The Evolution of Useful Things*. New York: Alfred A. Knopf. (忠平美幸訳『フォークの歯はなぜ四本になったか:実用品の進化論』平凡社, 1995).

Petroski, Henry. (1992) "Form Follows Failure." *Invention & Technology*, Fall pp.54-61, passim.

Petzinger, Jr., Thomas. (1998) "A Hospital Applies Teamwork to Thwart an Insidious Enemy." *Wall Street Journal*, 8 May, B1.

Prewitt, Edward. (1997) "What You Can Learn From Managers in Biotech." *Management Update*, 2 May, p.3.

Prokesch, Steven E. (1997) "Unleashing the Power of Learning: An Interview with British Petroleum's John Browne." *Harvard Business Review* 75 (September-October) pp.146-168.

Reibstein, Larry, with Dody Triantar, Marcus Mabry, Michael Mason, Carolyn Friday, and Bill Powell. (1991) "The Gulf School of Management." *Newsweek*, 1 April, p.35.

Remer, Theodore. (1965) In *Serendipity and the Three Princes*. Norman: University of Oklahoma Press.

Rifkin, Glenn. (1997) "Data General Comeback Built on Cost-Cutting and Innovation." *New York Times*, 17 March, D5.

Roberts, Michael, and Nicole Tempest. (1998) "Randy Komisar: Virtual CEO." Case N9-898-078. Boston: Harvard Business School.

Robinson, Alan G., and Sam Stern. (1997) *Corporate Creativity*. San Francisco: Berrett-Koehler. (アラン G ロビンソン・サム スターン著『コーポレート・クリエイティビティ』一世出版, 1998).

Rosenberg, Debra. (1997) "Plastics." *Newsweek* (special issue on "2000: The Power of Invention") (winter) p.45.

Rothenberg, Robert. (1990) *Creativity and Madness*. Baltimore: Johns Hopkins Press.
Rucci, Anthony. (1997) Interview, "Bringing Sears into the New World." In "From the Front" *Fortune*, 13 October, p.184.
Saegert, Susan, Walter Swap, and Robert B. Zajonc. (1973) "Exposure, Context, and Interpersonal Attraction." *Journal of Personality and Social Psychology* Vol.25, No.2, pp.234-242.
Schoenberger, Ghana R. (1998) "Mission Statements Are Job 1—For Some." *Boston Globe*, 14 July, D1, D7.
Seifert, Colleen, David Meyer, Natalie Davidson, Andrea Patalano, and Ilan Yaniv. (1995) "Demystification of Cognitive Insight: Opportunistic Assimilation and the Prepared-Mind Perspective." In *The Nature of Insight*, edited by Robert Sternberg and Janet Davidson, pp.66-124. Cambridge, Mass.: MIT Press.
Shanklin, William L. (1989) *Six Timeless Marketing Blunders*. Lexington, Mass.: Lexington Books.
Shaw, Marvin E. (1976) *Group Dynamics: The Psychology of Small Group Behavior*. New York: McGraw-Hill. (原岡一馬訳『小グループ行動の心理』誠信書房, 1981).
Steel, Fritz. (1986) *Making and Managing High-Quality Workplaces: An Organizational Ecology*. New York: Teachers College Press.
Stein, Morris I. (1953) "Creativity and Culture." *Journal of Psychology* Vol.36, pp.311-322.
Sternberg, Robert. (1996) *Successful Intelligence*. New York: Simon & Schuster. (小此木啓吾・遠藤公美恵訳『知脳革命：サクセスフル・インテリジェンス』潮出版社, 1998).
Stewart, Thomas A. (1998) "Gray Flannel Suit? Moi?" *Fortune*, 16 March, p.82.
Swap, Walter, ed. (1984) *Group Decision Making*. Beverly Hills, Calif.: Sage.
Taylor, Irving A. (1970) "Creative Production in Gifted Young (Almost) Adults through Simultaneous Sensory Stimulation." *Gifted Child Quarterly* Vol.14, No.1, pp.46-55.
Taylor, William. (1990) "The Business of Innovation: An Interview with Paul Cook." *Harvard Business Review* 68 (March-April) pp.96-107.
Trompenaarsr, Fons, and Charles Hampden-Turner. (1998) *Riding the Waves of Culture*. 2d ed. New York: McGraw-Hill. (須貝栄訳『異文化の波：グローバル社会』白桃書房, 2001).
Valacich, Joseph, Alan Dennis, and Terry Connolly. (1994) "Idea Generation in Computer-Based Groups: A New Ending to an Old Story." *Organizational Behavior and Human Decision Processes* Vol.57, No.3, pp.448-467.
Valins, Stuart, and Richard Nisbett. (1971) "Attribution Processes in the Development and Treatment of Emotional Disorders." In *Attribution: Perceiving the Causes of Behavior*, edited by Edward E. Jones, David Kanouse, Harold Kelley, Richard Nisbett, Stuart Valins and Bernard Weiner. Morristown, N.J.: General Learning Press.
Van Andel, Pek. (1992) "Serendipity: 'Expect also the Unexpected.'" *Creativity and Innovation Management* Vol.1 (March) pp.20-32.
Veresej, Michael A. (1996) "Welcome to the New Workspace." *Industry Week*, 15 April, p.245, pp.24-27.
Wason, P. C. (1960) "On the Failure to Eliminate Hypotheses in a Conceptual Task." *Quarterly Journal of Experimental Psychology* Vol.12, No.3, pp.129-140.
Weintraub, Sandra. (1995) "Cultivate your Dreams to Find New Solutions." *R&D Innovator* Vol.4, No.10, pp.1-3.

Welch, Jilly. (1996) "Creature Comforts: Innovations in Office Design." *People Management* Vol.19 (December) pp.20-24.

Welles, Edward O. (1992) "Captain Marvel." *INC*, January, p.2.

Wheelwright, Steven C., and Kim B. Clark. (1992) *Revolutionizing Product Development: Quantum Leaps in Speed, Efficiency, and Quality.* New York: Free Press.

Wilde, Oscar. (1888) 1978. *The Remarkable Rocket.* Charlottesville, Va.: Graham-Johnston.

Williams, Katherine Y., and Charles A. O'Reilly, III. (1998) "Demography and Diversity in Organizations: A Review of 40 Years of Research." *Research in Organizational Behavior* Vol.20, pp.77-140.

Williams, Wendy M., and Robert J. Sternberg. (1988) "Group Intelligence: Why Some Groups Are Better than Others." *Intelligence* Vol.12, No.4, pp.351-377.

Witcher, Gregory. (1989) "Steelcase Hopes Innovation Flourishes Under Pyramid." *Wall Street Journal*, 26 May, B1.

Wood, Wendy. (1987) "Meta-analytic Review of Sex Differences in Group Performance." *Psychological Bulletin* Vol.102, No.1, pp.53-71.

Zaltman, Gerald. (1997) "Rethinking Market Research: Putting People Back In." *Journal of Marketing Research* Vol.34 (November) pp.424-437.

Zander, Alvin. (1977) *Groups at Work.* San Francisco: Jossey-Bass.

監訳者あとがき

　この本は10年前の1999年に出版された。初めて目を通したのが2000年であった。私自身が創造性に興味を持ち始めた頃であり，多数の創造性に関する原典を注文したが，その中の1冊であった。題名に惹かれ手にすると著者の1人がドロシー・レナードであった。彼女が知識についてさまざまな文献や著書を著していることを知っていたこともあり読み始めてみたが，比較的平易な英語でもあり加えて事例も多く一気に読破することができた。マネジメントや心理学（もう1人の著者の専門は心理学である）の基本的な論点をきちんと押さえており，創造性のマネジメントを初めて学ぶ学部学生や大学院生，そしてビジネスパーソン向けの必読書になるのではないかという印象を持ったが，その後書棚に置いたまましばらく手にすることはなかった。

　後に社会人大学院生を指導する機会を持ち，なにかよい本はないかと模索していたとき，この本を再び手にすることとなった。英語からしばらく離れていた社会人院生たちは悪戦苦闘しながら1年間取り組んだ結果基本的な知識を身につけることができたとして，この本の評判は比較的良かったと記憶している。

　輪読した院生たちが大学院修了後，同窓会的な意味を込めて自主的な勉強会や研究会を何回か持った。ある時，私からこの本を訳してみないかと提案したところ賛成が得られた。幸いなことにどこの出版社もこの本の版権を確保しておらず，そのこともあって本格的な翻訳作業を開始することとなった。2004年後半から始めて最終的に2006年の初頭に終了した。

　しかし，訳語や表現を統一するなどの最終点検のために2006年度まるまる1年間を費やすこととなった。そして2006年度末に文眞堂にお願いをして版権を取得していただいた。当初は，2007年の夏までには完全な訳を終

え 2008 年 4 月には出版という計画であったが，職場の移動という私事に阻まれ，2009 年春というこのような時期まで大幅にずれ込んでしまうことになった。

　この間，翻訳は，自ら本を書き上げると同じ，いやそれ以上たいへんな作業だと痛いほど身にしみて感じた。これで完璧だと思った訳を眺めるたびに適切でない箇所，こなれていない文章が見つかり，修正に修正を重ねきわめて膨大な時を費やしてしまった。この間に，2 冊目の著書に専念していれば書き上げられたかもしれないという残念な思いがある。しかし，翻訳をして得られたこともまた多かった。著者の 1 人が心理学者でありその内容を理解するために何冊か心理学の書物を読んだことである。これまで概略しか知らないことを改めて読むことができたという点では幸運であった。また，これまで知る機会のなかった欧米の企業や組織について事例を通じて触れることができたこと，そこで行われているさまざまなグループ創造性への取り組みに触れることができたのも同じく運に恵まれたと言えよう。もちろん英語の勉強になったことはいうまでもない。意味は分かっているのだが適切な日本語に置き換えることができないもどかしさや国語能力の不足が，いかに翻訳を遅らせるのかを身をもって知った。何ものにも代え難い体験であった。

　初期の翻訳に関わった社会人院生 OB の荒木英明（ジャスト株式会社），草田浩司（三菱 UFJ リース株式会社），高木岩夫（株式会社デンソー），山口靖雄（名古屋中小企業投資育成株式会社）の 4 氏にはこの場を借りてお礼と出版が遅れに遅れたお詫びを申し上げたい。この方々が翻訳に同意していただけなかったらこの翻訳そのものが世に生み出されていなかったという意味では火花を飛ばしてくれたと思っている。

　同じように翻訳を手伝ってくれた古澤和行（愛知学院大学経営学部准教授），藤川なつこ（名古屋大学大学院経済学研究科学術研究員）の両氏は，火花を飛ばしてくれたことに加え，もう一段訳を洗練されたものにするために援助してもらったという意味で種火を作る役割を演じてもらったことになる。

そして2008年4月から青山学院大学大学院でゲラを使って講義をした際に，受講者の院生からさまざまな意見や修正点を提起してもらうことができた。金子英之，菅野琢磨，田形登美子の3氏には謝意を表したい。小さな種火をより大きな炎に変えてもらったと感じている。

　もちろん，この翻訳さらにその内容が立派な大きな炎になれるかどうかはひとえに全体の最終点検をした監訳者の私1人の責任である。小さく揺らめく炎を吹き消すことがないようにと祈るばかりである。

　最後に遅れに遅れ心配をおかけした文眞堂と前野隆さんに心からお礼を申し上げたい。

　2009年春

索　引

ア行

アイコン　157
遊び　204
　──道具　159
あたため　13, 97, 98, 100, 152
天邪鬼　68
異議　61, 62
意見の相違　61
異質な人　79
イノベーション　7
　──の機会　11, 27, 114
　──に対する情熱　182
インターン　44
インフォマンス　74
右脳　37
エリート主義　201
エレクトロニックブレインストーミング　72
オフィス　136, 146
　──デザイン　151
愚かな間違い　170
音楽　148

カ行

外発的動機づけ要因　188
香り　147
学習する機会　187
確証バイアス　68
過去の再構成　122
観察　83
擬似セレンディピティ　198
技術箱　76
規制　26
機能的固着　67
規範　60
基本的ルール　64
共通語彙　127

共感するデザイン　80, 83
凝集性　201
共用エリア　155
金銭的動機づけ要因　189
クールハンター　87, 88
クールハンティング　87
グループ　8
　──凝集性　58
　──創造性　199
経験からの学習　171
傾聴スキル　173
コアケイパビリティ　119
コアリジディティ　120
構造　202
個人的プロジェクト　187
コミュニケーション　104, 138, 150, 173, 174
　──としてのプロトタイピング　114
コロケーション　155
コンサルタント　44

サ行

最小有効多様性　20, 70
左脳　37
サバティカル　43
サファリトレイル　150, 151
時間の制約　53
思考スタイル　36, 39, 72
　──の好み　34, 39
仕事に対する情熱　181
自然からのメタファー　77
実験　117
　──としてのプロトタイピング　117
実践共同体　176
シナリオ　122-124
自由　202
収束　14, 56, 101
　──思考　7, 66, 154

集団思考　59
情熱の促進　179
情報技術　159
職能横断チーム　155
初心　200
触覚　148
自律性　186
推進力　119,120
推論のはしご　129
スカンクワーク　187
スペース　144
セレンディピティ　150,195,197
全人格　206
選択肢の生成　12
専門性　204
専門知識　83,200
専門領域　22
創造思考に対する障害　67
創造性　7,9,62,138,154,176,202,206
　　――エコロジー　136
創造的アイデア　167
創造的エコロジー　166
創造的活動への支援　143
創造的グループ　15,165
創造的プロセス　9,15,139,142,145,160
創造的摩擦　20,24,38,40,45,64,65,201
創造的優先　100
組織に対する情熱　184
組織文化　103
即興　203
　　――メタファー　204
率直なコミュニケーション　177

タ行

対面接触　160
タブーの主題　178
蓄積　10,21,42
知識アイコン　157
知的ジョギング　151
知的多様性　21
知的な失敗　171
知的な徘徊　97
チームワーク　201
動揺の正常化　128

特性ベンチマーキング　89

ナ行

内発的動機づけ要因　185

ハ行

ハイレベルのコンセプト　110
はしごの構成　131
はしごの再構成　131
発散　56,63
　　――思考　7,62,145
パラドックス　199
ファシリテーション　124
ファシリテーター　125,126
部外者　46
物理的環境　136
ブレインストーミング　70,71
プレゼンテーションスキル　174
プロジェクト報告　172
プロトタイピング　112
プロトタイプ　113-118,157
文化アイコン　158
文化の多様性　28

マ行

前向きな失敗　170
ミッション　106,108
メタファー　78
目標設定　192

ヤ行

融合への圧力　63
融合への衝動　53,55,90
優先事項　108
ゆるく規定された仕事　79

ラ行

楽観主義　193
リクレーション施設　154
リスク負担　167
ルーティン的思考　66
連結　175
朗読劇　69
ロールプレイング　73

翻訳者・監訳者紹介

監訳者

吉田孟史（よしだ　たけし）
　青山学院大学経営学部教授・博士（経営学）
　『コンカレント・ラーニング・ダイナミクス』（編著，白桃書房，2003年），『組織の変化と組織間関係』（単著，白桃書房，2004年），『経営学原理の新展開』（岸田民樹，吉田孟史編著，白桃書房，2006年），『コミュニティ・ラーニング』（編著，ナカニシヤ出版，2008年）

翻訳者

古澤和行（こざわ　かずゆき）
　愛知学院大学経営学部准教授（組織論）・博士（経済学）
　2005年名古屋大学大学院経済学研究科博士後期課程修了
　『コンカレント・ラーニング・ダイナミクス』（分担執筆，白桃書房，2003年），『コミュニティ・ラーニング』（分担執筆，ナカニシヤ出版，2008年）など。

藤川なつこ（ふじかわ　なつこ）
　名古屋大学大学院経済学研究科学術研究員・博士（経済学）
　2008年名古屋大学大学院経済学研究科博士後期課程修了
　「組織学習論における統合の可能性―マーチ＆オルセンの組織学習サイクルを中心に―」『経営学の現在』150-159頁（経営学史学会（編），文眞堂，2007年），『経営組織論の新展開：組織論から組織学へ』（分担執筆，文眞堂，2009年刊行予定）など。

創造の火花が飛ぶとき
―グループパワーの活用法―

2009年4月15日　第1版第1刷発行　　　　　　　　　　　　　検印省略

　　監訳者　吉　田　孟　史
　　訳　者　古　澤　和　行
　　　　　　藤　川　なつこ

　　発行者　前　野　　　弘

　　　　　　東京都新宿区早稲田鶴巻町533
　　発行所　株式会社　文　眞　堂
　　　　　　電話 03（3202）8480
　　　　　　FAX 03（3203）2638
　　　　　　http://www.bunshin-do.co.jp
　　　　　　郵便番号(162-0041)　振替00120-2-96437

印刷・モリモト印刷　製本・イマキ製本所
©2009
定価はカバー裏に表示してあります
ISBN 978-4-8309-4644-8　C3034